A FUNÇÃO REVISORA DOS TRIBUNAIS

Por uma nova racionalidade recursal

BEN-HUR SILVEIRA CLAUS
Organizador

A FUNÇÃO REVISORA DOS TRIBUNAIS

Por uma nova racionalidade recursal

*Esta obra é
dedicada ao
Professor Ovidio Baptista da Silva*

LTr 80

LTr EDITORA LTDA.
© Todos os direitos reservados

Rua Jaguaribe, 571
CEP 01224-003
São Paulo, SP – Brasil
Fone (11) 2167-1101
www.ltr.com.br
Junho, 2016

Produção Gráfica e Editoração Eletrônica: LINOTEC
Projeto de Capa: FABIO GIGLIO
Impressão: GRÁFICA VOX

Versão impressa: LTr 5576.2 — ISBN: 978-85-361-8875-1
Versão digital: LTr 8961.4 — ISBN: 978-85-361-8885-0

Dados Internacionais de Catalogação na Publicação (CIP)
(Câmara Brasileira do Livro, SP, Brasil)

A Função revisora dos tribunais / Ben-Hur Silveira Claus, organizador. -- São Paulo : LTr, 2016.

Vários autores.

Bibliografia.

1. Administração da justiça 2. Jurisdição 3. Poder Judiciário I. Claus, Ben-Hur Silveira.

16-02991   CDU-347.98

Índices para catálogo sistemático:

1. Função revisora dos tribunais : Jurisdição : Processo civil 347.98

SUMÁRIO

PREFÁCIO 7

CAPÍTULO I
BALIZAS TEÓRICAS À INTRODUÇÃO DO TEMA

A FUNÇÃO REVISORA DOS TRIBUNAIS
    Manoel Antonio Teixeira Filho... 9

CAPÍTULO II
ASPECTOS HISTÓRICOS

A FUNÇÃO REVISORA DOS TRIBUNAIS NA PERSPECTIVA HISTÓRICA E JUSFUNDAMENTAL: O DIREITO DE RECORRER. ORIGENS E LIMITES EXTERNOS
    Guilherme Guimarães Feliciano 19

CAPÍTULO III
O PROBLEMA DO MÉTODO

A FUNÇÃO REVISORA DOS TRIBUNAIS – A QUESTÃO DO MÉTODO NO JULGAMENTO DOS RECURSOS DE NATUREZA ORDINÁRIA
    Ben-Hur Silveira Claus, Ari Pedro Lorenzetti, Ricardo Fioreze, Francisco Rossal de Araújo, Ricardo Martins Costa e Márcio Lima do Amaral.. 31

CAPÍTULO IV
O PRINCÍPIO DA IMEDIATIDADE COMO HORIZONTE HERMENÊUTICO

A FUNÇÃO REVISORA DOS TRIBUNAIS NA PERSPECTIVA DA IMEDIATIDADE
    Júlio César Bebber... 47

CAPÍTULO V
O DIREITO COMPARADO COMO INSPIRAÇÃO

AS SÚMULAS, AS TÉCNICAS DE SUPERAÇÃO DE PRECEDENTES E O TRABALHO DO JUIZ
    Jorge Cavalcanti Boucinhas Filho 51

Standards DE REVISÃO RECURSAL – UMA SOLUÇÃO DO *COMMON LAW* PARA A VALORIZAÇÃO DAS DECISÕES DE PRIMEIRO GRAU NO BRASIL
    Cesar Zucatti Pritsch 58

CAPÍTULO VI
BOA-FÉ OBJETIVA: O NOVO OLHAR PARA O DEVER DE VERACIDADE

A FUNÇÃO REVISORA DOS TRIBUNAIS NA PERSPECTIVA DA BOA-FÉ PROCESSUAL OBJETIVA: O DEVER JURÍDICO DE VERACIDADE NO PROCESSO
    Evandro Luís Urnau.. 79

CAPÍTULO VII
A VALORIZAÇÃO DAS DECISÕES DE PRIMEIRO GRAU – ALGUMAS PROPOSTAS

A Valorização da Sentença de Primeiro Grau de Jurisdição
    Jorge Luiz Souto Maior 85

A Função Revisora dos Tribunais – A Questão da Valorização das Decisões de Primeiro Grau – Uma Proposta de *Lege Ferenda*: A Sentença como Primeiro Voto no Colegiado
    Ben-Hur Silveira Claus, Ari Pedro Lorenzetti, Ricardo Fioreze, Francisco Rossal de Araújo, RicardoMartins Costa e Márcio Lima do Amaral 95

CAPÍTULO VIII
A PERSPECTIVA DO CPC DE 2015

As Funções dos Tribunais no Novo Código de Processo Civil
    Elaine Harzheim Macedo 105

O Princípio do livre convencimento motivado, sua Manutenção no Novo CPC e o Prestígio às Decisões de Primeiro Grau
    Bento Herculano Duarte e Artur de Paiva Marques Carvalho 118

CAPÍTULO IX
DIÁLOGO NECESSÁRIO

A Função Revisora dos Tribunais – Juízes e Advogados – Debates Posteriores à Lei n. 13.015 e Anteriores à Vigência da Lei n. 13.105
    Luiz Alberto de Vargas e Ricardo Carvalho Fraga 131

CAPÍTULO X
SENTENÇA RAZOÁVEL: NOVA RACIONALIDADE RECURSAL

A Função Revisora dos Tribunais Diante da Sentença Razoável
    Ben-Hur Silveira Claus 139

Prefácio

Os livros nascem predeterminados por livros anteriores. A literatura é uma experiência humana autopoiética por definição. Para chegar a livros, partimos de livros e retornamos a livros, como quem retorna ao porto do qual zarpara na aventura da existência. Esse itinerário, aliás, emula bem o célebre círculo hermenêutico de Martin Heidegger (*Ser e tempo*) e de Hans-Georg Gadamer (*Verdade e método*).

Pois bem. O tema da *função revisora dos tribunais* evoca, à partida, muito do que se escreveu, de mais essencial, acerca da jurisdição e de seus predicamentos. Evoca, p. ex., as monografias clássicas de Mauro Cappelletti (notadamente *Acesso à Justiça* e *Processo, ideologias e sociedade*), no que sustentou, para a plenitude política das democracias contemporâneas, a necessária centralidade do acesso à justiça – pelos meandros das três ondas renovatórias cappellettianas – e da correspectiva efetividade jurisdicional (sobretudo ao ensejo da terceira onda, ante os objetivos da simplificação dos procedimentos, da otimização da duração razoável dos processos, do aprimoramento da qualidade dos provimentos jurisdicionais e da própria efetividade da tutela judicial). O mesmo Cappelletti reconheceria, ademais, o papel fundamental da *criatividade* do juiz na construção da solução justa para o caso concreto. Sem qualquer assombro.

Tempo e *efetividade*. Eis os elementos binomiais que, anunciando-se como radicais perfeitos da equação final para o justo processo, representam a nova esfinge da jurisdição. Muito se pode supor e propor a seu respeito, *de iure constituto* e *de iure constituendo*. Mas talvez a sua matriz mais provável, ante a complexidade das instituições, resida em uma *inflexão cultural*. Repensar – e refundar – a cultura judiciária. Reponderar o papel das instituições, antes mesmo que elas próprias. E, no que anima esta coletânea, repaginar a *função* da decisão jurisdicional de primeiro grau. O que também significa repontuar, de vários e diversos modos, o *"status"* político do primeiro grau de jurisdição.

A esse propósito, o Conselho Nacional de Justiça tem prestado a sua inestimável contribuição. Em 19 de maio de 2014 (na 189ª sessão ordinária), por decisão plenária tomada nos autos do Ato Normativo n. 00001627-78.2014.2.00.0000, o CNJ aprovou o texto-base da Resolução n. 194, de 26.5.2014, que "[...] *institui Política Nacional de Atenção Prioritária ao Primeiro Grau de Jurisdição e dá outras providências*". Entre os "*consideranda*" que justificam a Resolução n. 194/2014, está o reconhecimento de que "*90% (noventa por cento) dos processos em tramitação no Judiciário estão nas unidades judiciárias de primeiro grau, ensejando taxa de congestionamento média de 72% (setenta e dois por cento), 26 (vinte e seis) pontos percentuais acima da taxa existente no segundo grau*", donde se concluir que "*a sobrecarga de trabalho e o mau funcionamento da primeira instância estão entre as causas principais da morosidade sistêmica atual*". E, entre as linhas de atuação postas pela pioneira normativa, a bom tempo incluíram-se a *equalização da distribuição da força de trabalho entre primeiro e segundo graus*, proporcionalmente à demanda de processos (o que ainda pende de concretização por meio de resolução própria); a *governança colaborativa* (com a descentralização administrativa dos tribunais e a sua democratização interna, envolvendo organicamente os juízes de primeiro grau); e a *adequação orçamentária* (garantindo orçamento adequado ao desenvolvimento das atividades judiciárias da primeira instância, o que logo depois se aperfeiçoaria com a edição da Resolução CNJ n. 195/2014). O objetivo maior dessas políticas é hialino: reenquadrar e empoderar o primeiro grau de jurisdição, para que já não seja visto apenas como um "degrau de passagem" rumo ao *locus* da decisão relevante (o segundo grau de jurisdição), como amiúde se crê e se ouve dizer nos corredores forenses. Ao revés, deve-se compreender que *o suum cuique tribuere* faz-se eminentemente no primeiro grau de jurisdição, à vista da imediação judicial entre as provas, o direito objetivo e a decisão.

Mas e quanto à função jurisdicional *"a se"* e a cultura de decisão que intrinsecamente a anima? Se o próprio sistema processual parece estimular toda sorte de insurgência recursal, o que se pode dizer/fazer a respeito? Não será do CNJ, neste campo, a última palavra; e nem poderia ser, à vista da independência técnica e funcional que define as magistraturas nos regimes genuinamente republicanos. A última palavra deverá caber à própria Magistratura. Para que a própria instituição, ao modo de seus juízes, saiba amadurecer o projeto prévio de jurisdição ideal, admitindo a possibilidade de sua constante revisão – o que nos devolve, ainda uma vez, ao círculo hermenêutico gadameriano. Receptividade para o novo, com alteridade e recíproca apropriação; sem "neutralidades" ou autoanulamentos, porque são estados que de fato não existem. Para isto, sobretudo, servirá esta obra.

Com efeito. Na Itália, o número excessivo de recursos do sistema judiciário foi identificado por Cappelletti como fator altamente prejudicial à efetividade da jurisdição. Tornou-se, aliás, conhecida a fórmula linguística que sintetizou a preocupação do jurista a esse propósito: cada vez que se acrescenta um novo grau de jurisdição, não só se faz um bom serviço à parte que não tem razão, senão que também se faz um mau serviço à parte que tem razão. Para Cappelletti, o principal defeito dos sistemas jurídicos da *civil Law* – como é o brasileiro – "[...] es la *profunda desvalorización del juicio de primer grado*, con la conexa *glorificación*, si así puede decirse, de *los juicios de gravamen*" (defeito que o jurista não identifica tão agudamente nos países de *common law*).[1]

Não por outra razão, na década de 1970, Cappelletti ousou propor, no modelo italiano, *a eliminação do recurso de apelação para a matéria de fato*. A mudança proposta vinha assim formulada pelo discípulo de Calamandrei:

> Bastante mejor es tratar de tener, como en los sistemas anglosajones y en tantos otros, un cuidado juicio de primer grado, *final* en lo que concierne a las cuestiones de hecho, y abierto solamente a una impugnación por *errores de derecho*, sustancial y procesal, antes que a un verdadero y propio re-examen del mérito de la causa."[2]

O professor da Universidade de Florença sustentava, pois, que se preservasse a possibilidade de recurso apenas para matéria jurídica em sentido estrito – o recurso de cassação civil,[3] que era a modalidade recursal extraordinária destinada ao reexame da matéria jurídica em sentido estrito –, não mais se facultando às partes recorrer da matéria de fato, cujo exame ficaria circunscrito à sentença proferida no primeiro grau de jurisdição. Por uma alteração legislativa, Cappelletti propunha – e prometia – uma *revolução* na cultura judiciária italiana.

No Brasil hodierno, esse explícito voto de confiança, outrora e alhures depositado em favor da Magistratura italiana de base, merece ser resgatado e ressignificado, para desmistificar entre nós, com a mesma coragem do jurista trentino, a dimensão e a "transcendência" do duplo grau de jurisdição. A partir do elevado índice de recorribilidade que os sistemas jurídicos da *civil Law* ensejam, e tendo em conta que a parte economicamente frágil tem maior dificuldade para resistir à demora do processo, Cappelletti pôs em xeque a "justiça" do duplo grau de jurisdição, criticando-o na sua concepção de garantia absoluta (o que realmente não é, histórica ou comparativamente, como demonstrarão vários estudos aqui encartados); e, por várias razões, concluía que *"el exceso de garantías se vuelve contra el sistema."*

A presente obra coletiva sustenta, afinal, em seus vários e densos capítulos, essa tese primordial (outrora vaticinada, com alguma dessemelhança, no Velho Mundo meridional): **a decisão jurisdicional razoável, tal como prolatada em primeiro grau, é tendencialmente *melhor* que qualquer sucedâneo mediatizado em segundo grau, especialmente em sede de *quaestiones facti*.** Escrita por professores, juristas, magistrados e advogados, proporcionará ao público um desnudar dialético desse controverso tema da *função revisora dos tribunais*; haverá de fazê-lo, ademais, sob os mais diversos matizes (histórico, metodológico, teórico-jurídico, prático, juscomparado, etc.), como ainda a reboque das últimas novidades legislativas (como a nova lei dos recursos trabalhistas – Lei n. 13.015/2014 – e o novo Código de Processo Civil – Lei n. 13.105/2015), tudo para tentar convencê-lo, leitor, daquela tese primordial.

Se convencerá ou não, é questão secundária. Importará, sobretudo, o desafio de propor a ruptura paradigmática. O atrevimento da crítica aberta. A refletida convicção de que, em matéria de duplo grau, o atual estado de coisas, que ainda é, já não deverá ser (*Dasein*). E voltaremos, vez derradeira, a Martin Heidegger: acreditar na livre mobilidade no pensamento, como ato criador que *dissolverá as ideologias*.

Ministro Ricardo Lewandowski,
Presidente do Supremo Tribunal Federal

---

(1) *Proceso, ideologías e sociedad*. Buenos Aires: Ediciones Jurídicas Europa-América, 1973. p. 278 (grifos no original).
(2) *Op. cit.*, p. 279/280 (grifos no original).
(3) *Proceso...* p. 281/282.

Capítulo I
Balizas teóricas à introdução do tema

A Função Revisora dos Tribunais

Manoel Antonio Teixeira Filho

Advogado. Conferencista. Juiz aposentado do Tribunal do Trabalho da 9.a Região. Um dos fundadores da Escola da Associação dos Magistrados do Trabalho do Paraná – Ematra. Membro da Academia Nacional de Direito do Trabalho; da Academia Paranaense de Letras Jurídicas; do Instituto dos Advogados de São Paulo e de outras instituições jurídicas, de âmbito internacional. Autor de 25 livros sobre Direito Processual do Trabalho.

> "Nenhum juiz está obrigado aceitar as decisões de outros juízes e tribunais, como norma de decidir, quando contrárias à sua convicção".
> Rudolf Stammler

> "No Estado moderno não é possível a pluralidade das instâncias fundar-se na subordinação do juiz inferior ao superior, por não dependerem os juízes, quanto à aplicação da lei, senão da própria lei".
> Giuseppe Chiovenda

1. RECURSOS JUDICIAIS. GENEALOGIA

A aptidão para formular juízos de valor a respeito das coisas do mundo sensível em geral constitui, sem dúvida, um dos mais significativos predicados da racionalidade humana; daí por que o notável filósofo René Descartes – fundador do moderno racionalismo (penso, logo existo) – pôde afirmar, com inegável acerto, que "*o poder de bem julgar e de distinguir o verdadeiro do falso, que é propriamente o que se denomina o bom-senso ou a razão, é igual, por natureza, em todos os homens*".[1]

Esse atributo, todavia, adquire extraordinária importância quando, ajustado à óptica do ordenamento jurídico, é utilizado na apreciação dos próprios atos humanos, ou dos fatos da vida em sociedade – pois se sabe que o homem, a partir de certo momento de sua história, tornou-se julgador dos seus semelhantes, seja para reconhecer-lhes a existência de um direito, seja para compeli-los a respeitar a esfera jurídica alheia, seja para o que mais fosse necessário ou conveniente à preservação da harmonia social.

Pode-se sustentar, por isso, que o homem, a par de reconhecidamente gregário, é também um ente capaz de julgar.

As fontes revelam, a propósito, que no curso da História a figura do julgador precedeu, em muito, à do legislador;[2] com efeito, o ofício de julgar, bem antes da existência da judicatura de natureza institucional, como hodiernamente a conhecemos, foi cometido aos sacerdotes (cujas decisões supunham-se consoantes com o desejo das divindades) ou aos anciãos (que eram, pela longa vivência, profundos conhecedores dos costumes do grupamento social a que os indivíduos em conflito se achavam integrados). Só mais tarde foi que o Estado avocou, em caráter monopolístico e como medida tendente a preservar a estabilidade das relações sociais, o encargo de compor, de modo neutro e heterônomo, as lides, instituindo, para essa

---

(1) "Discurso sobre o Método", trad. de Paulo M. Oliveira, Rio de Janeiro, Edit. Athena, sem data, p. 9. Cintra, Grinover e Dinamarco, "Teoria Geral do Processo", São Paulo: Edit. Rev. dos Tribunais, 1979. p. 5.

(2) Os jusnaturalistas, porém, sustentam que os recursos decorrem do direito natural; dentre eles, citamos Gouvea Pinto. Não concordamos, *data venia*, com esse entendimento. Pode-se dizer que o anseio de justiça seja algo que se relacione com o direito natural; não há, todavia, como vislumbrar nesse direito o fundamento do instituto recursal, uma vez que – embora infrequente – há casos em que uma sentença justa é substituída por um acórdão injusto.

finalidade, um poder específico: o Judiciário. Aliás, essa intervenção estatal na esfera das pessoas envolvidas em conflitos de interesses também fez nascer essa tríade em que ainda hoje se assenta a estrutura da justiça oficial: a ação, a jurisdição e o processo. A destacar-se o fato de a jurisdição tem passado, a contar daí, a constituir não apenas um *poder* do Estado, mas, na mesma linha de importância, um *dever* estatal.

A falibilidade, contudo, sempre se fez inerente à natureza humana; sendo assim, a possibilidade de haver equívoco ou qualquer outra erronia (involuntária, ou não) nas decisões proferidas pelos julgadores logo aflorou à consciência de todos, e, em particular, do legislador, como algo tão natural e inevitável quanto o próprio ato de pensar. Também não se perdeu de vista a circunstância de alguns julgamentos serem até mesmo suscetíveis de sofrer fortes influências de fatores subjetivos, como a emoção, o rancor, a simpatia, ou de certas injunções externas, como, v.g., as pressões do poder constituído, a ingerência das classes dominantes, os interesses de grupos etc.

Parece-me razoável reconhecer nessa espécie de consciência de falibilidade das decisões humanas a causa essencial e remota de haver-se permitido – e em alguns casos tornado obrigatório – o reexame dos pronunciamentos jurisdicionais por órgão, em regra, hierarquicamente superior. Do ponto de vista eminentemente objetivo, todavia, não há negar que essa revisão dos julgamentos surgiu para atender aos imperativos de justiça e de credibilidade das resoluções judiciais, como forma de preservar a própria paz social. Os jusnaturalistas, porém, sustentam que os recursos decorrem do direito natural. Não posso concordar, *data venia*, com esse entendimento. Pode-se dizer que o anseio de justiça seja algo que se relacione com o direito natural; não há, todavia, como vislumbrar nesse direito o fundamento do instituto recursal, uma vez que – embora infrequente – há casos em que uma sentença justa é substituída por um acórdão injusto.

Seria inescusável omitir, por outro lado, que esse revisionamento teve, em determinadas épocas, um escopo marcadamente político, bastando lembrar a atuação dos Príncipes, no século XV, que, ao se tornarem antifeudais, passaram a empenhar-se, com denodo, na centralização – e no consequente monopólio – da atividade legislativa e da administração da justiça, como estratagema sutil para provocar o enfraquecimento dos feudos. Tal fato levou Glasson e Tissier a afirmarem, com razão, que *"l'histoire du droit d'appel est étroitement mêlée à l'histoire des progress du pouvoir royal"* ("Traité Théorique et Pratique d'Organisation Judiciaire de Compétence et de Procédure Civile", vol. I, p. 81).

Nesse quadro de prepotência e de despotismo, avultava-se, como uma espécie de senhor da justiça, a figura do rei; qualquer julgamento somente poderia ser realizado por ele, ou mediante sua delegação de poderes. Ao monarca ficava reservado, em qualquer hipótese, o direito de rever as decisões prolatadas por seus prepostos; essa prerrogativa o fazia, à evidência, todo poderoso diante dos senhores feudais, dos suseranos, e, em sentido mais amplo, dos reinóis em geral. O conceito de devolutibilidade dos recursos, é oportuno assinalar, veio desse período, pois todas as vezes em que a parte não concordava com a decisão do preposto, recorria ao monarca, *devolvendo-lhe*, por assim dizer, o exercício de seu poder jurisdicional. Esse fato revela, pois, a impropriedade técnica que caracteriza a moderna expressão *efeito devolutivo*, porquanto, em rigor, ao recorrer, a parte não "devolve" ao tribunal o que nunca lhe pertenceu: o monopólio da atividade jurisdicional.

A reapreciação dos julgados, entretanto, não data do período reinol, como se possa supor; em verdade, é quase tão antiga quanto o próprio direito material dos povos, a despeito de não se poder cogitar, em rigor, nos albores da civilização humana, da figura do recurso, conforme a posição que esse salutar instituto ocupa no quadro da moderna ciência processual. De qualquer maneira, como pondera Alcides de Mendonça Lima, o que importa, efetivamente, é *"estabelecer, nas fontes históricas, que, em essência, a ideia de recurso se acha arraigada no espírito humano, como uma tendência inata e irresistível, como uma decorrência lógica do próprio sentimento de salvaguarda a um direito, já ameaçado ou violado em uma decisão"*.[3]

Dessa linha de entendimento não discrepa Othon Sidou, para quem *"A reanálise das apreciações destinadas a fazer justiça há de perder-se, pois, na aurora da vida coletiva, conferindo aos recursos, sentido lato, a mais natural contemporaneidade com as sentenças, o que vale dizer, nasceu com o direito"*.[4] Observa com propriedade Mattirolo: *"Se per `appello' s'intende `in genere' il mezzo di chiedere e di ottenere la riparazione di una sentenza ingiusta, ben si puó dire che esso è coavo alle più remotte civilità; perchè in tutti i tempi si è sentido il bisogno di protestare contro una sentenza ingiusta,*

---

(3) Tal fato levou Glasson e Tissier a afirmarem, com razão, que *"l'histoire du droit d'appel est étroitement mêlée à l'histoire des progress du pouvouir royal"* ("Traité Théorique et Pratique d'Organisation Judiciaire de Compétence et de Procédure Civile", vol. I, p. 81).

(4) Tribunal antigo, presidido por um almotacel, cuja competência era para taxar, avaliar e fixar os preços dos gêneros alimentícios, ao qual igualmente se atribuía o encargo de cuidar da exatidão dos pesos e medidas (do árabe: Al muhtaçaib = mestre de aferição).

ed al bisogno si è provveduto con mezzi conformi alle idee ed alle condizioni dei tempi".[5]

2. DUPLO GRAU DE JURISDIÇÃO

O reexame das decisões judiciais, conforme já ressaltamos, não é produto dos tempos modernos; já o previam, com as peculiaridades da época, os babilônios, os hindus, os hebreus, os islãos, os gregos, os romanos e outros povos da antiguidade. Foi, no entanto, com o Decreto francês de 1º de maio de 1790[6] – consequência direta da Revolução de 1789 – que se firmou, em definitivo, no plano do direito processual moderno, o princípio do duplo grau de jurisdição. Essa duplicidade, contudo, foi desfeita pela Constituição francesa de 1793, vindo a ser restabelecida, pouco tempo depois, pela de 1795, tornando-se, então, definitiva. A contar daí, assegurou-se ao litigante vencido, total ou parcialmente, o direito de submeter a matéria contida na decisão de primeiro grau a reexame por órgão superior da jurisdição, desde que atendidos certos pressupostos específicos, previstos em lei.[7] Na verdade, não me parece correto afirmar que o duplo grau de jurisdição se caracteriza pela possibilidade de a *matéria* ser submetida a um novo exame (por outro órgão judicial). O que se submete a novo julgamento é a *causa*. Esta situação ficou tanto mais clara com o advento da Lei n. 10.352/2001, que acrescentou o § 3º ao art. 515, do CPC. Por força desta nova disposição legal, quando houver recurso da decisão extintiva do processo sem resolução do mérito (CPC, art. 267), o tribunal poderá julgar desde logo a lide se: a) a causa versar, exclusivamente, questão de direito; e b) e estiver em condições de imediato julgamento.[8] Digamos, por exemplo, que a sentença haja extinto o processo sem exame do mérito, ao fundamento de o réu ser parte ilegítima. Dessa sentença o autor recorre. O tribunal entende ser o réu parte legítima. Ato contínuo, poderá ingressar ao exame do mérito, se presentes os dois requisitos legais há pouco mencionados. Neste caso, a matéria de mérito não estará sendo objeto de *reexame*, pelo tribunal, pois o juiz de primeiro grau havia extinto o processo sem julgar a lide, ou seja, sem *examinar* a matéria meritória. Assim, verifica-se que o duplo grau de jurisdição não acarreta, necessariamente, um reexame dos temas de mérito, e, sim, da causa, com as suas diversas implicações.

É necessário, todavia, que não se estabeleça equívoco entre os conceitos de *duplo grau de jurisdição* e *duplo exame*; nada obstante ambos constituam princípios processuais, pelo primeiro torna-se efetiva a possibilidade de revisão das decisões secundárias, em regra por órgãos jurisdicionais hierarquicamente superiores, enquanto pelo segundo permite-se que o reexame ocorra pelo próprio órgão proferidor da decisão impugnada. Tal era o caso dos embargos de nulidade e infringentes do julgado, que se opunham às decisões das antigas Juntas de Conciliação e Julgamento, sendo julgados pelo próprio colegiado (CLT, art. 652, "c"). Nos atuais sistemas processuais os embargos de declaração caracterizam o *duplo exame*, porquanto são apreciados pelo mesmo órgão jurisdicional – seja monocrático, seja colegiado – emissor da decisão.

Posso afirmar, desde logo e sem exaustão do conceito, que recurso é o instrumento pelo qual a parte (legítima e interessada) ou o terceiro, atendidos os demais pressupostos legais, solicita (em geral, a um órgão superior), em seu benefício, um novo pronunciamento jurisdicional sobre a causa anteriormente submetida à cognição do juízo inferior. É conhecida a afirmação de Carnelutti ("Instituciones", p. 416, n. 490) de que "*los procedimientos de reparación no exigen un órgano distinto del que he pronunciado la sentencia impugnada porque, eliminada la anomalia del procedimiento impugnado, el mismo juez está en situación de corregir su propio error; en cambio en el procedimiento de reexame es conveniente, aunque no necesária, la diversidad del órgano*". Como *procedimiento de reparación*, no caso brasileiro, podemos mencionar a correção de inexatidões materiais da sentença, a que se refere o art. 833 da CLT, e os próprios embargos de declaração.

Aí está nitidamente estabelecida a correlação entre o recurso e o duplo grau de jurisdição, embora aquele seja um instituto jurídico e este, um princípio. É por meio do primeiro, contudo, que o segundo se manifesta, tornando-se concreto no mundo jurídico.

No processo do trabalho, a concreção da duplicidade de graus jurisdicionais realiza-se por intermédio do recurso *ordinário* (CLT, art. 895), o mesmo se podendo dizer da apelação, quanto ao processo civil.

---

(5) Mattirolo, Luigi, *Trattato di diritto giudiziario civile italiano*, Torino: Fratelli Boca, 1902, vol. IV, p. ...
(6) Proclamava o mencionado Decreto: "*Il y aura deux degrés de jurisdiction en matière civile, sauf exceptions particulières*" (traduzindo: "Haverá dois graus de jurisdição, em matéria civil, salvo exceções particulares").
(7) Pontes de Miranda ("Comentários ao Código de Processo Civil", Rio: Forense, 1975, tomo VII, p. 19); Coqueijo Costa ("Direito Judiciário do Trabalho", Rio: Forense, 1978, p. 433); Sérgio Bermudes (obra cit., p. 19); Alcides de Mendonça Lima ("Introdução aos Recursos Cíveis", São Paulo: Edit. Rev. dos Tribunais, 1976, p. 130).
(8) Dispõe o art. 1.013, § 3º, do novo CPC: "*Se o processo estiver em condições de imediato julgamento, o tribunal deve decidir desde logo o mérito quando: I – reformar a sentença fundada no art. 485*". O art. 485 especifica os casos em que o juiz não resolverá o mérito.

É de sugerir-se que, de *lege ferenda*, se procure restringir a possibilidade de interposição de recursos das decisões proferidas pelos órgãos da Justiça do Trabalho, tendo em vista que a atual amplitude com que isso ocorre se manifesta atentatória à necessidade indeclinável de rápida formação da coisa julgada; a existência de um terceiro grau de jurisdição, mesmo com as reconhecidas dificuldades de acesso ao TST, pelo recurso de revista, contribui, longe de dúvida, para a frustração desse anseio de celeridade na formação da *res iudicata* material. É oportuno lembrar que a Constituição Federal assegura a "*a razoável duração do processo e os meios que garantam a celeridade de sua tramitação*" (art. 5º, LXXVIII). O texto constitucional não pode ser visto como um rasgo de retórica, e sim, como uma garantia a ser tornada concreta no plano da realidade prática.

Vale lembrar que a adoção, pelo direito processual brasileiro, do duplo grau de jurisdição foi antecedida de críticas, até certo ponto contundentes; chegou-se, mesmo, a colocar a questão nestes termos:[9]

a) ou os órgãos da jurisdição superior são, presumivelmente, mais capacitados que os inferiores, quanto à realização da justiça, e neste caso seria recomendável encaminhar diretamente a eles a ação que se pretendesse exercer; ou, ao contrário,

b) não devem ser depositários dessa presunção de preeminência jurídica, diante do que haveria um grande risco de confiar-lhes o reexame da matéria, visto que poderiam substituir uma decisão correta por uma errada. Fora esta, precisamente, a preocupação manifestada, há séculos, por Ulpiano.

A par destas, outras objeções foram formuladas à duplicidade de graus jurisdicionais:

a) a confirmação da sentença, pelo órgão superior, implicaria supérflua atividade para o Judiciário, porquanto a manutenção do julgado traria em si uma declaração de ter sido perfeita a decisão do grau inferior;

b) ao contrário, eventual reforma da decisão secundária envolveria certo desprestígio do Estado, porque isto importaria no reconhecimento de um erro daquela decisão, que fora prolatada, em última análise, pelo mesmo Estado (Poder Judiciário);

(c) os recursos retardam a formação da *res iudicata* e provocam um prolongamento do conflito de interesses em que se encontram enredadas as partes, além de infundir-lhes maior insegurança quanto ao êxito ou ao fracasso final das pretensões que deduziram em juízo;

d) a utilização dos recursos, pelo litigante de má-fé, em vez de servir ao direito, o escoria sensivelmente.

Não faltaram, entretanto, apologistas do duplo grau de jurisdição, podendo ser assim sintetizados os argumentos dessa corrente doutrinária:

a) a garantia dos recursos está jungida a uma necessidade humana, pois ninguém se conforma com um julgamento único e desfavorável;[10]

b) o recurso atua como forma de purificação da sentença, escoimando-a de erros;[11]

c) os recursos são apreciados por um órgão colegiado, composto de juízes dotados de maior experiência no ofício de julgar;

d) a possibilidade de recorrer faz com que o juízo inferior seja mais prudente, mais cioso no momento de proferir a decisão, sabendo que esta poderá ser submetida ao crivo do órgão superior, que tem competência para reformá-la, se for o caso.

Respeitante à alegação (ou suposição) de os juízes dos graus superiores possuírem maior conhecimento jurídico das questões suscitadas na ação e apreciadas pela sentença, soa a paralogismo, pois não resiste à força da realidade, visto que pressupõe serem, o saber e a cultura jurídicos, meros produtos do tempo de exercício da judicatura nos tribunais. Cumpre chamar a atenção, entrementes, para o fato de, não raro, haver nos órgãos superiores magistrados investidos no cargo há muito *menos* tempo do que os de primeiro grau, como ocorre, p. ex., quando é oriundo da classe dos advogados ou do Ministério Público. Suposição dessa natureza, ademais, conduziria à inevitável conclusão de constituírem, os juízes de primeiro grau, algo como uma espécie de "*aprendices para resolver mal los assuntos*", de modo a ser imprescindível a existência dos órgãos superiores, incumbidos de "*corregir los errores de aquellos*", na precisa observação de *Tomás Jofré*.[12]

Quanto ao fato de a parte não se conformar com um julgamento único e desfavorável, a sua aceitação implicaria atribuir a uma simples reação psicológica do indivíduo uma relevância jurídica que ela, em verdade, não possui. Em rigor, toda pessoa vencida na

---

(9) Consulte-se, quanto a isto, J. C. Barbosa Moreira, "Comentários ao Código de Processo Civil", Rio: Forense, 1974, vol. V, p. 195.
(10) Jaime Guasp ("Derecho Procesal Civil", tomo II, p. 709) refere-se a essa finalidade depuradora dos recursos, embora reconheça que ela "*retrase y demore el proceso*".
(11) Gabriel de Rezende Filho ("Curso de Direito Processual Civil", 5. ed. vol. III, n. 877).
(12) *Apud* Alcides de Mendonça Lima, obra cit., p. 134.

ação pode ser tomada por esse estado de "insatisfação psicológica", mesmo sabendo, no foro da sua consciência, que a sentença foi correta e justa. A meu ver, a própria previsão legal do *litigante de má-fé* (*improbus litigator*) deita por terra, de maneira implícita, qualquer importância que se pudesse reconhecer à insatisfação da parte diante de um provimento jurisdicional desfavorável. Não há como conciliar a presença dessa espécie de litigante com a insatisfação subjetiva, que se tem procurado elevar à categoria de argumento destinado a justificar a necessidade do duplo grau de jurisdição.

Fosse de prevalecer essa alegação de desagrado psicológico, como justificar-se o fato de não se consentir que o litigante vencedor em primeiro grau e *vencido em segundo* interponha *recurso ordinário* do acórdão do Tribunal Regional para o TST, considerando-se ter sido esta a primeira decisão *desfavorável* aos seus interesses? Ou, acaso, se pretende que essa diáfana "insatisfação psicológica" justifique a interposição de recurso *ordinário* para o TST, mesmo fora das hipóteses em que a decisão do Tribunal Regional tenha sido proferida em matéria de sua competência originária?

O processo do trabalho há de receber com a necessária reserva, portanto, a afirmação do ilustre *João Monteiro*,[13] quanto a estar *"na própria natureza humana a gênesis da apelação..."*.

De outro ponto, os recursos nem sempre acabam aperfeiçoando as decisões de primeiro grau; são conhecidos por todos os casos em que, ao contrário, um mau acórdão substitui uma boa sentença. Em face disso, como poderia sobreviver a afirmação de possuírem, ditos remédios, um caráter purificador das decisões inferiores?

Propalar-se, ainda, que o juiz, sabendo que a sua sentença poderá ser apreciada pelo órgão da jurisdição superior, via interposição de recurso, tratará de elaborá-la com maior atenção e zelo é insinuar, *data venia*, que os magistrados de primeiro grau são pessoas irresponsáveis e que requerem, por esse motivo, uma vigilância por parte dos órgãos da jurisdição superior, aos quais se atribuiu, com vistas a isso, o encargo de corrigir-lhes os desacertos na prestação jurisdicional. Acredito não residir neste fato a circunstância de os juízes de primeiro grau terem aquela *liberdade vigiada*, de que tanto fala a doutrina.[14]

É absolutamente imperativo advertir, como o fez *Chiovenda*, que *"No Estado moderno não é possível a pluralidade das instâncias fundar-se na subordinação do juiz inferior ao superior, por não dependerem os juízes, quanto à aplicação da lei, senão da lei mesma"*.[15]

As redarguições que efetuei aos argumentos empenhados na defesa do duplo grau de jurisdição não significam, como se possa conjecturar, que eu esteja, com essa atitude, a colocar-me ao lado dos que preconizam a total supressão dos recursos; minhas objeções foram formuladas apenas para demonstrar que aquelas razões, nimiamente civilistas, quando trasladadas para o campo peculiar do processo do trabalho, perdem, em boa parte, a importância que possam ter.

Sou dos que entendem que os recursos constituem, sem dúvida, um instituto salutar, na razão em que contribuem, em muitos casos, para a perfectibilidade das decisões judiciais e, de certa forma, para a definição de algumas questões controvertidas; discordo, entretanto, da ampla possibilidade que as leis processuais trabalhistas concedem ao litigante vencido para provocar o reexame da matéria pelo grau superior – mesmo estando consciente da exação da sentença impugnada. Por outro lado, os fatos do cotidiano estão a demonstrar que a exigência do depósito pecuniário, de que trata o art. 899, § 1º, da CLT, não tem contribuído para a redução significativa do número de recursos interpostos, até porque essa exigência não afeta os empregadores econômica e financeiramente abastados.

Em resumo: entendo ser necessária a manutenção da possibilidade de a parte interpor recurso ordinário (conquanto possam ser estabelecidas por lei ordinária algumas restrições quanto a isto), embora reconheça não ser menos necessário impor-se acentuada restrição à interponibilidade de recursos de natureza extraordinária (como é o caso do de revista) ao TST. O recurso ordinário está intimamente ligado ao duplo grau de jurisdição. É aquele que dá concreção a este, que o retira da abstração constitucional para aplicá-lo na vida prática.

3. DUPLO GRAU E CONSTITUIÇÃO

A apreciação do tema relativo ao duplo grau de jurisdição, a que estou me dedicando, não poderia ser concluída sem que examinasse se, no caso brasileiro, esse princípio está previsto ou assegurado constitucionalmente, pois será da conclusão que quanto a isto chegar que extrairei os fundamentos da opinião que, mais adiante, expenderei a respeito da supressão, em determinadas hipóteses, dos recursos.

---

(13) "Teoria do Processo Civil", 6. ed. Rio: Edit. Borsoi, 1956, tomo II, p. 607.
(14) Sérgio Bermudes, obra cit., p. 11.
(15) "Princípios de Derecho Procesal Civil", Madrid: Editorial Reues, tomo II, p. 98.

Inicio, ressaltando que a investigação acerca deste assunto cindiu, com certa profundidade, a doutrina.

Autores de nomeada,[16] p. ex., vêm sustentando que o duplo grau de jurisdição possui previsão constitucional implícita, argumentando com o fato de o art. 92, *caput*, do Texto Supremo, haver minudenciado, em seus incisos, os órgãos aos quais compete o exercício da administração da justiça, sendo que dentre eles se encontram os diversos tribunais, lá especificados. Desta maneira, a duplicidade de graus de jurisdição estaria configurada pela referência aos tribunais, aos quais a Constituição da República atribui competência para o julgamento dos recursos – sem prejuízo das matérias que lhes são da competência originária.

Não é assim que entendo.

Em nenhum momento, *venia concessa*, o texto constitucional proclama, mesmo pela via implícita, a presuntiva *garantia* do duplo grau de jurisdição; o que o art. 92, *caput*, está a indicar é a mera *possibilidade* de o interessado interpor recurso para os graus superiores da jurisdição, sendo exatamente para esse fim que os seus incisos cuidaram de detalhar a competência recursal dos tribunais ali mencionados, sem que seja lícito ao intérprete visualizar na dicção do precitado artigo qualquer declaração assecuratória da presença institucional de uma duplicidade de graus jurisdicionais.

A menção aos tribunais, feita por aquele dispositivo constitucional, deve ser interpretada, exclusivamente, como o reconhecimento da possibilidade, em tese, de provocar-se o reexame da matéria versada na ação, ou melhor, da causa, por órgão superior da jurisdição, e não, segundo se tem entendido, como um *direito* de *sempre* se poder exercitar a pretensão recursal diante de uma decisão desfavorável. Por outras palavras, o recurso será interponível quando a lei a isso autorizar.

Disto decorre que ocasionais leis ordinárias que tenham vetado a interponibilidade de recursos das sentenças de primeiro grau não trouxeram em si, como se chegou a arguir, a eiva da inconstitucionalidade, precisamente porque inexiste em nosso sistema constitucional qualquer declaração, ainda que *implícita*, da duplicidade de graus jurisdicionais como *direito* ou *garantia* do indivíduo ou das coletividades. Convém esclarecer que o princípio do duplo grau da jurisdição, de qualquer modo, estaria atendido pela simples viabilidade da revisão da matéria.

Sempre que o constituinte pretendeu proclamar a existência de tais direitos e garantias o fez de modo expresso, como ocorreu com a ação *judicial*, verdadeiro direito público subjetivo, hoje, portanto, alcandorado ao predicamento constitucional (art. 5º, XXXV).

Não creio, por outro lado, que a suposta presença do duplo grau de jurisdição, na Suprema Carta Política, possa ser inferida no art. 5º, LXXVII, § 2º, segundo o qual a especificação dos direitos e garantias expressos nesta Constituição não exclui outros direitos e garantias decorrentes do regime e dos princípios que ela adota; a razão está em que, como ressaltamos há pouco, em nenhuma parte aquela Carta deixa transparecer haver adotado, *como princípio fundamental*, o reexame dos pronunciamentos judiciais.

Ao assegurar, entretanto, "*aos litigantes, em processo judicial ou administrativo (sic), e aos acusados em geral, o contraditório e a ampla defesa, com os meios e recursos a ela inerentes*" (sublinhamos), não teria o inciso LV do art. 5º da Constituição Federal revogado o § 4º do art. 2º da Lei n. 5.584/1970 – e, de modo geral, toda norma infraconstitucional que tenha vetado a possibilidade de interposição de recurso de determinadas sentenças?

Penso que não. O vocábulo *recursos* não foi utilizado pelo constituinte em seu sentido técnico e estrito como meio de impugnação aos provimentos jurisdicionais, e sim como significante, genérico, do complexo de medidas e meios necessários à garantia da ampla defesa, da qual o contraditório constitui espécie. É relevante destacar que a Constituição Federal de 1969 assegurava aos *acusados* (logo, no processo penal) a ampla defesa, com os recursos a ela inerentes" (art. 153, § 15), e o contraditório (§ 16), ao passo que a atual, segundo vimos, amplia essa garantia aos *litigantes* (alcançado, portanto, o processo civil e, por extensão, o do trabalho).

De qualquer modo, a garantia, aos acusados (e, por extensão, aos litigantes), do *contraditório* e da *ampla defesa*, faz parte de nossa melhor tradição constitucional, como demonstram os Textos de: a) 1891, no art. 72, § 16; b) 1934, no art. 113, § 24; c) 1946, no art. 141, § 25; d) 1967, no art. 150, § 15, que, com a Emenda n. 1/69, passou para art. 153, § 15; e) 1988, no art. 5º, LV.

Por aí se percebe que o disposto no art. 5º, LV, da Constituição Federal de 1988, não representou nenhuma *novidade*, motivo por que não há razão para supor-se que esse preceito, sendo supostamente inovador, teria passado a assegurar o duplo grau de jurisdição, e, em consequência, revogado o § 2º do art. 4º da Lei n. 5.584/70, que veda a interposição de recurso das sentenças emitidas nas causas cujo valor não exceder a duas vezes o do salário mínimo vigente

---

(16) Coqueijo Costa, obra cit., p. 433; Alcides de Mendonça Lima, obra cit., p. 141.

na sede do juízo, ressalvados os casos de envolvimento de matéria constitucional.

Não posso concordar, por isso, com *J. Cretella Júnior* quando, interpretando o inciso LV do art. 5º da vigente Constituição da República, conclui que a garantia, ali expressa, seria: a) para os litigantes em juízo, o *contraditório*; b) para os acusados, a *ampla defesa* (Comentários à Constituição de 1988", Rio: Forense Universitária, 1990, vol. 1, p. 534). Ora, essa disjunção do texto da Suprema Carta, empreendida pelo festejado jurista, implica afirmar que os litigantes em juízo não teriam assegurado a ampla defesa, mas, apenas, o contraditório, pois se sabe que este constitui, somente, um capítulo, um elemento fragmentário daquela. Nada mais equivocado, *permissa venia*. Uma tal discriminação, além de perturbadora dos princípios tradicionais, colide com a regra da igualdade de todos perante a lei, enunciada no *caput* do art. 5º da Constituição Federal.

Em suma, as garantias constitucionais da *ampla defesa* e do *contraditório* (embora bastasse a referência apenas àquela) têm como destinatários tanto os *acusados* quanto os *litigantes* em processo civil e do trabalho, como, também, os interessados, nos procedimentos administrativos.

Retornando ao assunto da irrecorribilidade de certa classe de sentenças, devo lembrar que, no sistema do CPC de 1939, só eram admissíveis embargos de nulidade ou infringentes do julgado e embargos de declaração dos pronunciamentos de primeiro grau, realizados nas ações cujo valor fosse igual ou inferior a duas vezes o do salário mínimo vigente (art. 839, *caput*), não se permitindo, pois, dessas decisões, a interposição de nenhum outro recurso.

É oportuno dizer que os princípios nucleares, informadores do processo do trabalho, estão a alvitrar que, aproveitando-se a experiência vitoriosa da Lei n. 5.584/70, sejam ampliados de *lege ferenda* os casos de irrecorribilidade das sentenças de primeiro grau, ressalvando-se, sempre, o envolvimento de ofensa à Constituição – com o que poderão ser obstados, em larga medida, os propósitos, amiúde percebidos, de retardar a formação da coisa julgada, que ficam tão a gosto daqueles que se comprazem em fazer mau uso dos institutos que o processo lhes coloca ao alcance. Não creio que, com esta minha opinião, possa vir a ser destinatário da censura feita por David Lescano ('Prólogo à obra de Manuel Ibañez Frochmam', p. 8), para quem a restrição dos recursos "*en régimenes totalitarios obedece al propósito de fortalecer aún más la autoridad de los governantes*". Em verdade, no plano do processo do trabalho brasileiro a supressão dos recursos prescinde de qualquer conotação política, já que se volta (como se voltou, no caso da Lei n. 5.584/1970), exclusivamente, para a necessidade de rápida formação da coisa julgada material.

A prática tem demonstrado que as ações de alçada exclusiva dos órgãos de primeiro grau, nesses seus mais de quarenta anos de presença no ordenamento processual trabalhista brasileiro, vêm prestando razoáveis serviços a esse processo e – o que é mais importante – aos interesses dos trabalhadores; torna-se altamente recomendável, por esse motivo, que em uma futura alteração legislativa aqueles que dela forem incumbidos se façam sensíveis aos efeitos benéficos dessa vedação à interponibilidade de recursos, seja elevando-se o valor de alçada, como já se *cogitou*,[17] seja adotando-se, sem prejuízo do anterior, critério baseado em a natureza da matéria suscitada na ação, como sucede em alguns países, ressalvando-se, sempre, o envolvimento de matéria constitucional.

Se o argumento político é necessário, acrescentemos que o tempo acabou frustrando as previsões feitas quanto a uma possível rejeição, pela comunidade dos jurisdicionados, das ações de alçada, pois os dias da atualidade estão a demonstrar que, ultrapassado o período inicial de justificável hesitação, essas ações foram bem aceitas por todos.

4. A FUNÇÃO REVISORA DOS TRIBUNAIS E A VALORIZAÇÃO DAS DECISÕES DE PRIMEIRO GRAU

O que está em causa, neste subtítulo, já não é saber se o duplo grau de jurisdição constitui algo necessário na estrutura de um Estado Democrático de Direito, e se possui, ou não, previsão constitucional, e sim, *como* os tribunais devem agir no exercício da

---

(17) Essa preocupação de ampliar o valor das ações, para efeito de tornar irrecorríveis as sentenças nelas prolatadas, esteve manifestada no natimorto anteprojeto de atualização da CLT, publicado no DOU, Secção I, Parte I, Suplemento ao n. 82, em 2 de maio de 1979, cujo art. 869, parágrafo único, dispunha: "*O recurso ordinário para o Tribunal Regional, nas causas de valor até 4 (quatro) vezes o Valor de Referência correspondente à sede do Juízo de 1º grau, somente será admitido quando a decisão contrariar norma constitucional ou Súmula do Tribunal Superior do Trabalho*". Posterior projeto de Código de Processo do Trabalho (embora oficioso), também revelava essa preocupação; constava, com efeito, do seu art. 438: "*Não caberá recurso: I – (...); II – contra as decisões proferidas nas ações de procedimento sumaríssimo*", ou seja, "*naquelas cujo pedido líquido seja igual ou inferior a cinco vezes o salário mínimo em vigor na sede do Juízo de primeiro grau*" (art. 261, *caput*) ressalvando, contudo, como faz a lei vigente (n. 5.584/70), o envolvimento de matéria constitucional. Esse projeto, aliás, ampliava as hipóteses de recorribilidade das sentenças proferidas nas ações de alçada, uma vez que permitia o exercício da pretensão recursal sempre que a sentença também infringisse letra de lei federal, decisão normativa, ou prejulgado do TST (posteriormente, extintos).

função revisora que lhes cometem as normas processuais. A pergunta a ser formulada a esse respeito é a seguinte: sempre que o entendimento do relator ou do órgão colegiado não coincidir com o expresso na sentença impugnada o recurso ordinário *deve* ser provido, ou é aconselhável prestigiar-se (valorizar-se) a sentença por seu conteúdo *razoável* e não contrário à lei?

Para logo, é importante elucidar que a função institucional dos juízes de primeiro grau não consiste em decidir mal as questões que lhes são submetidas à cognição, de tal arte que a função revisora dos tribunais – que se instrumentaliza por meio de recurso – seria algo, absolutamente, indispensável.

Devo lembrar que, independentemente dos graus de jurisdição em que se encontram, os juízes não são deuses, nem semideuses, e sim, seres terrenos e mortais; logo, falíveis; e a falibilidade humana, embora seja um truísmo, não é algo inerente aos magistrados de primeiro grau.

A propósito, disse-me, em certa ocasião, um ministro do STF, em tom de chalaça, que essa Excelsa Corte tem a prerrogativa de.... errar por último!

Ora, bem.

Em termos gerais, posso afirmar que a função revisora dos tribunais – designadamente, em sede de recurso ordinário – consiste em verificar se os juízes de primeiro grau, maniqueísmo à parte, decidiram bem ou mal a causa.

Particularizando a regra, digo que essa função dos tribunais se bifurca, teoricamente, em: a) corrigir os erros de julgamento; e b) atribuir melhor solução à causa. Na primeira situação, o juiz teria interpretado mal a norma incidente no caso concreto, ou aplicado norma inadequada ao caso concreto. São erros de natureza objetiva, técnica. Aqui, a função revisora dos tribunais se revela com maior nitidez. Na segunda, o erro envolve, quase sempre, a interpretação da norma com rigor excessivo, por forma a justificar o apotegma jurídico *summum ius, summa iniuria* (o excesso de justiça é injustiça) ou a apreciação dos fatos e das provas. Aqui é que nos parece mais instigante o exame da função revisora dos tribunais.

Assim como as águias não se preocupam em capturar moscas, os tribunais não deveriam se preocupar com coisas miúdas, pormenores; enfim, com questiúnculas que, não raro, afloram no julgamento dos recursos; significa dizer, não deveriam modificar a sentença por obra de capricho, de nonada ou de soberba.

Há casos, por exemplo, em que a sentença, levando em consideração a jornada de trabalho, média, comprovada nos autos, condena o réu a pagar ao autor duas horas e *trinta* minutos extras, por dia; o tribunal provê o recurso do réu para reduzir a condenação a duas horas *e vinte minutos*, diárias, ou seja, exclui da condenação dez minutos extras, por dia. Situações que tais, a nosso ver, comprometem a função revisora dos tribunais e desprestigiam a sentença. Com efeito, o fato de haver uma pequena diferença quanto ao número de horas extras diárias não justificava a reforma da sentença, que se revelava *razoável* diante da prova produzida nos autos e da sua apreciação pelo magistrado de primeiro grau, sob a óptica do art. 131, que materializa o difundido princípio doutrinário da *persuasão* – a que temos preferido denominar de princípio do *livre convencimento motivado. Livre convencimento*, porque o magistrado, nos termos do preceptivo legal referido, poderá apreciar *livremente* a prova, atendendo aos fatos e circunstâncias constantes dos autos; *motivado*, porque deverá indicar os motivos (fundamentos) que lhe formaram o convencimento.

Não vamos nos enveredar nos sítios dos casuísmos; por isso, apresso-me em opinar que os tribunais deveriam, sempre que possível, empenhar-se em prestigiar (ou valorizar) as sentenças, quando estas fossem *razoáveis*, seja sob a perspectiva da interpretação dos fatos e das provas – sem menosprezo às circunstâncias e particularidades que assinalam o caso concreto –, seja da aplicação da norma legal incidente.

4.1. Esboço de um conceito de *sentença razoável* e outras considerações

O adjetivo *razoável* significa aquilo que é conforme à razão, ao direito, à equidade. Aí está implícita a ideia de prudência, de moderação, de comedimento, de sensatez.

Sentença razoável, portanto, é a que aprecia o mérito da causa de maneira sensata, equilibrada, justa, aceitável, do ponto de vista da prova produzida nos autos, de sua valoração (CPC atual, art. 131; CPC de 2015, art. 371) e das normas legais aplicáveis. Os fatos do cotidiano estão a demonstrar que, o tribunal, na busca de imaginária decisão *perfeita* ou *ideal*, não raro, acaba por substituir a sentença razoável por um acórdão equivocado, pois, conforme já se advertiu, com inegável propriedade, "julgar por último não é razão para julgar melhor".

O juiz de primeiro grau teve contato pessoal com as partes, com as testemunhas, com o perito, enfim, com todos aqueles que, de um modo ou de outro, participaram do processo estando, por isso, em melhores condições técnicas e perceptivas de realizar o julgamento. É oportuno recordar que o vocábulo *sentença* é oriundo da forma latina *sententia, ae*, significante de sentir, de sentimento, de impressão no espírito. Os juízes dos tribunais, no julgamento dos recursos, não podem ter o mesmo sentimento, a mesma percepção dos fatos e das reações das partes, das testemunhas e de outras pessoas, porque não tiverem contato com elas. Conforme escrevemos em livro:

> "Na audiência, ademais, o juiz encontrará condições efetivas de acompanhar a produção de provas, de fiscalizar a atuação das partes quanto a isso, cabendo-lhe interrogar os litigantes, as testemunhas, o perito, apreciar as perguntas que, por seu intermédio, forem formuladas pelos advogados, indeferindo-as quando lhe parecerem inoportunas, impertinentes, irrelevantes, capciosas, vexatórias e o mais, assegurando, contudo, à parte interessada o direito de vê-las reproduzidas na ata, desde que assim requeiram (CPC, art. 416, § 2.o). Mais do que isso, o juiz poderá – olhos nos olhos – acompanhar e avaliar as reações psicológicas ou emocionais das partes e testemunhas às perguntas efetuadas, verificando se as respondem com segurança ou com hesitação, se tergiversam, se o fazem com serenidade ou com grande nervosismo etc. É nesse instante, enfim, que o juiz, mais do que um condutor de audiências, do que um interrogador, age como analista sutil e arguto do psiquismo humano – habilidade que as experiências da vida cuidam de acumular-lhe no espírito, aprimorando-lhe a técnica" (Curso de Direito Processual do Trabalho, vol. I – Processo de Conhecimento. São Paulo: LTr Editora, 2009. p. 65).

No mesmo livro dissemos:

> "Os próprios Tribunais, ao realizarem o julgamento de recursos, se ressentem dessa ausência de intimidade com a prova oral, pois são levados a apreciá-la e a valorá-la a partir de registros constantes das atas das audiências. Assim, ao contrário dos juízos de primeiro grau, que têm contato direto com os protagonistas do conflito de interesses, e, em razão disso, com os meios de prova, o tribunal se limita a apreciar meros relatos documentais dos fatos. Mesmo no caso de ação rescisória, a instrução oral, quando necessária, será realizada por juiz de primeiro grau, em virtude de carta de ordem (CPC, art. 492). Estas considerações estimulam-nos a ponderar que os tribunais, sempre que possível, deveriam prestigiar os pronunciamentos dos órgãos de primeiro grau de jurisdição, no terreno dos fatos" (ibidem, p. 67/68).

É importante repisar: os juízes dos tribunais jamais conseguiriam transportar-se para a realidade da audiência de que participou o juiz emissor da sentença recorrida, na tentativa de obterem a mesma percepção dos fatos que povoaram a mente e o espírito deste, ao proferir a decisão. As atas das audiências em nada contribuiriam para essa tentativa dos juízes dos tribunais, porque não contêm o registro das precitadas impressões – inclusive, as subliminares. Ademais, ao proferir a sentença, o juiz de primeiro grau, para formar a sua convicção acerca dos fatos da causa, leva em consideração não apenas a frieza dos registros lançados na ata da audiência, mas, também, aquilo que ficou registrado em sua mente. Conquanto o juiz não possa invocar, como razão de decidir, tais registros mnemônicos, estes o ajudam a interpretar, com maior fidelidade, os depoimentos prestados pelas partes e pelas testemunhas.

Quando preconizo que os tribunais devem empenhar-se em prestigiar as sentenças razoáveis, que foram impugnadas por meio de recurso ordinário estou, a um só tempo, dizendo que: a) ao julgar o recurso, o tribunal não deve desconsiderar os fundamentos da sentença e agir como se tratasse de causa de sua competência originária; b) quanto mais se reformam as sentenças que se revelam *razoáveis*, tanto mais se desprestigia e se coloca em dúvida a legitimidade o juízo de primeiro grau. Não creio que esteja perdendo o senso da razão se asseverar que a mais *genuína* das prestações jurisdicionais é a realizada pelos juízes das Varas. Eles são o que se poderia designar de "homens das trincheiras", que tornaram concreto o princípio da imediatidade, que coligiram as provas e tiveram contato com a realidade viva e palpitante da audiência – realidade que chega ao tribunal, muito tempo depois, em grau de recurso ordinário, sob a forma de meros registros documentais, incapazes de reproduzir a efervescência e o dinamismo das audiências que soem ser realizadas em primeiro grau de jurisdição.

A propósito, em 7 de junho de 2013, tive oportunidade de proferir palestra em evento promovido pela prestigiosa Escola Judicial do Tribunal do Trabalho da 4ª Região, que possuía como pano de fundo o tema: "A Função Revisora dos Tribunais". Percebendo, na altura, que os ilustres magistrados do trabalho estavam, justificadamente, preocupados em tornar concreto o anseio de valorização das decisões de primeiro grau, deixei-lhes um modesto contributo, *de lege ferenda*, para essa defensável causa; ei-lo: em grau de recurso ordinário, as sentenças somente poderiam ser reformadas pela votação unânime dos integrantes do colegiado julgador. Considerando que, em regra, três juízes votam na Turma, se o voto de um deles fosse coincidente com o conteúdo da sentença significaria que esta teria sido *razoável*, não havendo razão relevante, por esse motivo, para prover-se o recurso.

Esclareço que essa minha proposta nada tem a ver com o art. 942 do novo CPC, assim redigido: "*Art. 942. Quando o resultado da apelação for não unânime, o julgamento terá prosseguimento em sessão a ser designada com a presença de outros julgadores, que serão convocados nos termos previamente definidos no regimento interno, em número suficiente para garantir a possibilidade de inversão do resultado inicial, assegurado às partes e a eventuais terceiros o direito de sustentar oralmente suas razões perante os novos julgadores*".

O que o sobredito normativo do nupérrimo CPC está a asseverar é que se o resultado da apelação (no processo do trabalho, leia-se: recurso ordinário) não for unânime, o julgamento não estará concluído, devendo prosseguir em outra sessão, para a qual deverão ser convocados juízes em número suficiente para, em tese, inverter o resultado inicial.

Uma das razões pelas quais o art. 942 foi inserido no CPC consistiu, de certa forma, em fazê-lo ocupar o espaço que até então era reservado aos tradicionais embargos infringentes (CPC de 1973, art. 530); no sistema do processo do trabalho, todavia, esses embargos somente são cabíveis das decisões não unânimes previstas na letra "a" do inciso I do art. 894 da CLT, vale dizer, que conciliarem, julgarem ou homologarem conciliação em *dissídios coletivos*. Os embargos infringentes não são admissíveis nos dissídios individuais. No processo do trabalho, portanto, nunca houve a preocupação em prestigiar o voto vencido.

O procedimento estabelecido pelo art. 942 do CPC é incompatível com o processo do trabalho por ser embaraçante e, desse modo, retardar a proclamação do resultado do julgamento (o art. 15 do novo CPC não eficácia derrogante do art. 769, da CLT). Além disso, não creio que os Tribunais do Trabalho possuam juízes disponíveis, em número suficiente, para participarem do prosseguimento da sessão de julgamento. Ainda que, em alguns casos, se torne possível a continuidade do julgamento ocorrer na mesma sessão, como cogita o § 1º do art. 942, nem por isso se poderia afirmar que haveria número bastante de juízes para serem convocados, de modo a "*garantir a possibilidade de inversão do resultado inicial*".

Ademais, os recursos ordinários trabalhistas, como é notório, soem conter diversos pedidos. Sendo assim, como ficaria, por exemplo, se o órgão judicante desse provimento ao recurso, por unanimidade de votos, em relação a alguns desses pedidos, mas, no tocante a outros, o julgamento não alcançasse a unanimidade? Deveriam ser convocados novos juízes para participarem apenas dos julgamentos não unânimes? Nem ignoremos a possibilidade, nesta hipótese, de os julgamentos unânimes acabarem conflitando com os novos julgamentos.

Enfim, seja por uma razão ou por outra, estou serenamente convencido de que a doutrina e as jurisprudências trabalhistas bem andariam se rechaçassem a incidência do art. 942 do CPC no processo do trabalho.

5. CONCLUSÃO

Volto ao tema da função revisora dos tribunais para enunciar uma regra, à guisa de conclusão:

Os pronunciamentos de primeiro grau – máxime as sentenças – devem ser valorizadas pelos tribunais, sempre que se revelarem *razoáveis*, seja do ponto de vista da apreciação dos fatos e das provas, seja da aplicação e da interpretação dos dispositivos legais incidentes. O efeito pragmático dessa regra se traduz no não provimento do recurso sempre que a sentença apresentar-se dotada dessa *razoabilidade*. Para isso, os tribunais não devem ignorar os fundamentos da sentença, como se estivessem no exercício de sua competência originária, decidindo a causa pela primeira vez.

Reitero: quanto mais se reformam as sentenças *razoáveis*, tanto mais se comete a imprudência de negar, diante dos jurisdicionados, a legitimidade do juízo de primeiro grau de jurisdição.

Não há necessidade de filosofia para chegar-se a essa conclusão: basta ter os olhos abertos para a realidade.

Capítulo II
Aspectos históricos

A Função Revisora dos Tribunais na Perspectiva Histórica e Jusfundamental: o direito de recorrer. Origens e limites externos

GUILHERME GUIMARÃES FELICIANO
Professor Associado II do Departamento de Direito do Trabalho e da Seguridade Social da Faculdade de Direito da Universidade de São Paulo e Juiz Titular da 1ª Vara do Trabalho de Taubaté/SP. Livre-Docente em Direito do Trabalho pela FDUSP. Doutor em Direito Processual Civil pela Faculdade de Direito da Universidade de Lisboa. Doutor em Direito Penal pela FDUSP. Coordenador da Pós-Graduação stricto sensu em Direito e Processo do Trabalho da Universidade de Taubaté.

1. CONVENCIMENTO JUDICIAL, DIREITO DE RECORRER E MAGISTRATURA PROFISSIONAL: IDEIAS HISTORICAMENTE IMBRICADAS. ORIGENS HISTÓRICAS E REFLEXÕES POSSÍVEIS

1.1. Roma pós-clássica

Na Roma cristã, depois da conhecida *litis contestatio*, havia o *iusiurandum calumniae*, ato em que partes e advogados juravam, sobre as Escrituras, que não estavam litigando por mera chicana ou emulação, mas por acreditarem em suas teses. Denota-se a preocupação pós-clássica com a *lealdade processual*, que ganharia corpo nos séculos subsequentes.

Após o *iusiurandum calumniae*, há certa dúvida sobre o que se seguia. Alguns romanistas sustentam que havia a imediata colheita de provas (*fase instrutória*)[1]; outros sustentam que, entre o *iusiurandum calumniae* e a produção de provas, mediava uma nova sessão de debates orais, a discutir os aspectos jurídicos do litígio, em que se contrapunha a *postulatio simplex* (pelo autor) e a *contradictio* ou *responsio* (pelo réu)[2].

Na instrução, as *leges* (= constituições imperiais) passaram a estabelecer certas regras para a apreciação das provas, a ponto de hierarquizá-las em valores absolutos. Assim é que a prova testemunhal, que tinha papel destacado no processo formulário, tem sua relevância mitigada, tanto pela regra da pluralidade útil (celebrizada pela máxima latina *testis unus, testis nullus*) como pela regra da primazia documental (prova escrita não podia ser repelida por prova testemunhal). No direito pós-clássico, com a *Novela XC*, JUSTINIANO introduziria ainda a figura do compromisso testemunhal por juramento (o que significava tanto reconhecer o dever cívico de depor em juízo como o dever processual de afirmar a verdade, aprofundando o caráter publicístico do processo com o reconhecimento de efeitos jurídicos instrumentais sobre terceiros) e a regra da melhor prova pelo menor interesse (germinando a figura da suspeição por interesse no litígio). Em contrapartida, a prova documental conheceu uma importância sem precedentes no processo *extra ordinem*, firmando-se no topo da hierarquia legal das provas, com uma sub-hierarquia interna que até hoje encontra eco nos ordenamentos de base romano-germânica[3]. Empregavam-se, ainda,

---
(1) Esta parece ser a opinião de KASER e HACKL (*Das Römische...*, p. 490-491).
(2) Moreira Alves, *Direito Romano*, v. I, p.312.
(3) Em primeiro lugar, os documentos públicos lavrados por funcionários no exercício de suas funções e os protocolos de juízes e certos agentes administrativos, todos dotados de fé pública (ditos *"acta"* ou *"gesta"*); na sequência, os *"instrumenta publice confecta"*, i.e., os documentos públicos redigidos em praça pública pelos notários ou *"tabelliones"* (que já àquela época não eram funcionários de Roma, mas pessoas privadas que gozavam de fé pública e certificavam atos e fatos jurídicos sob a vigilância dos magistrados; numa expressão conhecida, *administração privada de interesses públicos* em matéria notarial, como ainda hoje ocorre em diversos países, inclusive no Brasil); e, por fim, os instrumentos privados

como provas, as perícias (sobretudo para a aferição da autenticidade de documentos, mas também para outras "especialidades", como no caso das "*comadres*", que aferiam o alegado estado gravídico de uma mulher), os juramentos (como provas supletórias), as confissões (que serviam como causa bastante para a condenação do confesso, positivando-se a parêmia *confessus por iudicato est* no *Corpus Iuris Civilis*), os interrogatórios em juízo (admitidos em qualquer tipo de ação – ao contrário do processo formulário – e a qualquer momento do processo, ao alvedrio do juiz) e as presunções (dita *hominis*, quando o juiz a extraía dos elementos do processo com base em sua experiência pessoal; *iuris*, quando decorria de lei)[4].

Dessume-se, por esse breve descritivo, que boa parte das regras e institutos de direito probatório recolhidos pelos códigos hodiernos remontam, direta ou indiretamente, à *cognitio extraordinaria* romana. Daí também provieram variegadas *restrições formais* ao livre convencimento do magistrado em face do conjunto de provas, que o processo medieval aprofundou e que se retratam ainda hoje em doutrinas e legislações (em especial no quesito da *hierarquização dos meios de prova*, quando, p. ex., distingue-se entre prova pleníssima, prova plena e prova bastante[5], ou quando se veda determinado meio de prova em certos ensejos[6]). Na perspectiva da teoria processual moderna (que advoga o *livre convencimento racional do juiz*[7]), houve inclusive um *retrocesso* em relação ao sistema processual anterior (*per formulas*), onde essas hierarquizações não se estabeleciam com tamanho vigor. E de *involução*, realmente, impõe-se dizer. Segundo cremos, pensar a modernização da processualística é pensar a necessária relativização de tais hierarquizações, senão a sua abolição, privilegiando-se sempre a justiça do caso concreto *pelo olhar* do juiz concreto. O que significa, necessariamente, **prestigiar a decisão do juiz de primeiro grau nas chamadas** *questões de fato*.

Feita a colheita de provas, o magistrado romano passava à prolação da sentença, sempre conforme os elementos dos autos. Para tanto, consultava seus assessores (*consilium*) e, vinculando-se apenas à observância da lei (e não mais aos limites de uma fórmula), proferia a sua sentença, em peça escrita, que havia de ser lida em audiência na presença das partes e dos oficiais do juízo (*recitare sententiam ex periculo*). Mesmo perante o "*princeps*", o procedimento era basicamente esse, com pequenas variações[8].

Excepcionalmente, porém, caso não soubesse como julgar a causa, o magistrado poderia remeter os autos a um magistrado superior ou mesmo ao próprio imperador: era o instituto da *consultatio*, que previa, no processo *extra ordinem*, o pronunciamento do *non liquet* (que, aliás, era largamente admitido no sistema formulário, anterior ao da *extra ordinem*). Nessa hipótese, o juiz redigiria uma informação geral sobre o processo e exporia suas dúvidas, dando ciência às partes, que poderiam refutar a informação judicial; em seguida, remeteria à autoridade superior o conjunto

---

("*cautiones*", "*chirographa*"), cujo valor dependia da respectiva lavratura perante testemunhas instrumentais, com as assinaturas dos declarantes e das próprias testemunhas. Cf., por todos, Moreira Alves, *Direito Romano*, v. I, p.313. Essa hierarquia segue reverenciada no tempo presente, com maior ou menor flexibilidade, ora por força de lei (como no caso português, nos termos do art. 364, 1, do CC, e também no brasileiro, a se cotejarem os arts. 364 e 368 do CPC ou os arts. 215 e 219 do NCC), ora por força do costume e/ou da prática social.

(4) Sobre o regime probatório na "*extraordinaria cognitio*", ver Kaser, Hackl, *Das Römische...*, p. 491-493; Moreira Alves, *Direito Romano*, v. I, p. 312-314.

(5) Cara ao direito português – ou ao menos a seu passado próximo –, como se lê em JOÃO DE CASTRO MENDES (*Direito processual civil*, Lisboa, AAFDL, 1987, v. II, p. 451-453). A expressão "prova plena" ainda aparece nos artigos 360º, 371º, 376º e 393º do Código Civil português; e, no Brasil, descobre-se hoje em dia no art. 215 do NCC ("*A escritura pública, lavrada em notas de tabelião, é documento dotado de fé pública, fazendo prova plena*").

(6) No Brasil, vejam-se, p. ex., o art. 401 do CPC (que só permite a prova exclusivamente testemunhal "*nos contratos cujo valor não exceda o décuplo do maior salário mínimo vigente no país, ao tempo em que foram celebrados*") e o art. 55, § 3º, da Lei n. 8.213/91 (que não admite, em sede de justificação judicial ou administrativa, a prova exclusivamente testemunhal do tempo de serviço para efeitos previdenciários). Sobre a infelicidade dessa última norma, especialmente quando oposta à eficácia material preclusiva das sentenças trabalhistas que declaram a existência de vínculo de emprego em face do empregador (e ainda mais à sua eficácia mandamental direta, se o INSS for chamado à lide), veja-se, de nossa lavra, "*Eficácia mandamental da sentença declaratória de vínculo empregatício em face do Instituto Nacional do Seguro Social*" (tese), Manaus, 14º CONAMAT, 2008, *passim* (disponível em www.conamat.com.br/teses/10032008204910.doc – acesso em 06.01.2013). V. também "*Tutela processual dos direitos humanos nas relações de trabalho*", in Revista de Direito do Trabalho, São Paulo, Revista dos Tribunais, 2006, v. 32, n. 121, *passim*.

(7) Cf., por todos, Araújo Cintra *et al.*, *Teoria...*, p. 62-63 (os autores preferem a expressão "*persuasão racional*"). *In verbis*: "*Tal princípio [da persuasão racional do juiz] regula a apreciação e a avaliação das provas existentes nos autos, indicando que o juiz deve formar livremente sua convicção. Situa-se entre o sistema da prova legal e o do julgamento secundum conscientiam. [...] A partir do século XVI [...] começou a delinear-se o sistema intermediário do livre convencimento do juiz, ou da persuasão racional, que se consolidou sobretudo com a Revolução Francesa. [...] O Brasil também adota o princípio da persuasão racional: o juiz não é desvinculado da prova e dos elementos existentes nos autos* (quod on est in actis non est in mundo), **mas a sua apreciação não depende de critérios legais determinados a priori**. *O juiz só decide com base nos elementos existentes no processo, mas o avalia segundo critérios críticos e racionais (CPC, arts. 131 a 436; CPP, arts. 157 e 182)*" (g.n.). Nada obstante, não é incomum que, em algum momento, os sistemas processuais nacionais hodiernos concedam, pontual ou setorialmente, ao sistema das provas legais (em Portugal, veja-se o art. 393, 1 e 2, do CC; no Brasil, vejam-se o art. 401 do CPC – já citado – e o art. 195, *caput* e § 2º, da CLT).

(8) Inclusive na "*supplicatio*": ver Kaser, Hackl, *Das Römische...*, p.449.

de peças (autos do processo, *consultatio* e refutação). De posse das peças, a autoridade superior decidiria o litígio (ou, tratando-se do imperador, poderia designar outro juiz para a prolação da sentença).

Na sentença, o juiz deveria condenar ou absolver o réu, assim como o próprio autor, se houvesse reconvenção formal. A condenação havia de ajustar-se o mais possível à pretensão do autor, mandando pagar a quantia devida ou restituir a coisa retida, conforme o caso. Nas obrigações de fazer, não se admitia a condenação específica (i.e., o decreto condenatório impositivo de conduta *manu militari*); assim, tanto nesses casos, como nos casos de impossibilidade de restituição de coisa certa, proferia-se sentença condenatória pelo equivalente pecuniário ao ato ou à coisa. Ademais, embora o juiz devesse considerar, em princípio, o *status quo* aferido no momento da citação do réu, deveria levar em conta a satisfação espontânea da pretensão autoral pelo réu no curso do processo, hipótese em que proferiria sentença absolutória.

Proferido o *decretum* ou *sententia*, **o vencido podia apelar (*appellatio*)**, fosse para o magistrado imediatamente superior ao que a houvera pronunciado, fosse mesmo para o imperador, diretamente, a depender da hipótese[9]. De fato, tornou-se bem amplo o ***espaço útil de recorribilidade*** no processo *extra ordinem*: com JUSTINIANO, já se podia apelar de qualquer sentença, desde que definitiva ou terminativa (jamais das interlocutórias ou preparatórias). Foi o mesmo JUSTINIANO, ademais, quem limitou a *duas* as possíveis *appellationes* sucessivas; antes dele, podia-se apelar tantas vezes quantos fossem os magistrados escalonados entre o juiz sentenciante e o próprio imperador (a quem se dirigiria o derradeiro recurso). A *appellatio* podia ser ofertada de viva voz, na própria audiência em que se lia a sentença, ou por escrito (*libellus appellatorius*), em prazos que variaram de dois (*biduum*) ou três (*triduum*) a dez dias[10]. Surtia, sempre, os efeitos devolutivo e suspensivo. Acompanhavam-lhe, porém, riscos consideráveis: o apelante derrotado suportava as custas acrescidas e, para mais, sujeitava-se a sanções graves, que chegaram ao desterro por dois anos, ao confisco de metade dos bens presentes e à obrigação mesma de prestar trabalhos forçados em minas por dois anos[11][12]. Já por isso, conclui-se que sequer na *extraordinaria cognitio* o *duplo grau de jurisdição* chegou a ser visto como uma garantia civil do cidadão; era, antes, uma faculdade processual, que o vexava severamente em caso de emprego temerário.

Antes do julgamento da *appellatio*, havia novo comparecimento das partes à presença do magistrado superior, com renovação dos debates. Sob JUSTINIANO, admitia-se a própria reabertura da instrução probatória, como ainda a invocação de novos fatos. E, ao julgar a apelação, o juiz *ad quem* podia fazê-lo em prejuízo do recorrente, admitindo-se amplamente a *reformatio in pejus*. Confirmada a sentença condenatória, e uma vez passada em julgado, havia de ser cumprida pelo réu no *tempus iudicati*, i.e., no prazo máximo de dois meses (ou, sob JUSTINIANO, quatro meses), caso não se fixasse outro no texto do próprio *decretum*.

1.2. Direito canônico

O processo canônico prestou grande contribuição às ideias cultas em torno da estabilização e da recorribilidade das sentenças judiciais, contribuindo sobretudo para a evolução do instituto da *coisa julgada*. Se bem que de início o direito canônico se tenha inspirado no próprio regime romano da coisa julgada, desenvolveu-o posteriormente com variegados elementos próprios, que mais tarde influenciariam o próprio direito leigo. O diploma mais relevante nessa repaginação semântica é o *Decreto Graciano*, que acolheu a noção romana de coisa julgada, mas alterou significativamente o seu regime, além de realçar, paralelamente, instrumentos reativos como a *restitutio in integrum* e a própria *appellatio*, então considerados os dois únicos meios de impugnação de sentenças válidas, mas iníquas.

Nesse sentido é que, no desenvolvimento das suas trinta e seis *causae*, o *Decreto Graciano* possuía

---

(9) Na perspectiva do poder político, a lógica desse sistema de revisão escalonada – que a partir de então ganharia o mundo – transparece evidente em KASER e HACKL: *"Die Anfänge der Appellation werden bei der gegen Urteile der cognitio extra ordinem in Straf- und Zivilsachen zu suchen sein. Im Kognitionsverfahren ist alle Entscheidungsgewalt eine von der kaiserlichen delegierte, hier wird sich darum zuerst der Grundsatz entwickelt und durchgesetzt haben, daß gegen die Entscheidung des Delegiert an den Delegierenden appelliert werden kann"* (*Das Römische...*, p. 502-503). Preservaram-se, ademais, alguns dos mecanismos indiretos de impugnação de sentenças do período formulário – nomeadamente, a *"restitutio in integrum"* (cf. Kaser, Hackl, *Das Römische...*, p. 493; Cruz e Tucci, Azevedo, *Lições...*, p. 150).

(10) Kaser, Hackl, *Das Römische...*, p. 507-508; Moreira Alves, *Direito Romano*, v. I, p. 316-317.

(11) Moreira Alves, *Direito Romano*, v. I, p.317. No tempo de JUSTINIANO, tais sanções se abrandaram.

(12) Para uma visão geral dos institutos da *"appellatio"* e da *"supplicatio"* no Direito Romano, ver Cruz e Tucci, Azevedo, *Lições...*, p. 163-188. A propósito, a *"supplicatio"* apareceu como *"corolário lógico da inadmissão de interpor-se apelação da sentença prolatada pelo prefeito do pretório"* (i.e., do *"praefectus praetorio"*, altíssimo funcionário da administração romana, que funcionava à maneira de um *alter ego* do imperador), razão pela qual se instituiu a *"supplicatio"*, que serviria como *"recurso autônomo e extraordinário, sucedâneo da* appellatio, *utilizado pelo cidadão perante o foro imperial contra a sentença inapelável do* praefectus praetorio*"* (*idem*, p. 175-177). Ver também Kaser, Hackl, *Das Römische...*, p. 449-451.

inúmeros preceitos a respaldar tanto hipóteses de apelação como de *restitutio*, na linha do que hoje denominamos, genericamente, como **direito de revisão judicial**. A *appellatio*, porém, foi objeto específico da *Quaestio* VI da *Causa* II, enquanto a *restitutio* não teve ali regulamentação específica, sendo antes referida em diversas passagens como instituto geral de caráter extraordinário. Ulteriormente, o seu primeiro tratamento específico e ordenado apareceria na *Libellus Ordinis Iudiciarii* (Livro IV, Título 6), de TANCREDO (1214-1216), autorizando a anulação e a renovação do juízo canônico: *Sententia per beneficium in integrum restitutionis sublevatur ac scinditur et iudicium renovatur*. Da mesma forma, nas *Decretais* de GREGÓRIO IX (1234), a *integrum restitutione* é tratada no Título XLI do Livro I e também no Capítulo XI do Título XIII do Livro III. Ainda nos dias de hoje, a *restitutio in integrum* segue prevista no Código de Direito Canônico em vigor (c. 1645), como uma via rescisória extraordinária, para a impugnação de decisões transitadas em julgado (em casos de "manifesta injustiça", nos termos do par. 2º), a par da possibilidade do exercício das competências correicionais do Supremo Tribunal da Assinatura Apostólica nos teratológicos casos de *querelas nullitatis* (c. 1445, § 1º, 1).

Nos tempos de GRACIANO, porém, não se distinguia claramente entre a coisa julgada (como atributo ou predicado) e a própria sentença judicial (como objeto a que se poderia associar aquele atributo), tendo-a como mera "definição judicial" da própria sentença. Somente décadas mais tarde, com a elaboração teórica dos glosadores (a partir dos textos romanos) e o contributo de algumas decretais papais, consolidou-se o entendimento de que o *transitus in rem iudicatam* era mesmo um *predicamento* de certa sentença, consistente na sua irrevogabilidade ordinária e inconfundível com a própria sentença. Reconhecia-se com isso, *a contrario sensu*, **haver sentenças circunstancial e/ou naturalmente** *mutáveis* (ao lado daquelas imutáveis, porque trânsitas em julgado), **embora já definitivas**; o que significou, no campo das garantias processuais, acenar, por um lado, para o reconhecimento de sentenças imanentemente mutáveis (informadas por cláusula *rebus sic stantibus*); e, por outro, para **a admissão da revisão dos julgados – e, logo, do** *duplo grau de jurisdição* **– como um incipiente direito dos súditos**. Para alguns autores, essa foi a maior contribuição do direito canônico para o instituto da coisa julgada, atinando-se, a partir de então, para o momento cronológico em que as sentenças formalmente adquiririam a imutabilidade da coisa julgada, *si et quando* fossem compatíveis com essa imutabilidade.

Assim é que, quanto às sentenças imanentemente mutáveis, a decretal *Lator praesentium sua nobis*, do Papa ALEXANDRE III (1159-1181), expressamente enunciou o princípio de que o *transitus in rem iudicatum* não se dava em sentenças exaradas nas ações de estado, inclusive por razões de fundo espiritual. Ainda hoje, no Código de Direito Canônico de 1983, prevalece o princípio da não passagem em julgado das sentenças relativas ao estado das pessoas (c. 1643). E o mesmo se lê nos diplomas processuais contemporâneos, incluída a Lei n. 13.105/2015 (*vide* art. 505, I).

1.3. Era moderna

Sob as monarquias absolutas, tributárias da visão de que o poder de dizer o justo seria prerrogativa exclusiva do soberano, arrimou-se a ideia de que cabia ao rei ou ao príncipe, em todo caso, dar a *palavra final* em qualquer matéria litigiosa levada aos tribunais do reino ou principado. Recuperou-se, assim, a noção de **recurso** – e, por detrás dela, a de **direito de recurso** (ou do direito ao *duplo grau de jurisdição*) –, que já tinha lindes relativamente sólidos traçados desde Roma; mas, agora, recuperava-se como forma de *subalternizar* a jurisprudência à vontade do monarca.

Vale notar que, excetuado o ambiente jurídico-canônico, a inexistência de estruturas hierárquicas claras no mundo feudal *inviabilizou*, de regra, a afirmação histórica dos institutos recursais, *"quase desconhecido[s] na Idade Média"*[13]. Com a centralização política do Estado moderno, entretanto, a autoridade das jurisdições superiores passou a fazer sentido orgânico. Assim é que, na França, os catorze parlamentos e os quatro conselhos soberanos adquiriram competência para julgar, em grau de recurso, toda a matéria decidida pelas jurisdições territoriais, com raras exceções; de modo semelhante, nas XVII Províncias dos Países Baixos, o Grande Conselho de Malines (*Consilium Magnum*), restabelecido em 1504, passou a julgar, em grau de recurso, todos os casos já decididos pelos conselhos de justiça locais (ressalvados aqueles apreciados pelos conselhos soberanos, porque esses tinham o beneplácito direto do monarca).

Na mesma linha, os corpos judiciais da era moderna conheceram uma gradual **profissionalização** a partir do século XIII, e sobretudo entre os séculos XVI e XVIII (logo, em plena Idade Moderna). Originalmente, a justiça feudal era distribuída basicamente por *juízes populares*, sem formação técnico-jurídica.

---

(13) John Gilissen, *Introdução...*, p. 394.

Bastava ao louvado pertencer ao grupo social que se submetia à jurisdição do respectivo tribunal: os vassalos, nos tribunais feudais; os possuidores tenenciais jurados, nos tribunais censuais; os membros da profissão, nos tribunais dos colégios profissionais ou das corporações de ofício; e assim sucessivamente. Entretanto, desde o século XIII, os tribunais passaram a contar com **juízes profissionais** (notadamente nas altas jurisdições reais e dos principados, mas também nos grandes escabinatos), que adquiriam sua formação jurídica nas universidades europeias[14]. No século XVI, praticamente todos os conselheiros judiciais do continente deviam ser licenciados em Direito; assim, *e.g.*, cite-se o caso do Parlamento de Paris, que tinha, no século XVIII, cerca de duzentos conselheiros e presidentes, todos com formação jurídica universitária. Surge aí, segundo GILISSEN, a figura do "juiz-jurista", que contribuiria decisivamente para a romanização dos direitos nacionais[15]. Cremos, porém, haver aí outros dois contributos para os pósteros: **(a)** a suposição de que a formação de corpos de juízes profissionais assegura decisões mais previsíveis e ortodoxas, sem grandes desvios em relação à vontade original do príncipe (ou do parlamento, por delegação daquele; ou da lei, por obra do último); e **(b)** o reconhecimento da **formação técnico-profissional** como uma garantia de soluções seguras, justas e conformes ao Direito. A primeira ideia ainda faz sentido em círculos positivistas, mas está em franco declínio. Já a derradeira contribuição informa grandemente os modelos judiciais contemporâneos, em especial nos países de tradição romano-germânica, nos quais o acesso aos quadros da magistratura pressupõe aprovação em rigorosos concursos de provas e títulos (mas, ainda assim, com exceções, como se vê, p.ex., no instituto do tribunal de júri ou na figura dos juízes leigos[16]).

Remonta, portanto, à formação do Estado moderno *a concepção acabada do* **direito de recurso** *como um corolário do* **direito de defesa** (e, portanto, como uma dimensão do *procedural due process*). E, mais, o entendimento de que a decisão jurídica e a sua revisão, com a oficialidade do Estado moderno, pressupõem **profissionalidade**.

Da jusfundamentalidade do direito de revisão das decisões judiciais – que é outra questão –, passamos a tratar em seguida. Com a devida cautela.

2. O DIREITO DE RECORRER E A SUA CONDIÇÃO DE JUSFUNDAMENTALIDADE NO MUNDO CONTEMPORÂNEO. UMA LEITURA CRÍTICA

Nos sistemas jurídicos contemporâneos – em que as *Constituições* ditam a semântica fundamental de validade de tudo aquilo que, no plano jurídico, herda-se ou se cria –, todo o legado oriundo do lento processo histórico descrito acima põe-se em xeque com a formulação de uma pergunta básica: *toda pessoa tem assegurado, como um seu direito humano fundamental, o de obter a revisão das sentenças judiciais regularmente prolatadas?* Ou, analiticamente (o que é o mesmo): *toda pessoa que tem suas pretensões materiais apreciadas e julgadas por um órgão jurisdicional, como resultado final de uma sequência concatenada de atos formais (= procedimento) realizada sob contraditório e informada por uma teia de relações jurídicas de natureza pública (= processo), tem* **direito** *a ver o seu caso reapreciado por um segundo órgão jurisdicional?*

Eis, na verdade, o que inexoravelmente se embute na afirmação de que o "acesso ao duplo grau de jurisdição" seja um predicamento *inerente* ao devido processo formal jurisdicional (*procedural due process*).

E nem sempre será. Vejamos.

O tema talvez seja mais ruidoso no Brasil do que em outros países da região, ou mesmo na Europa – onde a garantia sequer é enunciada, nesses termos, para típicas questões cíveis –, porque o duplo grau de jurisdição foi, no passado, uma *garantia constitucional semiexpressa,* conectada ao devido processo formal em toda e qualquer jurisdição (cível ou criminal). Com efeito, dispunha o art. 150 da Constituição do Império (1824):

> "Art. 158. Para julgar as Causas em segunda, e ultima instancia haverá nas Províncias do Império as Relações, que forem necessárias para comodidade dos Povos".

Era, aliás, a origem constitucional dos tribunais de apelação, depois tribunais de justiça dos Estados-membros da Federação. Todas as constituições brasileiras ulteriores, porém, silenciaram sobre o julgamento das causas em segunda instância. Referiam apenas a existência dos tribunais e as suas funções eminentemente *revisoras* (a designação "tribunal", portanto, passou a se destinar apenas aos órgãos ju-

---

(14) Que, nos primórdios, ensinavam basicamente os direitos romano e canônico. Quem se formava em tais cursos era chamado de *"doctor utriusque iuris"* (= doutor em ambos os direitos). V. John Gilissen, *Introdução...*, p. 149 e 342-356.

(15) Cf. John Gilissen, *Introdução...*, p. 390-391.

(16) Que ainda existem em inúmeros sistemas jurídicos nacionais. Para citar apenas três exemplos, pense-se nos *conseils de prod'hommes* franceses, nas representações classistas dos tribunais trabalhistas alemães e nos escabinatos militares brasileiros.

risdicionais colegiados com competência recursal[17], diversamente do que se dá em Portugal, p.ex.); mas, como a função revisora implica a existência de recursos, muitos autores seguiram extraindo desses preceitos um suposto princípio "implícito" do duplo grau de jurisdição.

É o que se dá, hoje, com o art. 92 da CRFB, que prevê a existência de juízes federais *e* tribunais regionais federais, juízes do trabalho *e* tribunais regionais do trabalho, juízes militares *e* tribunais militares, além de juízes *e* tribunais dos Estados, do Distrito Federal e dos Territórios (que já não existem mais). Há quem entenda que, por estabelecer essa estrutura judiciária, a ordem jurídica constitucional brasileira plantou um princípio não expresso de recorribilidade (logo, de duplo grau de jurisdição) incindível de sua própria positividade e historicidade.

Com todas as vênias, o argumento é débil.

A Constituição brasileira também prevê a existência de tribunais superiores (art. 92, I e II, art. 111, I, art. 118, I, art. 122, I), mas está fora de dúvidas que a jurisdição revisional extraordinária não existe para todos os casos. Sendo assim, não há razões para que os tribunais ordinários, ditos *de segundo grau*, possam ser *irrestritamente acionados*, qual panaceia para um voto silencioso de desconfiança contra as magistraturas de piso. Ao contrário, há mesmo uma **tendência contemporânea de se prestigiar as decisões de primeiro grau** – cujas razões históricas já articulamos acima – e **limitar sensivelmente o acesso ao segundo grau de jurisdição**, a bem inclusive do princípio da duração razoável do processo (art. 5º, LXXVIII).

Não fosse assim, ao revés, seriam "constitucionalmente suspeitas" – para utilizar a célebre expressão de *Roe v. Wade* – normas como a do art. 893, § 1º, da CLT, que prevê a irrecorribilidade das decisões interlocutórias no processo do trabalho (interlocutórias que podem inclusive ser de mérito, a ponto de configurarem *sentenças parciais*, como passa a admitir o Novo Código de Processo Civil[18]); ou a do art. 899, § 1º, do mesmo diploma, que prevê o ônus processual de recolhimento do valor da condenação, até certo limite, como condição para a admissibilidade do recurso ordinário trabalhista (ambas jamais contestadas seriamente); ou a do art. 34 da Lei n. 6.8030/1980 (Lei de Executivos Fiscais); ou, ainda, a do art. 518, § 1º, do CPC/1973, introduzido pela Lei n. 11.276/2006, segundo o qual "*o juiz não receberá o recurso de apelação quando a sentença estiver em conformidade com súmula do Supremo Tribunal de Justiça ou do Supremo Tribunal Federal*" (esse efetivamente contestado, mas sobretudo por razões outras – como a criação de "súmulas vinculantes de segundo nível" carentes de previsão constitucional[19] – que não a violação de um suposto princípio de duplo grau de jurisdição), agora *potenciada* sob o NCPC (v., p.ex., o art. 496, § 4º[20]).

Tais preceitos são constitucionais e parecem compreender-se dentro da esfera de conformação legislativa do devido processo formal. Ademais, a própria Constituição de 1988 evidenciou, em ao menos duas passagens, a virtual possibilidade de existirem decisões – e, mais que decisões, *sentenças* – irrecorríveis: ao tratar das competências do Supremo Tribunal Federal (art. 102) e do Superior Tribunal de Justiça (art. 1005), dispõe competir ao primeiro:

> "III – julgar, mediante recurso extraordinário, **as causas decididas em única** ou última **instância**, quando a decisão recorrida: [...]" (*g.n.*);

---

(17) O que hodiernamente sequer é tão exato. O sistema processual brasileiro passou a conviver, por força do art. 98, I, *in fine*, da CRFB e depois do art. 41, § 1º, da Lei n. 9.099/1995, com as chamadas *turmas recursais*, destinadas a decidir os recursos interpostos contra decisões dos juizados especiais cíveis e criminais (que julgam causas de pequena alçada e questões civis de baixa complexidade, a esfera cível, e infrações penais de menor potencial ofensivo, na esfera penal). Nos termos da lei, essas turmas são formadas por três juízes togados em exercício no *primeiro grau* de jurisdição e a elas não se reserva a denominação de "tribunais". Logo, são órgãos colegiados com competência recursal, mas não são "tribunais" (até porque seus integrantes ainda não foram promovidos ao segundo grau de jurisdição). Daí porque, hoje, a expressão – e as distinções que encerra – talvez faça mais sentido na perspectiva das carreiras da Magistratura do que na perspectiva estritamente funcional.

(18) V., *e.g.*, o art. 356 da Lei n. 13.105/2015: "*O juiz decidirá parcialmente o mérito quando um ou mais dos pedidos formulados ou parcela deles: I – mostrar-se incontroverso; II – estiver em condições de imediato julgamento, nos termos do art. 355. § 1º A decisão que julgar parcialmente o mérito poderá reconhecer a existência de obrigação líquida ou ilíquida. § 2º A parte poderá liquidar ou executar, desde logo, a obrigação reconhecida na decisão que julgar parcialmente o mérito, independentemente de caução, ainda que haja recurso contra essa interposto. § 3º Na hipótese do § 2º, se houver trânsito em julgado da decisão, a execução será definitiva. § 4º A liquidação e o cumprimento da decisão que julgar parcialmente o mérito poderão ser processados em autos suplementares, a requerimento da parte ou a critério do juiz. § 5º A decisão proferida com base neste artigo é impugnável por agravo de instrumento*".

(19) V., *e.g.*, Lenio Luiz Streck, "*A repercussão geral das questões constitucionais e a admissibilidade do recurso extraordinário: preocupação do constituinte com as 'causas irrelevantes'*", in *Comentários à Reforma do Poder Judiciário*, Walber de Moura Agra (coord.), Rio de Janeiro, Forense, 2005, p.187. De nossa parte, reputamo-lo constitucional; v. G. G. Feliciano, "*O 'novíssimo' processo civil...*", n. V.

(20) "*§ 4º Também não se aplica o disposto neste artigo [duplo grau de jurisdição] quando a sentença estiver fundada em: I – súmula de tribunal superior; II – acórdão proferido pelo Supremo Tribunal Federal ou pelo Superior Tribunal de Justiça em julgamento de recursos repetitivos; III – entendimento firmado em incidente de resolução de demandas repetitivas ou de assunção de competência; IV – entendimento coincidente com orientação vinculante firmada no âmbito administrativo do próprio ente público, consolidada em manifestação, parecer ou súmula administrativa.*"

E ao segundo:

> "III – julgar, em recurso especial, **as causas decididas, em única** ou última **instância**, pelos Tribunais Regionais Federais ou pelos tribunais dos Estados, do Distrito Federal e Territórios, quando a decisão recorrida: [...]" (g.n.);

Logo, é cediço que o **sistema processual constitucionalmente delimitado** *admite* **a existência de sentenças de** *única* **instância**. E não se queira dizer, por forçado, que tais referências constitucionais digam com a hipótese absolutamente esdrúxula de julgados em que tenham transitado em primeiro grau (ações comuns) ou em segundo grau (ações originárias) por decurso de prazo[21]...

No âmbito do Direito Internacional Público, alguma dúvida poderia advir da tradução amiúde utilizada, nos países lusófonos, para a *Declaração Universal dos Direitos Humanos* (DUDH), de 1948. É que, quanto às garantias processuais em geral, dispõe o art. 8º da DUDH:

> "Art. 8º Toda pessoa tem direito a **recurso efetivo** para os tribunais nacionais competentes contra os atos que violem os direitos fundamentais que lhe sejam reconhecidos pela Constituição ou pela lei". (g.n.)

Já quanto às garantias do devido processo penal, dispõe o art. 11:

> "Art. 11. 1. Toda pessoa acusada de um ato delituoso tem o direito de ser presumida inocente até que a sua culpabilidade tenha sido provada de acordo com a lei, em julgamento público no qual lhe tenham sido asseguradas todas as garantias necessárias à sua defesa. [...]".

Dadas essas bases, porém, impende tecer alguns esclarecimentos.

A garantia do art. 8º da DUDH assegura, ao mesmo tempo, o *acesso à justiça* e a *efetividade da jurisdição* (*recours effectif, effective remedy*: **remédio efetivo**, a rigor, seria uma tradução mais feliz); não, como pareceria ao leitor incauto, um "direito universal de *recorrer*". "Tribunais" ou "jurisdições nacionais competentes", ademais, sequer significam necessariamente órgãos jurisdicionais clássicos (i.e., propriamente *judiciais*, vinculados à organização judiciária do país), mas indicam órgãos públicos que materialmente exerçam funções tipicamente jurisdicionais[22]. Com toda razão, a doutrina contemporânea tem assentado que a jurisdição, mais do que a atuação da vontade concreta da lei (CHIOVENDA), é uma **função de tutela de direitos**. Com efeito,

> "a norma constitucional que afirma a ação [art. 5º, XXXV, CRFB] institui o **direito fundamental à tutela jurisdicional efetiva**, e, dessa forma, confere a devida oportunidade da prática de atos capazes de influir sobre o convencimento judicial, assim como a possibilidade do uso das técnicas processuais adequadas à situação conflitiva concreta. [...] O direito fundamental à tutela jurisdicional efetiva obriga o juiz a garantir todos os seus corolários, como o **direito ao meio executivo capaz de permitir a tutela do direito**, além de **obrigar o legislador a desenhar os procedimentos e as técnicas processuais adequadas às diferentes situações de direito substancial**"[23].

A "justiça de papel", cujos resultados concretos tardam ou não chegam (em especial quando se trata de obstar ou fazer cessar agressões a direitos fundamentais, como é o caso), não serve para os presentes tempos. Há décadas (1921), antes da própria DUDH, o grande brasileiro RUI BARBOSA bem sintetizou essa nova e velha necessidade:

> "Mas justiça atrasada não é justiça, senão injustiça qualificada e manifesta. Porque a dilação ilegal nas mãos do julgador contraria o direito escrito das partes, e, assim, as lesa no patrimônio, honra e liberdade. Os juízes tardinheiros são culpados, que a lassidão comum vai tolerando. Mas sua culpa tresdobra com a terrível agravante de que o lesado não tem meio de reagir contra o delinquente poderoso, em cujas mãos jaz a sorte do litígio pendente.

---

(21) Tese interessante e inclusive defensável, a meio caminho de uma e outra ideia, é a de DINAMARCO (*Instituições...*, v. I, p. 195), que reconhece no duplo grau de jurisdição um *princípio geral* (mesmo no processo civil), mas não uma *garantia*: "*Caso isolado de princípio constitucional endereçado ao processo e desprovido do caráter de imperatividade é o do chamado* princípio do duplo grau de jurisdição. *É um princípio sim e, como tal, há de inspirar o legislador ao editar leis e o juiz ao interpretá-las e resolver os casos de dúvida sobre a concreta admissibilidade de algum recurso. Não é* **uma garantia**, *porém, dado que a própria Constituição apresenta hipóteses de grau único de jurisdição (p.ex., em certos casos de competência originária dos tribunais, em que é excepcional a recorribilidade dos julgados*" (g.n.). Seria, portanto, o único caso de *princípio constitucional de processo* a não se revestir da condição de *garantia processual*. Difícil compreender, porém, como o legislador ordinário poderia "se inspirar" no princípio e ao mesmo tempo ignorá-lo, à mercê de seu poder de conformação. A vingar tal tese, afetar-se-ia ao cabo e ao fim apenas a atividade do juiz, com um curioso princípio hermenêutico tendencial do tipo *in dubio pro recursus*.

(22) Cf. Ana Maria Guerra Martins, *Direito Internacional dos Direitos Humanos*, Coimbra, Almedina, 2006. p. 170. Um exemplo de órgão não judicial com funções jurisdicionais seria, no Brasil, o Tribunal Especial previsto na Constituição do Estado de São Paulo (art. 49) para o julgamento dos crimes de responsabilidade do Governador do Estado, que está impugnado (ADI n. 2220-2), mas seria composto por sete deputados estaduais e sete desembargadores do Tribunal de Justiça de São Paulo, sob a tutela do Presidente do Tribunal de Justiça; ou ainda, nas monarquias que o admitem, a própria Coroa.

(23) Guilherme Marinoni. *Teoria Geral do Processo*. 3. ed. São Paulo: Revista dos Tribunais, 2008. v. I, p. 285-291 (g.n.).

"Não sejais, pois, desses magistrados, nas mãos de quem os autos penam como as almas do purgatório, ou arrastam sonos esquecidos como as preguiças do mato."[24].

A exortação segue verdadeira nos dias de hoje. E soa especialmente valiosa e atual, se considerarmos – com MARINONI e outros – que "justiça" não é a sentença prolatada, mas é o bem da vida assegurado à fruição. Essa consideração tem eco no mais importante texto internacional de salvaguarda de direitos humanos, precisamente em seu art. 8º; mas o que se assegura ali, insista-se, é a **efetividade da jurisdição**, não a "formalidade" do duplo grau de jurisdição.

O art. 10 da DUDH, por sua vez, assegura o chamado *processo equitativo*, que se aproxima essencialmente da ideia anglo-saxônica de *procedural due process* e contempla aspectos como a independência dos tribunais e a imparcialidade dos juízes, a isonomia processual, o contraditório e o próprio "direito a um dia na corte" (o *right to a day in court* da tradição anglo-saxônica), ou – mais apropriadamente – o de ser *ouvido* na corte (a *rechtliches Gehör* do art. 103, 1, da *GG*, em acepção restritíssima). Essa garantia foi depois repetida e estendida no art. 14, 1, do *Pacto Internacional dos Direitos Civis e Políticos* (Res. n. 2200 A(XXI), 16.11.1966), também do sistema ONU. *In verbis*:

"1. Todas as pessoas são iguais perante os tribunais de justiça. Todas as pessoas têm direito a que a sua causa seja ouvida equitativa e publicamente por um tribunal competente, independente e imparcial, estabelecido pela lei, que decidirá quer do bem fundado de qualquer acusação em matéria penal dirigida contra elas, quer das contestações sobre os seus direitos e obrigações de carácter civil. As audições à porta fechada podem ser determinadas durante a totalidade ou uma parte do processo, seja no interesse dos bons costumes, da ordem pública ou da segurança nacional numa sociedade democrática, seja quando o interesse da vida privada das partes em causa o exija, seja ainda na medida em que o tribunal o considerar absolutamente necessário, quando, por motivo das circunstâncias particulares do caso, a publicidade prejudicasse os interesses da justiça; todavia qualquer sentença pronunciada em matéria penal ou civil será publicada, salvo se o interesse de menores exigir que se proceda de outra forma ou se o processo respeita a diferendos matrimoniais ou à tutela de crianças".

Identificando no art. 10 da DUDH o direito fundamental a um *processo equitativo* e buscando dar-lhe desenvolvimentos mais concretos, GUERRA MARTINS[25] condensa seus consectários, asserindo que

"todos são iguais perante os tribunais, tendo direito a que a sua causa seja ouvida equitativa e publicamente por um tribunal competente, independente e imparcial, estabelecido por lei, que decidirá do bem fundado de qualquer 'acusação em matéria penal' e das 'contestações sobre direitos e obrigações em matéria carácter civil'."

E disso conclui que, pelo padrão internacional, nem todos os litígios atrairiam a garantia do processo equitativo, mas apenas os processos penais e civis (excluindo-se, p.ex., os processos de natureza administrativo-discricionária, que implicam o exercício do *ius imperii*, como são os procedimentos de expulsão de estrangeiros ou de concessão de asilo político). Observa, ademais, a dificuldade de se determinar, nos diversos países, se determinado processo/procedimento configura ou não "acusação em matéria penal" (= DUDH: *"acusação criminal"*; PIDCP: *"matéria penal"*) ou "contestações em matéria civil" (= DUDH: *"decidir dos seus direitos e deveres"*, PIDCP: *"matéria civil"*). Para esse efeito, o Comitê de Direitos Humanos da ONU (art. 28º do PIDCP) tem seguido de perto a jurisprudência do Tribunal Europeu dos Direitos Humanos, no sentido de que o conceito de "acusação penal", para os efeitos da DUDH, pressupõe uma notificação oficial emanada de autoridade competente a acusar o indivíduo do cometimento de certa infração de natureza eminentemente *penal* (afastando-se, portanto, as contraordenações e ilícitos administrativos); já "contestações em matéria civil" implicam processos/procedimentos com objeto e incidência patrimonial, sob qualquer regência legal (civil, trabalhista, comercial, fiscal, administrativa) e perante quaisquer órgãos oficiais (o que inclui não apenas os órgãos judiciais, mas também os administrativos). Isso abrangeria inclusive processos de despedimento da função pública (Comunicação n. 441/90, *Casanovas v. França*, 10.08.1994[26]), que também desafiariam as

---

(24) Rui Barbosa. *Oração aos Moços*. 5. ed. Rio de Janeiro: Casa de Rui Barbosa, 1997. p. 40.
(25) Guerra Martins, *op. cit.*, p. 167-173.
(26) *In verbis*: "5.2. *The Committee recalled that the concept of 'suit at law' under article 14, paragraph 1, was based on the nature of the right in question rather than on the status of one of the parties. The Committee considered that **a procedure concerning a dismissal from employment constituted the determination of rights and obligations in a suit at law, within the meaning of article 14, paragraph 1, of the Covenant**. Accordingly, on 7 July 1993, the Committee declared the communication admissible*" (CCPR/C/51/D/441/1990 (1994) [g.n.]). Essa e todas as demais comunicações do *Human Rights Committee* citadas neste tópico foram extraídas de *http://www1.unm.edu/humanrts/undcos* (acessos em 18.01.2011) e/ou das citações de GUERRA MARTINS (*op. cit.*, *passim*).

plenas garantias do processo equitativo; mas excluiria processos sobre o estado de pessoas (*e.g.*, interdições civis⁽²⁷⁾).

Em termos de conteúdo, ademais, o Comitê de Direitos Humanos da ONU tem estendido significativamente a dimensão semântica da garantia do processo equitativo (*ex* art. 8º da DUDH), para efetivamente alcançar os seguintes direitos:

(a) o direito de acesso efetivo e concreto a um "tribunal", i.e., a um órgão oficial dotado de jurisdição (Comunicação n. 779/1997, *Anni Äärelä, Jouni Näkkäläjärvi v. Finlândia*, 07.11.2001⁽²⁸⁾);

(b) a paridade de armas (Comunicação n. 846/1999, *Jansen-Gielen v. Países Baixos*, 14.05.2001);

(c) as garantias relativas à organização e à composição dos tribunais – que devem ser imparciais e instituídos *ex ante facto* – e ao desenvolvimento do processo – o que inclui a sua duração razoável (Comunicação n. 387/1989, *Arvo Karttunen v. Finlândia*, 15.11.1992; Comunicação n. 207/1986, *Morael v. França*, 28.07.1989);

(d) as garantias específicas do devido processo penal.

O **duplo grau de jurisdição**, a rigor, **é inerente apenas a essa *última* linha de direitos-garantais**. E somente a ela.

Por tais razões e outras tantas, o entendimento cada vez mais dominante é o de que o duplo grau de jurisdição já não é uma garantia inerente ao devido processo legal procedimental *em matéria cível*, ao menos no Brasil (e, ao que consta, tal é a regra fora dele). Entre nós, é irretocável a assertiva de NERY JR.⁽²⁹⁾:

"[...] não havendo garantia constitucional do duplo grau, mas mera previsão, o legislador infraconstitucional pode limitar o direito de recurso, dizendo, por exemplo, não caber apelação nas execuções fiscais de valor igual ou inferior a 50 OTNs (art. 34, da Lei 6.803/1980) e nas causas, de qualquer natureza, nas mesmas condições, que forem julgadas pela Justiça Federal (art. 4º, da Lei 6.825/1980), ou, ainda, não caber recurso dos despachos (art. 504, CPC). [...] Esses artigos não são inconstitucionais justamente em face da ausência de 'garantia' do duplo grau de jurisdição. Entretanto, não poderá haver limitação ao cabimento do recurso especial ou extraordinário, como era permitido no sistema revogado (art. 119, § 1º, CF de 1969), porque a atual Constituição Federal não estipulou nenhuma restrição. Os requisitos estão no próprio texto constitucional e somente eles devem ser exigidos do recorrente para que sejam conhecidos os recursos extraordinário e especial".

Já não é assim, porém, em *matéria processual penal*, na própria interpretação da DUDH. Nessa hipótese, entende-se que *o duplo grau de jurisdição é uma garantia ínsita ao devido processo penal*, por força do Direito Internacional dos Direitos Humanos.

Com efeito, o *direito a um recurso contra sentenças penais condenatórias* não apenas decorre do art. 11 da DUDH, como também está explicitamente descrito no art. 14, 1 e 5, do Pacto Internacional dos Direitos Civis e Políticos (1966), parcialmente reprodu-

---

(27) Guerra Martins, *op. cit.*, p.168

(28) No caso concreto, o parecer contrário às posições do Estado-membro (Finlândia) baseou-se no fato de que as elevadas custas exigidas para o acesso à corte de apelação, sem consideração das condições pessoais dos interessados, representou violação ao dever de proporcionar acesso efetivo aos tribunais. *In verbis*: "*3.2. The authors claim a violation of article 14, paragraphs 1 and 2, of the Covenant, contending that the Appeal Court was not impartial, having pre-judged the outcome of the case and violated the principle of equality of arms in (i) allowing oral hearings while denying an on-site inspection and (ii) taking into account material information without providing an opportunity to the other party to comment. The authors also contend that the award of costs against the authors at the appellate level, having succeeded at first instance, represents bias and effectively prevents other Sami from invoking Covenant rights to defend their culture and livelihood. There is no State assistance available to impecunious litigants to satisfy the imposition of costs.* [...] *4.11. As to the imposition of costs, the State party points out that under its law there is an obligation for the losing party to pay, when sought, the reasonable legal costs of the successful party. The law does not alter this situation when the parties are a private individual and public authority, or when the case involves human rights issues. These principles are the same in many other States, including Austria, Germany, Norway and Sweden, and are justified as a means of avoiding unnecessary legal proceedings and delays. The State party argues this mechanism, along with free legal aid for lawyers' expenses, ensures equality in the courts between plaintiffs and defendants. The State party notes however that, from 1 June 1999, an amendment to the law will permit a court ex officio to reduce a costs order that would otherwise be manifestly unreasonable or inequitable with regard to the facts resulting in the proceedings, the position of the parties and the significance of the matter.* [...] *7.2. As to the authors' argument that the imposition of a substantial award of costs against them at the appellate level violated their rights under article 14, paragraph 1, to equal access to the courts, the Committee considers that a rigid duty under law to award costs to a winning party may have a deterrent effect on the ability of persons who allege their rights under the Covenant have been violated to pursue a remedy before the courts. In the particular case, the Committee notes that the authors were private individuals bringing a case alleging breaches of their rights under article 27 of the Covenant. In the circumstances, the Committee considers that the imposition by the Court of Appeal of substantial costs award, without the discretion to consider its implications for the particular authors, or its effect on access to court of other similarly situated claimants, constitutes a violation of the authors' rights under article 14, paragraph 1, in conjunction with article 2 of the Covenant. The Committee notes that, in the light of the relevant amendments to the law governing judicial procedure in 1999, the State party's courts now possess the discretion to consider these elements on a case by case basis.*[...]". (CCPR/C/73/D/779/1997 [g.n.]).

(29) Nery Jr., *Princípios...*, p. 211-212.

zido acima; e, entre nós, no art. 8º, 2, *"h"*, do Pacto de San José da Costa Rica (que assegura, *apenas* em matéria penal, o *"direito de recorrer da sentença a juiz ou tribunal superior"*). Já não há semelhante previsão, por exemplo, no art. 6º da Convenção Europeia dos Direitos do Homem ou nos arts. 47 a 50 da Carta dos Direitos Fundamentais da União Europeia. Como se trata, porém, de uma previsão ínsita ao próprio PIDCP (*"Qualquer pessoa declarada culpada de crime terá o direito de fazer examinar por uma jurisdição superior a declaração de culpabilidade e a sentença, em conformidade com a lei"*[30]), parece claro que todos os países que tenham assinado o Pacto[31] introduziram ou comprometeram-se a introduzir, em seus respectivos ordenamentos internos, a garantia do duplo grau de jurisdição penal. Inclusive os europeus.

Nesse caso, a garantia do duplo grau de jurisdição penal tanto deve alcançar as sentenças condenatórias típicas como – onde houver – as sentenças absolutórias impróprias (i.e., sentenças penais que impõem medidas de segurança ou outras constrições com base na periculosidade do réu, não em sua culpabilidade). O recurso, ademais, deve ser um meio processual capaz de oferecer nova oportunidade para a defesa, com a rediscussão dos fatos, das provas e do direito aplicado, assegurando o controle da legalidade e da razoabilidade/proporcionalidade da sentença (v., *e.g.*, Corte Interamericana dos Direitos Humanos, *Informe* ns. 17/94 e 55/97). Não basta que seja um mero acesso formal e burocrático a órgão distinto, sem possibilidades reais de efetiva mutação da sentença *a quo*; nem tampouco podem estar presentes restrições legais que aniquilem ou comprometam grandemente a própria essência do duplo grau de jurisdição (v., *e.g.*, Corte Interamericana dos Direitos Humanos, *Herrera Ulloa v. Costa Rica*, 02.07.2004[32]).

Mesmo no plano processual penal, porém, divisam-se duas *exceções* para o duplo grau de jurisdição (uma de ordem lógica e outra de ordem sistêmica, respectivamente):

(a) a condenação penal imposta pelo tribunal máximo do país (*e.g.*, no Brasil, a condenação criminal do Presidente e do Vice-Presidente da República, dos ministros de Estado, do Procurador-Geral da República, dos deputados federais e dos senadores da República, que respondem todos, por infrações penais comuns, perante o Supremo Tribunal Federal, *ex* art. 102, I, *"b"*, da CRFB); e

(b) a condenação imposta em razão de recurso da acusação contra sentença absolutória (porque, de todo modo, terá havido dupla apreciação do caso *"in se"*)[33].

Diga-se, ademais, que o fato de, no Brasil, as condenações dos juizados especiais criminais (art. 98, I, da CRFB) serem objeto de revisão por turmas recursais de juízes de primeiro grau não compromete a garantia do duplo grau. Como registrou L. F. GOMES, no contexto do PSJCR,

"O recurso [...] deve ser interposto para 'juiz ou tribunal superior'. Não se trata necessariamente de um órgão superior hierárquico, basta que seja um juiz ou tribunal distinto, que conte com as faculdades de revisar os fatos, provas e direito objeto da sentença recorrida"[34].

---

(30) Observe-se que tanto o PSJCR quanto o PIDCP utilizam a expressão "delito" (nesta última, em inglês, "*crime*"). A palavra não é unívoca e chega mesmo a ser utilizada, em alguns sistemas (como no Brasil), como sinônimo de **crime** (i.e., designariam a classe de infrações penais de maior gravidade no ordenamento, excluindo-se as de menor intensidade, como as *contravenções*); noutros sistemas, porém, pode designar uma classe de infrações penais de média intensidade (como são os *délits* na França, que não se confundem com os *"crimes"*, mais graves, ou com as *contraventions*, menos graves – v. art. 111-1 do *Code pénal* francês). Não haveria sentido, porém, em se garantir o duplo grau de jurisdição nas condenações por infrações penais menos graves (*"délits"*) e apenas facultá-lo nas condenações por infrações penais mais graves (*"crimes"*). Assim, para se evitar dificuldades e resolver o dilema hermenêutico de acordo com os princípios que devem reger a interpretação das fontes de direitos humanos fundamentais – em especial o princípio da máxima efetividade –, acreditamos que a garantia do duplo grau de jurisdição penal do PIDCP deva se estender, nos países que o ratificarem ou a ele aderirem, a *todas as espécies de infrações penais* (das mais graves às mais leves). Ademais, como já se viu, mesmo infrações administrativas de maior gravidade – como são aquelas contravenções que perderam a natureza penal nas reformas legislativas das últimas décadas – tem sido incluídas sob a proteção do devido processo penal, inclusive no âmbito europeu.

(31) O PIDCP não prevê mecanismos de reservas, diversamente da CEDH, que dispôs, em seu art. 57, 1, sobre a possibilidade de reservas ao tempo da ratificação, apenas no caso de haver, no território do Estado, lei em vigor contrária a alguma de suas disposições.

(32) *In verbis*: "[...] 163. *El juez o tribunal superior encargado de resolver el recurso interpuesto contra la sentencia penal tiene el deber especial de protección de las garantías judiciales y el debido proceso a todas las partes que intervienen en el proceso penal* de conformidad con los principios que lo rigen. [...] 164. *La posibilidad de 'recurrir del fallo' debe ser accesible, sin requerir mayores complejidades que tornen ilusorio este derecho.* [...] 166. *Al respecto, el Comité de Derechos Humanos concluyó '*[...] *que la inexistencia de la posibilidad de que el fallo condenatorio y la pena del autor fueran revisadas íntegramente, como se desprende de la propia sentencia de casación* [...], *limitándose dicha revisión a los aspectos formales o legales de la sentencia, no cumbre con las garantías que exige el párrafo 5, artículo 14 del Pacto. Por consiguiente, al autor le fue denegado el derecho a la revisión del fallo condenatorio y de la pena, en violación del párrafo 5 del artículo 14 del Pacto*" (g.n.).

(33) Cf. Gabriela Jugo, *El derecho de recurrir la sentencia penal condenatoria y los instrumentos internacionales de derechos humanos"*, in *Los derechos humanos en el proceso penal*, Buenos Aires, Depalma, 2002. p .290; cf. também Gomes, Mazzuoli, *op.cit.*, p.120. Tais exceções são, na verdade, aquelas mesmas do art. 2º do Protocolo CEDH n. 7, que inspiraram esta doutrina.

(34) Gomes, Mazzuoli, *op. cit.*, p. 119.

3. À GUISA DE CONCLUSÃO

Ante o exposto, assim delimitaremos, na perspectiva jusfundamental, o alcance recursal imanente ao chamado *procedural due process* (devido processo formal) no Estado Democrático de Direito – e o enunciaremos com pretensões de universalidade, considerando a tessitura contemporânea dos textos legais que compõem o Direito Internacional dos Direitos Humanos:

(a) no plano cível *lato sensu* – e, portanto, no plano *trabalhista* –, não há garantias necessárias de recorribilidade – o que significa que a matéria estará invariavelmente nos domínios do poder de conformação do legislador ordinário, se não houver previsão específica em sentido diverso nos textos constitucionais;

(b) na esfera criminal, ao contrário, o princípio do duplo grau de jurisdição é uma garantia imanente ao conceito de devido processo legal formal (penal);

(c) consequentemente, não há quaisquer objeções constitucionais, no Brasil, a que se encetem, na legislação processual trabalhista (e nomeadamente no Decreto-lei n. 5.452/1943 – Consolidação das Leis do Trabalho), *reformas de base* que reduzam significativamente o papel revisional dos tribunais regionais do trabalho, notadamente no que atine às *questões de fato*.

Que venha, para logo, um novo processo do trabalho; e que se faça adequado a uma *nova visão de mundo*. Que saiba recolher, dos modernos, a boa ciência; e, dos antigos, a simplicidade das soluções desburocratizadas e desperenizadas. Tendo, na base, a confiança institucional na primeira autoridade a conhecer da causa.

4. BIBLIOGRAFIA

ALVES, José Carlos Moreira. *Direito Romano*. 7. ed. Rio de Janeiro: Forense, 1991. v. I.

BARBOSA, Rui. *Oração aos Moços*. 5. ed. Rio de Janeiro: Casa de Rui Barbosa, 1997.

CINTRA, Antonio Carlos de Araújo. GRINOVER, Ada Pellegrini. DINAMARCO, Cândido Rangel. *Teoria Geral do Processo*. 9. ed. São Paulo: Malheiros, 1993.

DINAMARCO, Cândido Rangel. *Instituições de Direito Processual Civil*. São Paulo: Malheiros, 2001. v. I

FELICIANO, Guilherme Guimarães. *Eficácia mandamental da sentença declaratória de vínculo empregatício em face do Instituto Nacional do Seguro Social*. Tese. Manaus: 14º Congresso Nacional dos Magistrados da Justiça do Trabalho, 2008. Disponível em <www.conamat.com.br/teses/10032008204910.doc> (acesso em 06 jan. 2016).

_____. *O 'novíssimo' processo civil e o processo do trabalho: uma outra visão*. In: Revista de Direito do Trabalho. São Paulo: Revista dos Tribunais, jan /mar. 2007. v. 33. n. 125.

_____. *Tutela processual dos direitos humanos nas relações de trabalho*. In: Revista de Direito do Trabalho. São Paulo; Revista dos Tribunais, 2006. v. 32. n. 121.

GILISSEN, John. *Introdução histórica ao Direito*. Trad. A. M Hespanha, L. M. Macaísta Malheiros. Lisboa: Calouste Gulbenkian, 1988.

GOMES, Luís Flávio. MAZZUOLI, Valerio de Oliveira. *Comentários à Convenção Americana sobre Direitos Humanos: Pacto de San José da Costa Rica*. 2. ed. São Paulo: Revista dos Tribunais, 2009.

JUGO, Gabriela. *El derecho de recurrir la sentencia penal condenatoria y los instrumentos internacionales de derechos humanos*. In: Los derechos humanos en el proceso penal. Buenos Aires: Depalma, 2002.

KASER, Max. HACKL, Karl. *Das Römische Zivilprozessrecht*. 2. Aufl. München: C. H. Beck, 1996.

MARINONI, Guilherme. *Teoria Geral do Processo*. 3. ed. São Paulo: Revista dos Tribunais, 2008. v. I.

MARTINS, Ana Maria Guerra. *Direito Internacional dos Direitos Humanos*. Coimbra: Almedina, 2006.

MENDES, João de Castro. *Direito processual civil*. Lisboa: AAFDL, 1987. v. II.

NERY JR., Nelson. *Princípios do processo civil na Constituição Federal*. 5. ed. São Paulo: Revista dos Tribunais, 1994 (1. ed.), 1999 (5. ed.).

STRECK, Lenio Luiz. *A repercussão geral das questões constitucionais e a admissibilidade do recurso extraordinário: preocupação do constituinte com as 'causas irrelevantes'*. In: Comentários à Reforma do Poder Judiciário. AGRA, Walber de Moura (coord.). Rio de Janeiro: Forense, 2005.

TUCCI, José Rogério Cruz e. AZEVEDO, Luiz Carlos de. *Lições de História do Processo Civil Romano*. São Paulo: Revista dos Tribunais, 2001.

Capítulo III
O problema do método

A Função Revisora dos Tribunais – A Questão do Método no Julgamento dos Recursos de Natureza Ordinária(*)

Ben-Hur Silveira Claus
Juiz Titular da Vara do Trabalho de Carazinho-RS (4ª Região).

Ari Pedro Lorenzetti
Juiz Titular da 2ª Vara do Trabalho de Rio Verde-GO (18ª Região).

Ricardo Fioreze
Juiz Titular da Vara do Trabalho de Encantado-RS (4ª Região).

Francisco Rossal de Araújo
Juiz Titular da 16ª Vara do Trabalho de Porto Alegre-RS (4ª Região).

Ricardo Martins Costa
Juiz Titular da 2ª Vara do Trabalho de Gramado-RS (4ª Região).

Márcio Lima do Amaral
Juiz do Trabalho Substituto-RS (4ª Região).

> *O principal defeito dos sistemas jurídicos da civil law "... es la profunda desvalorización del juicio de primer grado, con la conexa glorificación, si así puede decirse, de los juicios de gravamen"*
> (CAPPELLETTI).

I – INTRODUÇÃO

O presente ensaio objetiva contribuir para o debate acerca da função revisora dos tribunais nos recursos de natureza ordinária.

O tema é tratado sob a perspectiva da efetividade da prestação jurisdicional, com ênfase no exame do método utilizado pelos tribunais no exercício da função revisora das sentenças por ocasião do julgamento dos recursos de natureza ordinária. O método utilizado pelos tribunais é examinado a partir de uma premissa elementar: o prévio reconhecimento da dimensão hermenêutica do fenômeno jurídico e da consequente discricionariedade ínsita ao ato de julgar.

II – A MOROSIDADE DO PODER JUDICIÁRIO

A morosidade é a principal crítica dirigida ao Poder Judiciário. Trata-se de uma crítica procedente – os processos judiciais demoram demais, regra geral. O Estado, que avoca o monopólio da jurisdição, deve prestar a justiça em prazo breve: a reparação do direito violado deve ocorrer logo. Se a garantia fundamental da duração razoável do processo se torna apenas uma promessa ilusória, então a Constituição não estaria sendo respeitada e o Estado Democrático de Direito estaria falhando. A dimensão do problema ganha maior relevo em face da crescente demanda de massa por justiça diante da insuficiente estrutura dos serviços judiciários.

(*) O presente artigo foi publicado na Revista do Tribunal Regional do Trabalho da 3ª Região, Belo Horizonte, n. 84, jul./dez. 2011, p. 21 e ss.

O método utilizado pelos tribunais no exercício da função revisora no julgamento dos recursos de natureza ordinária tem influência direta na efetividade jurisdicional e no processo institucional de legitimação da jurisdição de primeiro grau.

III – O MÉTODO NA FILOSOFIA

Antes de falar sobre o método utilizado pelos tribunais no exercício da função revisora, é conveniente dedicar dois parágrafos para discorrer sobre o método na filosofia.

A palavra método é de origem grega. *Methodos* significa caminho para chegar a um fim. Descartes acreditou que poderia chegar a verdades claras e distintas se contasse com um método científico para a investigação dos fenômenos. Esse caminho para a descoberta da verdade Descartes acreditou ter alcançado no *Discurso do método*, obra que publicou em 1637: "desfazermo-nos de todas as opiniões que recebemos e reconstruir, de novo e desde os fundamentos, todos os sistemas dos nossos conhecimentos".[1] Mais recentemente, a filosofia veio a perceber a impossibilidade de o cientista livrar-se de todos os preconceitos, propondo um retorno à concepção de Aristóteles, concepção segundo a qual o método é determinado pelo objeto, conforme ensina o filósofo alemão HANS-GEORG GADAMER.[2]

A filosofia fenomenológica concebe o método como o próprio movimento do pensamento "às coisas mesmas". É no âmbito do próprio objeto que o método se dá. O método não é externo ao objeto para o qual se destina: "Toda a procura retira do procurado sua direção prévia", diz HEIDEGGER.[3] Recorremos a ERNILDO STEIN para melhor explicar essa relação existente entre o objeto da investigação e o método escolhido para a investigação. Diz o autor que Heidegger, na obra *Ser e Tempo*,

> descobre que o método se determina a partir da coisa mesma. A escada para penetrar nas estruturas existenciais do ser-aí é manejada pelo próprio ser-aí e não pode ser preparada fora para depois dar acesso ao objeto. Não há propriamente escada que sirva para penetrar no seu 'sistema'. A escada já está implicada naquilo para onde deveria conduzir. O objeto, o ser-aí, já sempre traz consigo a escada. Há uma relação circular. Somente se sobe para dentro das estruturas do ser-aí, porque a gente já se move nelas. Esta antecipação não-crítica do método é conseqüência inevitável da circularidade do processo hermenêutico. Quem, para desenvolver seu método, parte da compreensão como estrutura fundamental do homem, sempre pressupõe de algum modo em exercício aquilo que visa com o método.[4]

A conclusão é a de que o método já está sempre de certa forma pressuposto quando nos dirigimos para o objeto de nossa investigação científica. Não é possível uma disjunção radical entre objeto e método. Objeto e método estão reciprocamente implicados no fenômeno do conhecimento. E assim é também porque o objeto não nos é dado, mas construído a partir do que sabemos ou pensamos saber sobre ele. Em suma, pois, a questão do método depende essencialmente da postura do sujeito cognoscente frente ao objeto.

IV – A FUNÇÃO REVISORA DOS TRIBUNAIS E O PROBLEMA DA EFETIVIDADE DA JURISDIÇÃO

Aos tribunais cabe julgar os recursos interpostos contra as sentenças – julgar a impugnação feita pela parte recorrente à sentença. Trata-se da função revisora do tribunais.

O método adotado pelos tribunais no julgamento dos recursos de natureza ordinária tem importância decisiva para a efetividade da jurisdição. Em linhas gerais, pode-se estabelecer o raciocínio de que a efetividade da jurisdição diminui à medida que aumenta a reforma das sentenças. A recíproca também é verdadeira: aumenta a efetividade da jurisdição à medida que as sentenças são confirmadas. Essa correspondência está intimamente ligada aos princípios constitucionais da celeridade e da duração razoável do processo, uma vez que não se pode admitir, dentro de nossa dinâmica constitucional atual, um processo lento como sendo efetivo. A realidade fática e os aspectos sociais já demonstraram a insuficiência de um processo moroso, ainda que razoável sob o aspecto meramente técnico.

Outro aspecto do problema: a reforma das sentenças estimula recursos. Esse aspecto é relevante, pois, conforme o magistério de OVÍDIO A. BAPTISTA DA

---

(1) Descartes, *Discurso do método*, Livraria Exposição do Livro, p. 75.
(2) Hans-Georg Gadamer. *Verdade e método*. 3. ed. Petrópolis-RJ: Editora Vozes, 1999. p. 467: "Como vemos, o problema do método está inteiramente determinado pelo objeto – o que constitui um postulado aristotélico geral e fundamental – e, relacionado ao nosso interesse, valerá a pena considerar a relação especial entre ser ético e consciência ética tal como Aristóteles a desenvolve em sua ética."
(3) Martin Heidegger. *Ser e tempo*. vol. 1. 10. ed. Petrópolis-RJ: Editora Vozes, 2001. p. 204.
(4) Ernildo Stein. *A questão do método na filosofia – um estudo do modelo heideggeriano*. 3 ed. Porto Alegre: Editora Movimento, 1983. p. 108.

SILVA, "a legitimidade da jurisdição de grau inferior diminui na medida em que aumentam os recursos".[5] Uma verdadeira pletora de recursos congestiona os tribunais de 2º grau – nos tribunais superiores esse quadro é ainda mais dramático –, com sério déficit para a efetividade da jurisdição. Estatísticas revelam que o índice de recorribilidade, em determinadas fases processuais, chega a mais de 100%, o que indica uma cultura jurídica voltada à recorribilidade, a exigir uma ação orgânica e concertada das diversas instâncias do poder jurisdicional.

Por certo não se está falando do direito de recorrer em si, mas do abuso, da procrastinação. Nesse aspecto, as penas processuais são importante instrumento pedagógico para a mudança da praxe. Todavia, é na valorização do julgado de 1º grau que reside o papel principal para a construção de uma nova cultura jurídica de recorribilidade. O que não se pode mais aceitar é a perniciosa cultura de se tentar reduzir o primeiro grau de jurisdição à condição de mera instância de passagem.

Afirma-se que o método adotado pelos tribunais tem importância decisiva para a efetividade da jurisdição porque a legitimidade da jurisdição de primeiro grau passa pelo reconhecimento – e pela confirmação – da autoridade judicial que resolveu o conflito na respectiva comunidade. E do método adotado pelos tribunais no exercício de sua legítima função revisora depende em grande medida o fortalecimento da jurisdição de primeiro grau.

V – ENTRE A *SENTENÇA RAZOÁVEL* DO JUIZ E A *SENTENÇA IDEAL* PARA O RELATOR – UM FALSO DILEMA A SUPERAR

Se há uma relação de pertença entre método, objeto e sujeito cognoscente, logo se percebe que, para acertar na escolha do método, é necessário antes acertar ao definir a finalidade da função revisora dos tribunais no julgamento dos recursos de natureza ordinária. Em linhas gerais, adotada a perspectiva da efetividade da jurisdição, pode-se considerar que a finalidade da função revisora dos tribunais no julgamento de recursos de natureza ordinária é examinar se a sentença conferiu uma *solução legítima à causa* – uma *sentença razoável* –, no que respeita àqueles aspectos objeto do recurso.

Com sua jurisdição delimitada à matéria específica objeto do recurso, ao tribunal cabe verificar se a sentença conferiu uma *solução legítima à causa* (uma *sentença razoável*), e não cogitar se a decisão proferida seria exatamente aquela *sentença ideal* que o relator proferiria se estivesse no lugar do juiz originário. Quando adota um tal método de trabalho, o tribunal parece desconhecer o irrecusável caráter hermenêutico da aplicação do direito, ignorando a natureza discricionária ínsita ao ato de julgar.

Embora possa causar alguma perplexidade a afirmação de que o ato de julgar implica discricionariedade do magistrado, em face de nossa formação positivista, tal postulado deve ser recebido com o espírito de acolhimento presente nas palavras que ocorreram a KARL ENGISCH para introduzir estudo desse tema: "Mais difícil do que demonstrar que existe o 'poder discricionário' no direito é demonstrar que isso é, não apenas inevitável, mas também algo de *bom*."[6]

O tema da discricionariedade judicial será retomado em seguida. Por ora, importa destacar as consequências que decorrem da adoção do método da *sentença ideal* pelo tribunal no exercício da função revisora. É claro que o resultado prático é negativo para a efetividade da jurisdição, pois a probabilidade de reforma da sentença aumenta consideravelmente quando a função revisora é exercida sob inspiração da *sentença ideal* para o relator, a qual tende a ser distinta da sentença prolatada pelo juiz originário exatamente em face da discricionariedade ínsita à natureza hermenêutica do ato de aplicação do direito ao caso concreto. Afora isso, a própria existência de uma *sentença ideal* pode ser questionada, por se tratar de conceito relativo. Prova disso são as frequentes divergências entre os integrantes do órgão revisor, firmando-se o acórdão com base em simples maioria.

Não é demais acentuar, ainda, que a própria etimologia da palavra *sentença* deixa entrever o elemento subjetivo subjacente em todo julgamento, o qual traz em si aspectos valorativos inevitáveis. O julgamento não se limita a uma simples operação matemática de subsunção de um fato a uma regra legal anteriormente posta, apresentando-se, antes, como um processo valorativo, um modo de ver e sentir determinada situação. É preciso rechaçar a idéia da sentença-produto (como num sistema fabril) e privilegiar a sentença enquanto ato estatal de vontade e produto de trabalho intelectual, "arte do Direito", criada como resultado da interação entre homem (julgador) e objeto a ser apreendido (lide), a partir de pressupostos jurídicos e dentro do espaço jurisdicional. Salvo equívoco manifesto, é recomendável que se privilegie a percepção de quem teve contato direto com as partes, colhendo elementos de convicção que muitas vezes não são

---

(5) Ovídio A. Baptista da Silva. *Processo e ideologia*. Rio de Janeiro: Editora Forense, 2004. p. 240.
(6) Karl Engisch. *Introdução ao pensamento jurídico*. 7. ed. Lisboa: Fundação Calouste Gulbenkian, 1996. p. 224 (destaque e itálico no original).

passíveis de tradução em palavras ou não se mostram numa análise fria dos elementos presentes nos autos, mas que ajudam sobremaneira em sua valoração.

Tanto ao instruir o processo quanto ao julgar a causa, o juiz de primeiro grau está a realizar um trabalho cujo caráter hermenêutico é irrecusável, sobretudo no momento da aplicação do direito, conforme a precisa observação de OVÍDIO A. BAPTISTA DA SILVA[7] O juiz está a aplicar o direito não apenas quando profere a sentença, mas durante todo o processo, o que inclui o rico momento da audiência de instrução. E o faz como o destinatário primeiro da prova e do debate processual, o que consubstancia a imediação que singulariza a jurisdição de primeiro grau – esse irredutível contato humano do juiz com as partes, as testemunhas e o debate processual.

O relevo que se atribui ao caráter hermenêutico da aplicação do direito decorre da particular circunstância de que, conforme HANS-GEORG GADAMER, "a interpretação não é um ato posterior e oportunamente complementar à compreensão, porém, compreender é sempre interpretar, e, por conseguinte, a interpretação é a forma explícita da compreensão."[8] Na verdade, interpretar é fazer o inventário das alternativas que se apresentam ao sujeito. Nas palavras de HEIDEGGER identificamos a matriz filosófica de GADAMER: "Interpretar não é tomar conhecimento de que se compreendeu, mas elaborar as possibilidades projetadas na compreensão."[9]

Se a interpretação não é um ato posterior e oportunamente complementar à compreensão, então cresce de importância a imediação do julgador originário com as partes em conflito e com a produção da prova, avultando a relevância da sentença enquanto síntese do processo elaborada pelo juiz natural, juiz ao qual as partes tiveram acesso e perante o qual foram ouvidas e compreendidas. Afinal, não se pode perder de vista que julgar não é apenas calcular, medir ou relacionar, mas situar fatos e as normas dentro de determinada ordem valorativa, atividade que não pode ser realizada adequadamente senão considerando o contexto em que se insere a lide.

Por outro lado, conforme bem pontuaram DÉLIO MARANHÃO e LUIZ INÁCIO CARVALHO:

cada sentença traz a marca da personalidade do juiz, fator decisivo para o julgamento. O juiz, como o queria Montesquieu, despersonalizado, a tal ponto que a fixidez dos julgamentos refletisse um texto preciso da lei, não existe mais e nunca existiu. É uma abstração, um mito, sobrevivência do complexo infantil, a que alude Jerome Frank, a respeito do fetichismo da plena segurança e certeza jurídicas, em que se revela a tendência humana de fugir das realidades inquietadoras e desagradáveis e criar a ilusão de um mundo perfeito.[10]

Não há como olvidar que a realidade sobre a qual se debruça o juiz é multifacetária e, por isso, comporta diferentes interpretações, igualmente válidas, conforme o enfoque a partir do qual é analisada. E nem sempre se pode afirmar que esta ou aquela leitura seja a ideal ou a mais perfeita.

O tema em estudo evoca a clássica indagação teórica acerca do caráter científico da jurisprudência e da necessária adaptação por que passa o conceito de ciência quando transposto das ciências da natureza para as ciências do espírito – como é o caso do direito. Nesse contexto, é ilustrativa a seguinte ponderação de KARL ENGISCH para o esclarecimento dessa distinção necessária, distinção imposta pela circunstância de que o objeto do direito é ontologicamente diverso do objeto das ciências de natureza:

[...] o carácter científico da jurisprudência depende naturalmente dos critérios aos quais se queiram considerar 'científicas' as elaborações endereçadas ao 'conhecimento da verdade' (lógico, matemático, empírico), ou também aquelas elaborações que visam estabelecer um sistema de enunciados normativos metodicamente obtidos e bem fundamentados (eventualmente 'justos') – como ocorre precisamente na ciência jurídica.[11]

VI – A APLICAÇÃO DO DIREITO: NÃO HÁ JULGAMENTO SEM DISCRICIONARIEDADE JUDICIAL

Sabendo que estava a anunciar uma importante mudança no paradigma científico do direito contemporâneo, um dos maiores clássicos da filosofia do direito resolveu prevenir seus leitores já no prefácio da obra, para que eles não fossem colhidos pela perplexidade que poderia causar a nova afirmação do autor, no sentido de que, ao lado do poder discricionário do legislador e do administrador público, "... é ple-

---

(7) Ovídio A. Baptista da Silva. *Processo e ideologia*. Rio de Janeiro: Editora Forense, 2004. p. 256.
(8) Hans-Georg Gadamer. *Verdade e método*. 3. ed. Petrópolis-RJ: Editora Vozes, 1999. p. 459.
(9) Martin Heidegger. *Ser e tempo*. vol. 1. 10. ed. Petrópolis-RJ: Editora Vozes, 2001. p. 204.
(10) Délio Maranhão e Luiz Inácio B. Carvalho. *Direito do trabalho*. 17. ed. Rio de Janeiro: FGV, 1993. p. 34.
(11) Karl Engisch, *Introdução ao pensamento jurídico*. 7. ed. Lisboa: Fundação Calouste Gulbenkian, 1996. p. 19 – anotações ao primeiro capítulo.

namente defensável o ponto de vista de que também existe o poder discricionário judicial".⁽¹²⁾

A formação positivista da maioria dos juristas justificava – e possivelmente ainda justifica – a necessidade da advertência feita por KARL ENGISCH em 1977, no prefácio à 7ª edição de sua obra clássica, *Introdução ao pensamento jurídico*: "Pelo que respeita à teoria da discricionariedade (Capítulo VI), porém, a evolução entretanto operada na teoria e na prática motivou-me a uma nova elaboração das minhas idéias."⁽¹³⁾

A advertência era mais do que justificada, pois o próprio autor estava refazendo uma importante concepção teórica, concepção teórica que não estava presente nas edições anteriores de sua obra. Sem a cautelosa advertência, certamente os leitores teriam maior dificuldade de assimilar, por exemplo, uma indagação que o autor procura depois responder acerca da discricionariedade judicial: "Trata-se aqui da importante questão de saber se as decisões discricionárias dos tribunais podem ser revistas e reformadas por tribunais superiores."⁽¹⁴⁾

No prosseguimento de seu estudo, KARL ENGISCH, embora destaque que a discricionariedade judicial não pode degenerar em abuso de poder por parte do magistrado, sustenta que tal característica do fenômeno jurídico é plenamente compatível com o regime do Estado de Direito: "O resultado a que chegamos com referência à tão discutida discricionariedade é, portanto, este: que pelo menos é possível admitir – na minha opinião é mesmo de admitir – a existência de discricionariedade no seio da nossa ordem jurídica conformada pelo princípio do Estado de Direito."

O autor explica sua nova concepção teórica:

> De discricionariedade, note-se, neste sentido: no sentido de que, no domínio da administração ou no da jurisdição, a convicção pessoal (particularmente, a valoração) de quem quer que seja chamado a decidir, é elemento decisivo para determinar qual das várias alternativas que se oferecem como possíveis dentro de certo 'espaço de jogo' será havida como sendo a melhor e a 'justa'. É problema da hermenêutica jurídica indagar onde e com que latitude tal discricionariedade existe.⁽¹⁵⁾

Assim, "a melhor" e "a justa" poderão ser várias, e não apenas uma única alternativa. Por conseguinte, supera-se a ideia da sentença justa como sendo a sentença ideal, única. Na verdade, a melhor sentença possível e a mais justa sentença possível é aquela que o juiz prolatou, criteriosa e fundamentadamente, no exercício de sua discricionariedade judicial e conforme o "espaço de jogo" de que fala KARL ENGISCH.

Até no âmbito dos atos vinculados do direito administrativo tem sido criticada a ideia de apenas uma necessária e única solução correta em face da possibilidade de adoção de subsunções distintas da norma aplicável. O exemplo apresentado por ROBERT ALEXY ganha maior importância por estar situado no campo dos atos vinculados do direito administrativo, no qual a tradição jurídica reserva estrito espaço à interpretação:

> A tese de que em atos vinculados sempre existe uma resposta unicamente correta foi sempre criticada com referência à possibilidade de subsunções controversas. Um exemplo, muitas vezes discutido, é a confiabilidade de um interessado em concessão. Há casos nos quais um julgador a afirma e um outro a nega, e ambos, para sua concepção, podem citar fundamentos consideráveis. Se se agrega que a jurisprudência não dispõe de procedimentos, segundos os quais a correção de uma das duas respostas pode ser demonstrada intersubjetivamente de modo coercitivo, então é natural dizer que não é exato que somente uma delas é correta ou verdadeira, a outra, porém, falsa. Ambas são, antes, sustentáveis e, nesse sentido, corretas.⁽¹⁶⁾

Em oposição à mera arbitrariedade, a discricionariedade judicial conforma-se "não só através de limites legais claramente visíveis, mas ainda através de outras limitações, determinadas segundo o Direito consuetudinário ou segundo a 'idéia de Direito e de Estado'."⁽¹⁷⁾ O "espaço de jogo" mencionado por ENGISCH abarca necessariamente o requisito indispensável da fundamentação das decisões, requisito que constitui a condição de possibilidade para aferir-se a razoabilidade da sentença. A fundamentação, segundo nosso sistema jurídico, deve ser concisa, mas suficiente.

Os juízes não devem descurar do dever constitucional de fundamentação suficiente de suas sentenças

---

(12) Karl Engisch. *Introdução ao pensamento jurídico*. 7. ed. Lisboa: Fundação Calouste Gulbenkian, 1996. p. 225/226.
(13) Ob. cit., p. 9.
(14) Ob. cit., p. 214.
(15) Ob. cit., p. 228/229.
(16) Robert Alexy. Vícios no exercício do poder discricionário. In: *Revista dos Tribunais*, v. 89, n. 779, São Paulo, 2000. p. 43.
(17) Karl Engisch. *Introdução ao pensamento jurídico*. 7. ed. Lisboa: Fundação Calouste Gulbenkian, 1996. p. 242.

(CF, art. 93, IX), uma vez que é exatamente o cumprimento desse dever funcional que permitirá às partes e ao tribunal melhor compreender as razões que conduziram o magistrado a optar pela solução por ele adotada no exercício da discricionariedade judicial no caso concreto, legitimando a atuação do magistrado. Discricionariedade judicial e fundamentação suficiente da sentença são duas faces da mesma moeda: é a fundamentação suficiente que permite sindicar a legitimidade da opção adotada em cada caso concreto.

Chamado a descobrir o direito para o caso concreto, ao magistrado outorga-se o poder discricionário correspondente, a ser exercido com retidão, objetividade e imparcialidade.[18] Portanto, não se trata de "uma intervenção arbitrária, mas de uma ponderação judiciosa, segundo pontos de vista firmes, pelos quais a decisão pessoal se orienta sem se lhes abandonar por inteiro",[19] de modo que a discricionariedade judicial pressupõe "... uma decisão ajustada, proferida com base numa convicção íntima e sincera."[20] Estando conformada por tais balizamentos, a discricionariedade judicial, não obstante subordinada à sindicabilidade recursal, deve sobreviver pela confirmação da sentença, salvo nas hipóteses de excesso ou abuso na utilização desse poder.

A posição de MAURO CAPPELLETTI é similar. Embora prefira tratar do tema da discricionariedade judicial sob a concepção de criatividade jurisdicional, o jurista italiano também conclui que o próprio exercício da função jurisdicional exige a participação dos juízes na produção do direito, o que, porém, não significa reconhecer uma criatividade irrestrita à atividade jurisdicional. Vale conferir as palavras de CAPPELLETTI:

> Em conclusão, parece-me que a criatividade jurisdicional – criatividade do direito e de valores – é ao mesmo tempo inevitável e legítima, e que o problema real e concreto, ao invés, é o da medida de tal criatividade, portanto de restrições. Isso é verdade para a jurisdição em geral e para a justiça constitucional de modo particular. Os juízes não podem fazer menos do que participar na atividade de produção do direito, ainda que, no limite, tal não exclua inteiramente a possibilidade de o legislador ab-rogar ou modificar o direito jurisdicional.[21]

No Brasil, OVÍDIO A. BAPTISTA DA SILVA tem insistido na necessidade de reconhecer-se a natureza discricionária do ato de aplicação do direito, como pressuposto para a correta compreensão do fenômeno jurídico:

> Somente poderá *decidir* quem puder *optar* entre duas ou mais alternativas igualmente válidas e legítimas. Como dissera Carnelutti, para que o juiz decida é necessário, antes, *decidir-se*. Isto, dizia ele, faz com que a decisão seja posta além do juízo, enquanto 'eleição de quem antes julgara'. Como a exclusiva missão de nossos juízes é descobrir a 'vontade da lei', fica subentendido que eles não têm a mais mínima possibilidade *discricionária* de opção entre duas ou mais alternativas que o sistema reconheça como legítimas. Logo, nossos juízes apenas julgam, sem poder decisório. O ponto culminante da crise paradigmática encontra-se aqui. Sem compreensão hermenêutica que supere o *dogmatismo*, não haverá solução. E isto supõe *discricionariedade*.[22]

Desmistificada a natureza discricionária do ato de julgar – ou, na linha de OVÍDIO A. BAPTISTA DA SILVA, "do ato de decidir" – e reconhecida como algo natural ao fenômeno da aplicação do direito, a discricionariedade judicial não deve criar perplexidade, mas ser compreendida e exercida criteriosamente pelo magistrado, com a responsabilidade que lhe impõem os deveres do cargo.

O próprio ordenamento jurídico, em diversas passagens, conclama o julgador a exercitar sua discricionariedade. E isso ocorre especialmente quando adota a técnica moderna das chamadas normas abertas. Diante de determinadas situações, em vez de proporcionar ao julgador uma solução estratificada, oferece-lhe o legislador apenas os parâmetros a seguir para construir a solução mais adequada à situação concreta. Afora isso, mesmo quando o legislador baixa normas aparentemente "fechadas", prescreve que sua interpretação deve observar o seu fim social. E, em ambos os casos, os objetivos perseguidos pelo legislador seriam inatingíveis sem o pressuposto da discricionariedade judicial.

Poder-se-ia redarguir, argumentando que a subordinação do juiz ao princípio da legalidade tornaria desnecessário o recurso à discricionariedade judicial,

---

(18) Esses predicados têm sido reconhecidos pela sociedade à magistratura em geral, a qual é recrutada no primeiro grau de jurisdição mediante rigoroso concurso público, predicados esses que têm sido cultivados pelos programas de formação continuada desenvolvidos pelas Escolas Judiciais dos Tribunais.
(19) Karl Engisch. *Introdução ao pensamento jurídico*. 7. ed. Lisboa: Fundação Calouste Gulbenkian, 1996. p. 248.
(20) Ob. cit. p. 242.
(21) Mauro Cappelletti. *Juízes legisladores?* Porto Alegre: Sergio Antonio Fabris Editor, 1993, reimpressão 1999. p. 103.
(22) Ovídio A. Baptista da Silva. *Processo e ideologia*. Rio de Janeiro: Editora Forense, 2004. p. 114 (grifos no original).

sobretudo nos países de *civil law*, bastando ao juiz cingir-se à "vontade majoritária" mediante a aplicação da lei elaborada pelo legislador democrático. Tal objeção foi examinada por MAURO CAPPELLETTI. Depois de reconhecer que nos países de *civil law* "o direito se identifica frequentemente com a lei, a vontade majoritária, que está à base da legislação democrática", o jurista italiano pondera que a regência do princípio da legalidade não elimina o caráter criativo da jurisprudência. Ao contrário, pressupõe tal criatividade quando se reclama do juiz, para a aplicação do direito ao caso concreto posto para julgamento, a interpretação da lei de regência:

> Bem sabemos, porém, que, em certa medida, a 'lei' é um mito, que deve ser 'interpretada' e completada para traduzir-se em ação real e que a interpretação judiciária, mesmo tendo por objeto a lei, em certa medida é sempre criativa do direito.[23]

A propósito, consoante observou JOSÉ MARIA ROSA TESHEINER, "do ponto de vista sociológico, é certo que a jurisprudência é fonte do direito", sendo diversas as "normas gerais que dela emergiram". E arremata: "A negação, à jurisprudência, do caráter de fonte do direito, tem evidente cunho ideológico. Nega-se a produção de direito pelos tribunais, a fim de que eles não sejam tentados a produzi-lo." O princípio da legalidade, portanto, de modo algum elimina a discricionariedade judicial, retratando, apenas, a primazia da lei, não o seu monopólio. Conquanto isso introduza "uma certa desordem ao sistema jurídico, que deixa de ser monolítico", conforme ressalta o mesmo autor, "uma ordem perfeita não passa de um sonho, ou melhor, de um pesadelo tecnocrático, tendo mais a ver com os delírios das idéias do que com as realidades da vida".[24]

Nada obstante o art. 127 do CPC restrinja o julgamento por equidade aos casos previstos em lei, a inserção de dispositivos constantes da legislação processual mais recente começa a consagrar certa discricionariedade judicial no âmbito do próprio direito positivo. Um exemplo encontra-se na norma do art. 475-A, § 3º, do CPC.[25] Introduzida no CPC pela Lei n. 11.232/2005, a referida norma autoriza o juiz a arbitrar de plano o valor da indenização, *a seu prudente critério*, no caso de danos causados em acidente de veículos de via terrestre e no caso de cobrança de seguro relativa a danos causados em acidente de veículo.

No âmbito do Direito do Trabalho, em que a equidade teria aplicação apenas na falta de dispositivos legais específicos para a solução do caso concreto (CLT, art. 8º), o exemplo é o art. 852-I, § 1º, da CLT.[26] Introduzida pela Lei n. 9.957/2000, a norma em questão revela uma opção ainda mais clara do legislador contemporâneo pela delegação de discricionariedade judicial ao magistrado para solucionar a causa da maneira que lhe parecer mais justa e equânime em face do caso concreto sob julgamento. A parte inicial do dispositivo reforça a percepção de que o legislador de fato conferiu discricionariedade judicial ao magistrado para bem solucionar a causa. Ao preceituar que o juízo adotará – "em cada caso" – a decisão que reputar mais justa e equânime, o legislador outorga ao magistrado a discricionariedade necessária para que arbitre a solução adequada às peculiaridades de cada caso concreto. O caso concreto – e suas peculiaridades – submetido a julgamento e a discricionariedade judicial são dois elementos, reciprocamente implicados, que conformam a singularidade ontológica do fenômeno jurídico em cada caso específico.

Essa mesma discricionariedade judicial o legislador já conferira antes ao juiz, para a instrução processual da causa. Com efeito, o legislador, que outorgaria ao magistrado discricionariedade judicial – de natureza substancial – para adotar a decisão mais justa e equânime para o caso concreto (CLT, art. 852-I, § 1º), já lhe havia outorgado antes uma correspondente discricionariedade judicial – de natureza instrumental – para conduzir a instrução do processo, "... com liberdade para determinar as provas", (...) "limitar ou excluir as que considerar excessivas, impertinentes ou protelatórias, bem como para apreciá-las e dar especial valor às regras da experiência comum ou técnica" (CLT, art. 852-D).[27]

---

(23) Mauro Cappelletti. *Juízes legisladores?* Porto Alegre: Sergio Antonio Fabris Editor, 1993/reimpressão 1999. p. 102.
(24) José Maria Rosa Tesheiner. *Elementos para uma teoria geral do processo*. São Paulo: Editora Saraiva, 1993. p. 25/26.
(25) CPC: "Art. 475-A. Quando a sentença não determinar o valor devido, procede-se à sua liquidação.
(...)
§ 3º Nos processos sob procedimento comum sumário, referidos no art. 275, inciso II, alíneas *d* e *e* desta Lei, é defesa a sentença ilíquida, cumprindo ao juiz, ser for o caso, fixar de plano, a seu prudente critério, o valor devido."
(26) CLT: "Art. 852-I. A sentença mencionará os elementos de convicção do juízo, com resumo dos fatos relevantes ocorridos em audiência, dispensado o relatório.
§ 1º O juízo adotará em cada caso a decisão que reputar mais justa e equânime, atendendo aos fins sociais da lei e as exigências do bem comum."
(27) CLT: "Art. 852-D. O juiz dirigirá o processo com liberdade para determinar as provas a serem produzidas, considerando o ônus probatório de casa litigante, podendo limitar ou excluir as que considerar excessivas, impertinentes ou protelatórias, bem como para apreciá-las e dar especial valor às regras da experiência comum ou técnica."

Não é demais sublinhar que o processo de interpretação não se limita às normas jurídicas, mas também se estende aos fatos trazidos a juízo. E, em relação a estes, não há como negar que o juiz que instrui o processo e colhe as provas se encontra numa posição muito mais privilegiada, mesmo porque é ele quem assume a direção do procedimento probatório, com poderes para dispensar as provas que julgar desnecessárias (não somente sob o prisma do interesse da parte litigante, mas principalmente sob o prisma da conformação do convencimento do juízo para o julgamento), afora o fato de ter contato direto com as partes e demais fontes instrutórias. E na própria valoração da norma, em sua função social, não se pode prescindir da análise da realidade em que aquela se insere, o que, uma vez mais, confere relevância à posição do julgador originário.[28]

VII – O MÉTODO DA TRANSMIGRAÇÃO DO RELATOR

Antes afirmamos que ao tribunal cabe verificar se a sentença conferiu uma *solução legítima à causa* (uma *sentença razoável*) e não pretender que a decisão proferida seja aquela *sentença ideal* que o relator proferiria se estivesse no lugar do juiz originário por ocasião do julgamento da causa. No desenvolvimento da referida assertiva, cabe agora questionar a adequação do método da transmigração do relator para o lugar do juiz originário.

É intuitiva a conclusão de que se revela deveras problemática a ginástica mental de o relator (tentar) transportar-se para o passado, para assumir a posição do juiz originário, a fim de imaginar como conduziria a audiência; ou como sopesaria determinado aspecto; ou como julgaria a causa se lá estivesse. "Essa transmigração é impossível", segundo LUIZ ALBERTO VARGAS e RICARDO CARVALHO FRAGA, que já se ocuparam do tema da função revisora dos tribunais de forma precursora. Na ocasião, os citados autores questionaram a ideia desse "transporte" [da Turma Julgadora], argumentando que os registros da ata de audiência "jamais poderão transmitir a realidade complexa ocorrida na sala de audiência que somente o juiz, '*in loco*', pode captar"[29], o que revela a inadequação de tal método para a apreciação dos recursos de natureza ordinária.

Cada vez mais sintéticas, em face do grande volume de processos trabalhistas em pauta, as atas não reproduzem completamente o que ocorre nas audiências, especialmente no que tange às percepções que o magistrado recolhe intersubjetivamente e que, regra geral, não são registradas na ata de audiência, mas podem assumir relevância decisiva na formação do convencimento do julgador. Portanto, as atas de audiência tendem a ser manifestamente insuficientes para proporcionar a ulterior reconstituição da complexa realidade que se releva ao juiz no contato com as partes na audiência. Daí decorre a conclusão de que se torna problemática a "transmigração" do relator para o lugar do juiz originário, enquanto método para julgamento do recurso: a posterior reconstituição da audiência não se viabiliza em face à perda natural de diversos elementos que seriam necessários à reconstituição daquele cenário, o qual era irredutível às palavras já naquela ocasião originária; muito mais quando o processo chega ao tribunal já então destituído de diversas particularidades apreendidas pelo juiz de primeiro grau na dinâmica da imediação da audiência. Ao sustentar o cancelamento da Súmula 136 do TST, FRANCISCO ANTONIO DE OLIVEIRA defende o entendimento de que o princípio da identidade física do juiz é aplicável ao processo do trabalho exatamente em face da oralidade que o caracteriza, reconhecendo a impossibilidade da ata reproduzir a complexa realidade da audiência: "a identidade do juiz é de elevada importância porque não é possível reproduzir, nas atas e depoimentos, as impressões que resultam da inquirição direta das partes e das testemunhas. Da identidade resulta a valorização da verdade real."[30]

No trabalho hermenêutico, não há um deslocamento do leitor para a consciência do autor do texto. Trata-se, antes, de estabelecer uma comunhão de sentido naquilo que foi escrito. Transportando essa verdade para o estudo da função revisora, pode-se afirmar que não deve haver – talvez seja mesmo impossível fazê-lo – um deslocamento do relator para a consciência do juiz de primeiro grau, quando do trabalho de revisão da sentença. Ao contrário, trata-se, mais propriamente, de estabelecer uma comunhão de sentido acerca da sentença, o que requer

---

(28) "Se, por um lado, acredita-se que a decisão judicial possa apresentar um erro, por outro, não se pode concluir que as decisões colegiadas ou proferidas em grau de revisão estão isentas das mesmas críticas. Ao contrário, todas as decisões contam com a possibilidade de vício na apreciação dos fatos e do direito do caso. E mais, na grande maioria dos casos, <u>é o juiz da primeira instância que está mais próximo das partes e dos demais sujeitos do processo</u>, o que lhe permite <u>melhor percepção da realidade judicial</u> (o contato direto com os litigantes, as testemunhas, a confiança no perito, o debate judicial etc.). Com os <u>sucessivos rejulgamentos, vão se diluindo</u> – quando não aniquilando – <u>as vantagens dessa imediação</u>, da oralidade etc." (PORTO, Sérgio Gilberto. USTÁRROZ, Daniel. *Manual dos recursos cíveis*. Porto Alegre: Livraria do Advogado, 2007. p. 35 – sublinhei).

(29) Luiz Alberto de Vargas e Ricardo Carvalho Fraga, *Fatos e jurisprudência – reflexões iniciais*, publicado no sítio <www.uol.com.br/lavargas>.

(30) Francisco Antonio de Oliveira. *Comentários às súmulas do TST*. 9. ed. São Paulo: Editora RT, 2008. p. 280.

do tribunal uma atitude de positiva compreensão do julgado de primeiro grau,[31] de modo a resgatar o postulado de que "a compreensão só se instala no instante em que começa brilhar em nós o que o texto não diz, mas quer dizer em tudo que nos diz."[32] Para compreender o sentido de uma produtiva política judiciária acerca da recorribilidade é necessário que os tribunais exercitem a compreensão da sentença pelos seus próprios motivos, no pressuposto filosófico da moderna compreensão, é dizer, no pressuposto "do compreender pelos motivos, enquanto apreensão dos motivos daquele que se exprime", de modo que pese o escopo da compreensão, enquanto "um encontro espiritual com a individualidade que se exprime." Como na poesia, trata-se de "compreender melhor o autor do que ele se compreendeu a si próprio."[33]

Ao tratar do trabalho hermenêutico, HANS-GEORG GADAMER fornece um precioso subsídio para ilustrar o debate proposto no presente ensaio:

> Quando procuramos entender um texto, não nos deslocamos até a constituição psíquica do autor, mas, se quisermos falar de deslocar-se, o fazemos tendo em vista a perspectiva sob a qual o outro ganhou a sua própria opinião. E isso não quer dizer outra coisa, senão que procuramos fazer valer o direito objetivo do que o outro diz. Quando procuramos entender, fazemos inclusive o possível para reforçar os seus próprios argumentos. Isso acontece já na conversação. Mas onde se torna mais patente é na compreensão do escrito. Aqui nos movemos numa dimensão de sentido que é compreensível em si mesma e que, como tal, não motiva um retrocesso à subjetividade do outro. É tarefa da hermenêutica explicar esse milagre da compreensão, que não é uma comunhão misteriosa das almas, mas uma participação num sentido comum.[34]

Em síntese, não parece adequado o método da transmigração do relator para o lugar do magistrado que fez a instrução e proferiu a sentença, seja em razão da própria discricionariedade ínsita ao ato de aplicação do direito, seja em razão da impossibilidade de reconstituir-se o complexo cenário da audiência e todos demais aspectos fáticos da causa.

VIII – UM ACÓRDÃO E NÃO UMA NOVA SENTENÇA

Em que pese o irrecusável caráter hermenêutico da aplicação do direito corporificado na sentença, alguns acórdãos parecem mais uma nova sentença do que um ato de revisão, pois praticamente ignoram a decisão de primeiro grau; reescrevem a litiscontestação e examinam os fatos e a prova como se o tribunal fosse o primeiro destinatário da prova e do debate processual; como se o laborioso trabalho que resultou na sentença pudesse ser desconhecido. Tal atitude decorre de uma compreensão equivocada acerca do que seja a função revisora dos tribunais (objeto), equívoco que se comunica ao modo de proceder no julgamento do recurso (método).

O resultado que decorre da utilização desse método de apreciação do recurso só pode ser o incremento no número de reformas das sentenças de primeiro grau. E não pode ser diferente. O próprio método induz à reforma da sentença, porquanto não atenta para um pressuposto ínsito ao fenômeno jurídico: desconsidera que o caráter hermenêutico da aplicação do direito implica natural discricionariedade do juiz no julgamento da causa.

Para decidir, o juiz precisa antes decidir-se, o que pressupõe adotar valorações, de modo que é provável que outro julgador – outro julgador significa necessariamente o exame da causa a partir de outra *situação hermenêutica* – julgasse diferente do julgador originário. E não há novidade alguma nisso, pois é inerente à natureza hermenêutica do direito a possibilidade de mais de uma *solução legítima* para determinada situação de conflito de interesses, pois "... os valores, além de relativos, admitem infinitas gradações, de modo que se pode conceber uma sentença menos ou mais justa que outra – ambas, no entanto, legítimas e ditadas conforme a lei", conforme a esclarecedora observação de OVÍDIO A. BAPTISTA DA SILVA.[35]

Tratando desse tema, KARL ENGISCH sustenta que várias alternativas de solução podem apresentar-se como plausíveis para resolver determinado conflito, devendo-se reconhecer a cada uma delas legitimidade:

> Ao jurista acode logo aqui um conceito usado em vários contextos, o conceito de *fungibilidade*: se no exercício do poder discricionário sur-

---

(31) O fenômeno do crescimento da jurisdição de massa tem acarretado algumas consequências negativas. Entre elas, está a fundamentação cada vez mais sintética das sentenças.

(32) Emmanuel Carneiro Leão. Prefácio. p. 18, da obra de Martin Heidegger. *Ser e tempo*. vol. 1. 10. ed. Petrópolis-RJ: Editora Vozes, 2001.

(33) Karl Engisch. *Introdução ao pensamento jurídico*. 10 ed. Lisboa: Fundação Calouste Gulbenkian, 2008. p. 165/166.

(34) Hans-Georg Gadamer. *Verdade e método*. 3 ed. Petrópolis-RJ: Editora Vozes, 1999. p. 437/438.

(35) Ovídio A. Baptista da Silva. *Processo e ideologia*. Rio de Janeiro: Editora Forense, 2004. p. 253.

gem várias alternativas à escolha, cada uma delas pode ser 'fungível' e 'defensável', em vista da grande ambiguidade que permanece dentro do 'espaço de jogo'. (...) Todo aquele que se decide, dentro do espaço de jogo, por uma destas possibilidades, está dentro do direito e ninguém pode dizer que só ele tem razão.[36]

Melhor compreendidas as implicações da natureza hermenêutica do ato da aplicação do direito pelo juiz de primeiro grau na sentença, a função revisora dos tribunais no julgamento dos recursos de natureza ordinária apresentar-se-á relativamente simplificada – e facilitada – quando colocada sob a perspectiva da efetividade da jurisdição. Nesse sentido, cabe aos tribunais tomar a sentença como ponto de partida para o exame do recurso interposto, valorizando o trabalho produzido pelo julgador de primeiro grau, sobretudo no que diz respeito à apreciação de fatos e provas.

Vale dizer, a função revisora está limitada ao exame daqueles aspectos específicos objeto do recurso, não se devendo realizar um reexame *ab initio* de toda a causa, como se pela primeira vez a causa estivesse chegando ao Poder Judiciário para julgamento. Em resumo: a função do tribunal não é julgar a causa; essa função é do juiz de primeiro grau de jurisdição; o tribunal julga o recurso – a impugnação à sentença. Embora possa parecer a mesma coisa, não é. Trata-se de uma distinção fundamental, conforme se infere da lição de JOSÉ CARLOS BARBOSA MOREIRA acerca do objeto do recurso: "Objeto do juízo de mérito é o próprio conteúdo da impugnação à decisão recorrida." Essa conclusão também se impõe quando examinadas as possibilidades identificadas pelo autor quanto ao julgamento do recurso no mérito: ou "nega-se provimento ao recurso, por entender-se infundada a impugnação"; ou "dá-se provimento ao recurso, por entender-se fundada a impugnação".[37]

No julgamento do recurso, deve o tribunal examinar a sentença sob o aspecto da razoabilidade da solução adotada pelo juiz, exame que, por sua vez, deve ser modulado racionalmente dentro do "espaço do jogo". É o que, a partir de GADAMER, pode-se chamar "participação num sentido comum". É sobre esse método que o Poder Judiciário deve se debruçar.

Examinada a questão sob a perspectiva da efetividade da jurisdição, a função revisora dos tribunais nos recursos de natureza ordinária deve afastar-se da ilusória ideia da *sentença ideal* [para o relator] e cultivar a ideia da confirmação da *sentença razoável*, sob pena de correr-se o risco de a *revisão* da sentença degenerar na *desconstrução* da sentença, resultado a que se chega quando o método escolhido é inadequado à função revisora, conforme alertam LUIZ ALBERTO VARGAS e RICARDO CARVALHO FRAGA no ensaio já referido.[38]

IX – A SENTENÇA RAZOÁVEL DEVE SER CONFIRMADA

A reforma da sentença de primeiro grau justifica-se quando a sentença não é razoável, vale dizer, quando a causa não teve uma *solução legítima* em face do direito, tendo-se presente, aqui, como razoável, a possibilidade de mais de uma solução legítima para a mesma causa em face do direito aplicável, superando-se a ideia iluminista de que a sentença ou é certa, ou será errada. A reforma da sentença também pode justificar-se quando proferida em contrariedade à lei ou em desconformidade com a jurisprudência uniforme.

Mesmo neste caso, no entanto, é preciso que os fundamentos em que se assenta a sentença sejam afastados. Assim, não se trata de construir uma nova sentença, a partir da ótica da jurisprudência dominante ou de outra interpretação legal, apresentada como correta, mas de, primeiro, infirmar os elementos em que se baseou o julgado que ensejou o recurso. O que vemos, na prática, no entanto, em certos casos, é a prolação de nova sentença, como se a anterior não existisse, sem enfrentamento dos fundamentos em que se assenta a conclusão que se considera inaceitável – o que constitui um segundo julgamento da causa, e não a revisão da sentença.

A natureza dialética do processo reclama um autêntico diálogo entre recurso, sentença e acórdão. Esse diálogo é provocado pelos fundamentos do recurso, no limite da matéria impugnada. A sentença é a síntese cuja antítese é a respectiva impugnação representada pelo recurso. O acórdão adequadamente fundamentado é aquele que resulta desse diálogo, produzindo uma segunda síntese, na qual devem ser examinados os fundamentos da sentença em cotejo com os fundamentos do recurso. No caso de reforma da sentença, esse diálogo deve revelar, no acórdão, as razões por que a solução e os fundamentos adotados na sentença não são considerados adequados no caso concreto e, também, as razões por que se entendeu pela prevalência dos fundamentos do recurso e pela respectiva solução diversa.

---

(36) Karl Engisch. *Introdução ao pensamento jurídico*. 7. ed. Lisboa: Fundação Calouste Gulbenkian, 1996. p. 250.
(37) José Carlos Barbosa Moreira. *O novo processo civil brasileiro*. 5 ed. Rio de Janeiro: Editora Forense, 1983. p. 168 e p. 177, respectivamente.
(38) Luiz Alberto de Vargas e Ricardo Carvalho Fraga. *Fatos e jurisprudência – reflexões iniciais*, publicado no sítio <www.uol.com.br/lavargas>.

Em se tratando de *sentença razoável*, a mera circunstância de não ser ela a *sentença ideal* que o relator proferiria se fosse o julgador originário, não justifica a reforma, sobretudo quando a matéria submetida a recurso envolver fatos e provas. É claro que o tribunal estará no exercício de sua legítima função revisora ao concluir pela reforma, se entender que a sentença não conferiu uma solução razoável à causa, porquanto nos recursos de natureza ordinária o tribunal tem jurisdição sobre a matéria que lhe é devolvida pelo recurso, facultando-lhe – mas também exigindo-lhe – o reexame de fatos e prova, quando essa for a matéria objeto do apelo.

Não há dúvida de que também há discricionariedade no exame do recurso pelo tribunal, pois se trata também aqui – no exercício da função revisora do tribunal – de aplicação do direito. Essa discricionariedade conferida ao tribunal é tão legítima como fora a discricionariedade conferida ao julgador de primeiro grau, pois em ambas as situações estamos diante de aplicação do direito a um caso concreto. São duas liberdades que devem conviver em comunhão. Portanto, não se trata de questionar, aqui, a legitimidade da função revisora dos tribunais. Trata-se de interrogar sobre o método com o qual devemos nos dirigir para o exame dos recursos de natureza ordinária, tendo os olhos postos no compromisso maior com a efetividade da jurisdição, numa sociedade marcada pela desigualdade social e pela demanda massiva de jurisdição trabalhista.

Analisada a situação acima sob a égide da efetividade da jurisdição, impõe-se enfrentar agora outra questão, subjacente e mais complexa: qual a discricionariedade que deve prevalecer? A de primeiro grau ou a de segundo grau? Se tanto as decisões de primeiro grau quanto as decisões de segundo grau têm natureza discricionária, tratando-se de solução razoável, deve-se prestigiar a decisão recorrida. Tal conclusão é recomendada, não só por privilegiar o valor maior da efetividade da jurisdição, mas também pelo fato decisivo de que ao juiz de primeiro grau foi dado manter o irredutível contato pessoal com as partes e com a prova proporcionado pela imediação da audiência, além de conhecer a realidade socioeconômica da comunidade em que a decisão há de ser executada, o que autoriza a presunção de que o juízo de primeiro grau de jurisdição reúna as melhores condições para compreender as diversas dimensões do conflito e, portanto, para fazer justiça no caso concreto.

O magistério de KARL ENGISCH confere razoabilidade à afirmação anterior, pois, para o autor, na realidade das coisas, dado como pressuposto que existe um 'poder discricionário', seremos forçados a aceitar que aquilo que 'em todo o caso' tem de ser reconhecido como defensável, deve valer como 'correto' (e – permita-se-me o atrevimento de mais este excurso: – não deve ficar sujeito a reexame por uma outra instância, pelo menos quando esta não esteja em contacto tão estreito com o caso concreto e não seja essencialmente mais perita na matéria que a instância detentora do poder discricionário, mas apenas, na melhor das hipóteses, se julgue 'mais sábia' que esta).[39]

Portanto, a confirmação da sentença razoável deve ser a diretriz geral da função revisora do tribunal no julgamento dos recursos de natureza ordinária, sobretudo quando se estiver diante de matéria de fato, devendo a reforma da sentença ficar reservada àquelas situações em que o tribunal reputar caracterizado excesso ou abuso do poder discricionário judicial conferido ao magistrado de primeiro grau. Afinal, não faz sentido, seja do ponto de vista lógico, econômico ou político, que outra sentença seja proferida quando a anterior conferiu à demanda uma solução plausível, conquanto não seja a sentença que o juiz relator proferiria, caso fosse o julgador originário.

A função do órgão revisor é avaliar se a escolha do juiz sentenciante é razoável, ou não, e nisso reside a sua discricionariedade. Todavia, sendo a escolha do juiz razoável, a simples substituição daquela por outra solução caracteriza uma tentativa de colocar-se no lugar do julgador primeiro, o que se mostra inadequado, conforme já demonstrado anteriormente. Tem-se, nesse caso, não a revisão da sentença, mas um novo julgamento da causa, o qual muitas vezes não está sujeito à revisão recursal.

Aliás, em se tratando de interpretação de decisões judiciais, a doutrina está assentada no pressuposto de que as decisões judiciais devem ser interpretadas sob a presunção de que a sentença se apresenta em conformidade com a lei – "a presunção de não se haver decidido contra a lei".

A valiosa pesquisa realizada por ESTÊVÃO MALLET acerca do tema traz luz ao debate proposto no presente ensaio, na medida em que assenta a questão em exame sobre a correta consideração inicial de que "se o juiz conhece o direito – *jura novit curia* – e, ao decidir, deve aplicar as normas legais, é de se supor que o tenha feito realmente." Mais do que a legalidade do julgado, a própria justiça da sentença deve ser presumida quando se interpretam as decisões judiciais,

---

(39) Karl Engisch. *Introdução ao pensamento jurídico*. 7. ed. Lisboa: Fundação Calouste Gulbenkian, 1996. p. 251.

conclusão que decorre implicitamente da natureza sistemática da respectiva ordem jurídica. O citado jurista ilustra essa importante questão:

> A presunção de não se haver decidido contra a lei envolve, no fundo, desdobramento, no campo da hermenêutica, da concepção sistemática do ordenamento jurídico. A partir de tal concepção, como adverte *Canaris*, 'a solução adequada ao sistema é, na dúvida, vinculativa, *de lege lata* e é fundamentalmente de reconhecer como justa.' A decisão de acordo com a lei é a mais adequada ao sistema. Daí presumir-se haver sido adotada, na falta de elementos que indiquem o acolhimento de solução diversa.[40]

X – O ALCANCE DE UMA INOVAÇÃO PROCEDIMENTAL

O procedimento sumaríssimo trouxe uma inovação procedimental que estimula indiretamente a confirmação da *sentença razoável* pelo tribunal.

Na verdade, a inovação procedimental hospeda o embrião de uma potencial mudança de paradigma acerca da função revisora dos tribunais, não obstante muitos de nós ainda não tenhamos percebido o seu alcance. Trata-se da confirmação da sentença por simples certidão: uma simples certidão substitui o acórdão, agilizando a tramitação do processo na fase recursal. Considerado o nosso histórico apego aos aspectos formais, muitos tiveram dificuldade de assimilar a racionalização procedimental representada pelo art. 895, § 1º, IV, parte final, da CLT.[41]

Mais do que simplificação procedimental, o preceito confere uma *racionalidade avançada* ao sistema recursal da CLT, incorporando a compreensão superior de que o ato de julgar implica natural discricionariedade e que a solução adotada pelo julgador originário, a partir da imediação inerente ao primeiro grau de jurisdição, *tende* a ser ratificada pelo tribunal, dispensando-se a lavratura do acórdão quando o tribunal reputar a *sentença razoável*. A *racionalidade avançada* acolhida no referido dispositivo legal é uma das explicações para o elevado índice de efetividade alcançado pelo procedimento sumaríssimo.

A Justiça do Trabalho tem sido precursora em progressos na efetividade da prestação jurisdicional, premida pela natureza alimentar do crédito trabalhista e pela consequente agilidade exigida para sua satisfação. O preceito em questão é um desses progressos cuja potencialidade crescerá à medida que a demanda de massa por justiça seguir aumentando. Por ora, atua como um elemento fecundo para a reflexão sobre o método a ser utilizado no exercício da função revisora dos tribunais no julgamento dos recursos de natureza ordinária. Logo adiante, poderá operar como fonte de inspiração para dar-se maior efetividade também ao procedimento ordinário trabalhista, *de lege ferenda*. No futuro, servirá de inspiração à reforma do sistema recursal do CPC.

XI – MAURO CAPPELLETTI – A ATUALIDADE DE UM DIAGNÓSTICO

Embora realizado no ano 1973, é notável a atualidade do diagnóstico feito por MAURO CAPPELLETTI acerca da falta de efetividade da jurisdição na Itália à época. Examinando a questão também no âmbito do direito comparado, o jurista italiano afirma que o principal defeito dos sistemas jurídicos da *civil law* "... es la *profunda desvalorización del juicio de primer grado*, con la conexa *glorificación*, si así puede decirse, de *los juicios de gravamen*", defeito que o jurista não identifica nos países anglo-saxões do sistema da *commow law*.[42]

A partir do elevado índice de recorribilidade que os sistemas jurídicos da *civil law* ensejam e tendo em conta que a parte frágil economicamente tem maior dificuldade para resistir à demora do processo, MAURO CAPPELLETTI questiona o duplo grau de jurisdição. Critica a concepção de que se trataria de uma garantia absoluta, concluindo que "el exceso de garantías se vuelve contra el sistema."

As palavras de CAPPELLETTI guardam atualidade quarenta anos depois:

> Naturalmente existe todavia quien, de buena o de mala fe, piensa en la apelación y en el 'doble grado de jurisdicción' como en una importante *garantía procesal*, tal vez una *garantía de liberdad*,

---

(40) Estêvão Mallet. *Ensaio sobre a interpretação das decisões judiciais*. São Paulo: Editora LTr, 2009. p. 57.

(41) CLT: "Art. 895. Cabe recurso ordinário para a instância superior:

a) das decisões definitivas das Varas e Juízos, no prazo de 8 (oito) dias.

§ 1º Nas reclamações sujeitas ao procedimento sumaríssimo, o recurso ordinário:

...

IV – terá acórdão consistente unicamente na certidão de julgamento, com a indicação suficiente do processo e parte dispositiva, e das razões de decidir do voto prevalente. **Se a sentença for confirmada pelos próprios fundamentos, a certidão de julgamento, registrando tal circunstância, servirá de acórdão**." (grifamos).

(42) Mauro Cappelletti. *Proceso, ideologías e sociedad*. Buenos Aires: Ediciones Jurídicas Europa-América, 1973. p. 278 (grifos no original).

incluso algo absoluto e insuprimible. Es indudable que esta concepción no resiste una crítica seria y desprejuiciada. Por un lado, la apelación como juicio *de novo* lleva a esa perniciosa desvalorización del juicio de primer grado ya mencionada. Por otro lado, ningún ordenamiento, ni en Italia ni en qualquier otro país – tanto menos em Francia, donde la idea del 'double degré de juridiction' parece sin embargo estar particularmente arraigada – considera el doble grado de jurisdicción como una garantía *constitucional*, o sea protegida como una garantía fundamental e inderogable."[43]

Depois de ponderar que cada vez que se acrescenta um novo grau de jurisdição, não só se faz um bom serviço à parte que não tem razão, senão que se faz também um mau serviço à parte que tem razão, CAPPELLETTI sustenta que o exame da matéria de fato deveria ficar circunscrito ao primeiro grau de jurisdição, limitado o recurso à matéria de direito: "Bastante mejor es tratar de tener, como en los sistemas anglosajones y en tantos otros, un cuidado juicio de primer grado, *final* en lo que concierne a las cuestiones de hecho, y abierto solamente a una impugnación por *errores de derecho*, sustancial y procesal, antes que a un verdadero y propio re-examen del mérito de la causa."[44]

A supressão de recurso em matéria de fato também foi defendida por magistrados do trabalho integrantes da 15ª Região da Justiça do Trabalho. Ao formular proposta de reforma do direito procesual do trabalho brasileiro no ano de 2010, os referidos magistrados postularam que "... o recurso ordinário seja cabível no que se refere a questões de direito, ou seja, não atingindo as matérias fáticas".[45] No mesmo sentido alinha-se o ensaio realizado por *Marcos Neves Fava* sobre o tema da efetividade da execução. O jurista logo percebe a relação intrínseca que, na repartição do ônus do tempo do processo, se estabelece entre cognição e execução, postulando restringir a recorribilidade das decisões quanto à materia de fato na processualística trabalhista. Pondera que

[...] um procedimento que se pretenda preponderantemente oral, com vistas a qualificar a apreensão da prova pelo juízo prolator, deveria restringir a recorribilidade, no que toca aos *fatos* da demanda. Ao contrário, persiste no sistema processual – tanto trabalhista, quanto civil comum – a *ampla recorribilidade das decisões, mesmo que exclusivamente de fato*, em detrimento inegável à celeridade da tramitação dos feitos e causando insidioso desmerecimento às decisões de primeiro grau, num constante incentivo à interposição de recursos.[46]

No direito processual civil brasileiro, OVÍDIO A. BAPTISTA DA SILVA figura entre os juristas que sustentam ponto de vista semelhante àquele de MAURO CAPPELLETTI quanto à deslegitimação da jurisdição de primeiro grau gerada pelo sistema recursal:

No ponto mais elevado da escala, encontra-se uma magistratura altamente legitimada, contra a qual o sistema político abre mão dos recursos. À medida que descemos na escala hierárquica, reduz-se a legitimidade dos magistrados e avolumam-se os recursos, até atingirmos a jurisdição de primeiro grau, que o sistema literalmente destruiu, sufocando-a com uma infernal cadeia recursal que lhe retira a própria ilusão, de que ela poderia alimentar-se, de dispor de algum poder decisório.[47]

No âmbito do direito processual do trabalho, ANTÔNIO ÁLVARES DA SILVA sustenta a valorização das sentenças de primeiro grau pela sua execução imediata. Ao explorar as potencialidades trazidas à execução provisória pela Lei n. 11.232/05 (CPC, art. 475-O), o jurista defende, *de lege ferenda*, deva ser executada a sentença na pendência do recurso ordinário do empregador:

Há de chegar um instante em que, uma vez confirmada a sentença de primeiro grau em recurso na segunda instância, se há de permitir a execução provisória com prestação jurisdicional definitiva, com atos de alienatórios e levantamento de dinheiro. Mais perfeito ainda será o processo de execução trabalhista quando, a partir da sentença de primeiro grau, a prestação jurisdicional seja definitiva. A caução será prestada pelo Estado, garantindo-se o direito do executado mas sem ônus para o exeqüente.[48]

O presente ensaio não tem o propósito de colocar em questão o próprio duplo grau de jurisdição em

---

(43) Ob. cit., p. 279 (grifos no original).
(44) Mauro Cappelletti. *Proceso, ideologías e sociedad*. Buenos Aires: Ediciones Jurídicas Europa-América, 1973. p. 279/280 (grifos no original).
(45) Guilherme Guimarães Feliciano (coord.). *Fênix: por um novo processo do trabalho*. São Paulo: Editora LTr, 2010. p. 88.
(46) Marcos Neves Fava. *Execução trabalhista efetiva*. São Paulo: Editora LTr, 2009. p. 165.
(47) Ovídio A. Baptista da Silva. *Processo e ideologia*. Rio de Janeiro: Editora Forense, 2004. p. 239/240.
(48) Antônio Álvares da Silva. *Execução provisória trabalhista depois da Reforma do CPC*. São Paulo: Editora LTr, 2007. p. 76.

matéria de fato. Nada obstante o tema ora versado esteja limitado à discussão acerca da função dos recursos ordinários, o diagnóstico feito por MAURO CAPPELLETTI opera como argumento crítico importante para o debate acerca do fenômeno da desvalorização da jurisdição de primeiro grau nos sistemas jurídicos da *civil law*, conforme evidenciado por OVÍDIO A. BAPTISTA DA SILVA, debate que é correlato ao tema da função revisora dos tribunais e do método de seu exercício.

Essa discussão será mais fecunda se os tribunais receberem o convite ao debate com a abertura e sensibilidade propostas por ANTÔNIO ÁLVARES DA SILVA.

Recorrendo à doutrina de ANDRÉA PROTO PISANI, o autor mineiro sublinha que

> [...] a finalidade do apelo é exatamente permitir que o segundo grau aproveite a lição do que foi ensinado em primeiro ('il secondo giudice ha minori probabilità di errare in virtù della possibilità di utilizzare quello che fu l'insegnamento del primo grado e valutarne i risultati)'. Acontece que o 'ensinamento' do primeiro grau, que de fato muitas vezes existe, pode ser desprezado pelo segundo que, abandonando a verdade, incide no erro. Outras vezes corrige de fato o erro cometido na instância inferior. Portanto, o que há de concreto são reavaliações do mesmo fato, visto por pessoas diferentes, as quais podem ser coincidentes ou divergentes.[49]

As seguintes palavras de ANTÔNIO ÁLVARES DA SILVA servem de inspiração para a reflexão proposta no presente ensaio: "Em meu gabinete, no TRT da 3ª Região, mantenho 99% destas sentenças" [das sentenças de primeiro grau]. "Ainda que não seja esta a média de outros juízes e regiões, dificilmente a reforma vai além de 90%. Quando há mudanças, são pequenas e insignificantes. Não recordo de haver reformado fatos integralmente em uma única sentença. Hoje a atividade dos TRTs é meramente homologatória do que se decide no primeiro grau. Portanto, valorizar os juízes de primeiro grau, que são a parte mais importante do judiciário trabalhista (e de qualquer judiciário), é dever do legislador e do intérprete."[50]

XII – CONCLUSÃO

Enquanto não houver uma clara orientação para prestigiar as decisões de primeiro grau, devemos renunciar à ilusão da efetividade da jurisdição.

Se entre nós pode parecer prematura a mera supressão de recurso para a matéria de fatos e provas, como sugere a manutenção do veto presidencial ao inciso I do § 1º do art. 895 da CLT,[51] dispositivo que limitava o cabimento de recurso ordinário nas causas sujeitas ao procedimento sumaríssimo às hipóteses de violação literal da lei, contrariedade à súmula de jurisprudência uniforme do TST ou violação direta da Constituição da República, pelo menos é razoável admitir a necessidade de uma séria reflexão acerca da finalidade da função revisora dos tribunais no julgamento de recursos de natureza ordinária e a respeito do método adotado para o respectivo exercício.

Essa reflexão deve ter por norte uma consequente preocupação com a efetividade da jurisdição, a qual somente pode ser construída laboriosamente mediante uma clara opção pelo fortalecimento da autoridade da jurisdição de primeiro grau e a partir da adoção de método adequado no julgamento dos recursos de natureza ordinária.

A Justiça do Trabalho precisa pensar nisso.

REFERÊNCIAS BIBLIOGRÁFICAS

ALEXY, Robert. Vícios no exercício do poder discricionário. In: *Revista dos Tribunais*, v. 89, n. 779, São Paulo, 2000.

ÁLVARES DA SILVA, Antônio. *Execução provisória trabalhista depois da Reforma do CPC*. São Paulo: Editora LTr, 2007.

---

(49) Antônio Álvares da Silva. *Execução provisória trabalhista depois da Reforma do CPC*. São Paulo Editora LTr, 2007. p. 25. Em tradução livre, a frase de Andréa Proto Pisani enuncia: o segundo juízo tem menor probabilidade de errar em virtude da possibilidade de utilizar-se daquele que foi o ensinamento de primeiro grau e avaliar os resultados.

(50) Antônio Álvares da Silva. *Execução provisória trabalhista depois da Reforma do CPC*. São Paulo: Editora LTr, 2007. p. 37.

(51) A Lei n. 9.957/00 introduziu o procedimento sumaríssimo trabalhista para as causas com valor de até 40 salários mínimos. Comentando o veto presidencial ao inciso I do § 1º do art. 895 da CLT, *Estêvão Mallet* desenvolve crítica consistente à ampla admissibilidade de recursos de natureza ordinária no caso de procedimento caracterizado pela oralidade, imediatidade e concentração. Diz o autor: "O texto do projeto de que se originou a Lei n. 9.957 limitava, de modo sensível, o efeito devolutivo do recurso ordinário, restringindo-o apenas aos casos de 'violação literal à lei, contrariedade à súmula de jurisprudência uniforme do Tribunal Superior do Trabalho ou violação direta da Constituição da República.' Aprovado no Congresso, o dispositivo proposto foi considerado excessivo, comprometendo o acesso das partes ao duplo grau de jurisdição, o que serviu de pretexto para o seu veto. Com isso tirou-se da Lei 9.957 o que talvez nela houvesse de melhor. A larga permissão de recursos de natureza ordinária não se justifica em procedimento que procura privilegiar a oralidade, a imediatidade e a concentração dos atos processuais. Aliás, nada mais contrário à imediatidade e à oralidade do que o duplo grau de jurisdição. O reexame amplo da causa pelo juízo do recurso, que não participou da colheita da prova, quebra inevitavelmente a imediatidade, enfraquecendo e desvalorizando a atividade cognitiva desenvolvida pelo juízo de primeiro grau e, mais ainda, a própria tarefa de apreciação direta da prova" (MALLET, 2002, p. 98).

BAPTISTA DA SILVA, Ovídio A. *Processo e ideologia*. Rio de Janeiro: Editora Forense, 2004.

BARBOSA MOREIRA, José Carlos. *O novo processo civil brasileiro*. 5. ed. Rio de Janeiro: Editora Forense, 1983.

CAPPELLETTI, Mauro. *Proceso, ideologías e sociedad*. Buenos Aires: Ediciones Jurídicas Europa-América, 1973.

_____. *Juízes legisladores?* Porto Alegre: Sergio Antonio Fabris Editor, 1993/reimpressão, 1999.

DESCARTES. *Discurso do método*. Livraria Exposição do Livro.

ENGISCH, Karl. *Introdução ao pensamento jurídico*. 7. ed. Lisboa: Fundação Calouste Gulbenkian, 1996.

FAVA, Marcos Neves. *Execução trabalhista efetiva*. São Paulo: Editora LTr, 2009.

FELICIANO, Guilherme Guimarães (coord.). *Fênix: por um novo processo do trabalho*. São Paulo: Editora LTr, 2010.

GADAMER, Hans-Georg. *Verdade e método*. 3. ed. Petrópolis-RJ: Editora Vozes, 1999.

HEIDEGGER, Martin. *Ser e tempo*. vol. 1, 10. ed. Editora Vozes: Petrópolis-RJ, 2001.

MALLET, Estêvão. *Procedimento sumaríssimo trabalhista*. São Paulo: Editora LTr, 2002.

_____. *Ensaio sobre a interpretação das decisões judiciais*. São Paulo: Editora LTr, 2009.

MARANHÃO, Délio. CARVALHO, Luiz Inácio B. *Direito do trabalho*. 17. ed. Rio de Janeiro: FGV, 1993.

OLIVEIRA, Francisco Antonio de. *Comentários às súmulas do TST*. 9. ed. São Paulo: Editora RT, 2008.

PORTO, Sérgio Gilberto. USTÁRROZ, Daniel. *Manual dos recursos cíveis*. Porto Alegre: Livraria do Advogado, 2007.

STEIN, Ernildo. *A questão do método na filosofia – um estudo do modelo heideggeriano*. 3. ed. Porto Alegre: Editora Movimento, 1983.

TESHEINER, José Maria Rosa Tesheiner. *Elementos para uma teoria geral do processo*. São Paulo: Editora Saraiva, 1993.

VARGAS, Luiz Alberto de. FRAGA, Ricardo Carvalho. *Fatos e jurisprudência – reflexões iniciais*, publicado no sítio <www.uol.com.br/lavargas>.

CAPÍTULO IV
O princípio da imediatidade como horizonte hermenêutico

A Função Revisora dos Tribunais na perspectiva da imediatidade

Júlio César Bebber
Juiz do Trabalho e Doutor em Direito do Trabalho.

*"(...) a alternativa verdadeiro/falso é estranha ao direito; no direito há apenas o aceitável.
O sentido do justo comporta sempre mais de uma solução"*
(Eros Grau).[1]

1. CONSIDERAÇÕES INICIAIS

Recurso, como *espécie de remédios destinados à impugnação de decisões judiciais*, tem como um de seus *escopos* o de provocar a reforma de decisões judiciais mediante reexame.[2]

O reexame de decisões judiciais é feito pelos tribunais (e excepcionalmente pelo próprio órgão emissor da decisão).[3] Emerge, nesse caso, uma das funções dos tribunais, e que é a principal delas: *a função revisora*.

Referida função, entretanto, somente será desempenhada com a devida técnica se o órgão recursal partir da decisão impugnada, atentando à sua razoabilidade. Do contrário, deixará de ser órgão recursal para se transformar em órgão pleno ou órgão censório.

É desse tema que me ocuparei, então, nesse breve ensaio, com a intenção de suscitar o debate.

2. O DUPLO GRAU DE JURISDIÇÃO

O princípio do duplo grau de jurisdição possui previsão legal expressa (Decreto n. 678/1992 — Convenção Americana sobre Direitos Humanos — Pacto de São José da Costa Rica, 8º, 2, *h*) e enuncia, como uma de suas facetas, o poder que os interessados possuem de, por meio de recurso, provocarem a revisão (reforma) do pronunciamento judicial impugnado.

Embora detenha *status* constitucional,[4] o duplo grau de jurisdição não representa uma garantia abso-

---

(1) GRAU, Eros. *Ensaio e discurso sobre a interpretação: aplicação do Direito*. São Paulo: Malheiros, 2002. p. 88.
(2) Recurso pode ser conceituado como o remédio processual taxativo e específico, legalmente concedido à parte vencida, ao terceiro prejudicado, ao Ministério Público e excepcionalmente à parte vencedora para, voluntariamente, provocarem, dentro da mesma relação jurídica processual, porém, em novo procedimento e em regra por órgão judicial distinto do prolator: a) a reforma de decisões judiciais mediante reexame; b) a declaração de inexistência ou invalidação de atos processuais que contaminam a decisão, ou da própria decisão; c) o julgamento do mérito da causa (da demanda) negado pelo juiz de primeiro grau.
(3) Ex.: em embargos de declaração quando constatado o manifesto equívoco no exame de pressupostos recursais.
(4) O Decreto n. 678/1992, que promulgou a Convenção Americana sobre Direitos Humanos (Pacto de São José da Costa Rica) é o diploma que autoriza a inserção do duplo grau de jurisdição entre os princípios de natureza constitucional. Referido decreto, que tem *status* de emenda constitucional (CF, 5º, § 3º), no art. 8º, 2, *h*, assegura a toda pessoa o direito de recorrer da sentença para juiz ou tribunal superior.
Em sentido contrário (é confundido direito ou garantia constitucional com direito ou garantia absoluta): Duplo grau de jurisdição no Direito brasileiro, à luz da Constituição e da Convenção Americana de Direitos Humanos. Para corresponder à eficácia instrumental que lhe costuma ser atribuída, o duplo grau de jurisdição há de ser concebido, à moda clássica, com seus dois caracteres específicos: a possibilidade de um reexame integral da sentença de primeiro grau e que esse reexame seja confiado a órgão diverso do que a proferiu e de hierarquia superior na ordem judiciária. Com esse sentido próprio – sem concessões que o desnaturem – não é possível, sob as sucessivas Constituições da República, erigir o duplo grau em princípio e garantia constitucional, tantas são as previsões, na própria Lei Fundamental, do julgamento de única instância ordinária, já na área cível, já, particularmente, na área penal. A situação não se alterou, com a incorporação ao Direito brasileiro da Convenção Americana de

luta ao recurso.[5] Os direitos fundamentais, aliás, não se revestem de caráter absoluto.[6] Não são imunes a restrições, ainda que não se encontrem sob reserva legal (simples ou qualificada).[7] Vale destacar, além disso, que o duplo grau não integra a ampla defesa e o contraditório, que possuem conteúdo próprio e dele prescindem. Basta notar que tanto a CF quanto a lei infraconstitucional preveem causas de instância única.

Os fundamentos dos que pregam a extinção do duplo grau de jurisdição e daqueles que o exaltam são os mais diversos.[8] O que mais encontra respaldo lógico-racional, entretanto, é o de que o duplo grau de jurisdição é uma necessidade (relativa)[9] que decorre da natural falibilidade dos juízes. Falibilidade essa que cresce diante do aumento (quantitativo e qualitativo) das demandas e do baixo número de magistrados.

Advém daí, portanto, a necessidade de haver recurso que permita a purificação das decisões, embora não seja incomum um mau acórdão substituir uma boa decisão.

3. A REVISÃO DAS DECISÕES PELOS TRIBUNAIS SEGUNDO A MATÉRIA

A revisão das decisões pelos tribunais na Justiça do Trabalho comporta análise sob os mais diversos critérios de classificação. Pela autolimitação imposta neste estudo, porém, analisarei a revisão das decisões pelos tribunais segundo a matéria.

Antes, porém, reproduzo a advertência já feita em artigo doutrinário de autoria coletiva de Ben-Hur Silveira Claus, Ari Pedro Lorenzetti, Ricardo Fioreze, Francisco Rossal de Araújo, Ricardo Martins Costa e Márcio Lima do Amaral de que na função revisora cabe aos tribunais proferirem um julgamento sintetizado no acórdão, e não um julgamento sintetizado em uma nova sentença. *In litteris*:

> Em que pese o irrecusável caráter hermenêutico da aplicação do direito corporificado na sentença, alguns acórdãos parecem mais uma nova sentença do que um ato de revisão, pois praticamente ignoram a decisão de primeiro grau; reescrevem a litiscontestação e examinam os fatos e a prova como se o tribunal fosse o primeiro des-

---

Direitos Humanos (Pacto de São José), na qual, efetivamente, o art. 8º, 2, *h*, consagrou, como garantia, ao menos na esfera processual penal, o duplo grau de jurisdição, em sua acepção mais própria: o direito de 'toda pessoa acusada de delito', durante o processo, 'de recorrer da sentença para juiz ou tribunal superior'. Prevalência da Constituição, no direito brasileiro, sobre quaisquer convenções internacionais, incluídas as de proteção aos direitos humanos, que impede, no caso, a pretendida aplicação da norma do Pacto de São José: motivação. (...) Competência originária dos tribunais e duplo grau de jurisdição. Toda vez que a Constituição prescreveu para determinada causa a competência originária de um tribunal, de duas uma: ou também previu recurso ordinário de sua decisão (CF, arts. 102, II, *a*; 105, II, *a* e *b*; 121, § 4º, III, IV e V) ou, não o tendo estabelecido, é que o proibiu. Em tais hipóteses, o recurso ordinário contra decisões de tribunal, que ela mesma não criou, a Constituição não admite que o institua o direito infraconstitucional, seja lei ordinária seja convenção internacional: é que, afora os casos da Justiça do Trabalho – que não estão em causa – e da Justiça Militar – na qual o STM não se superpõe a outros tribunais –, assim como as do Supremo Tribunal, com relação a todos os demais tribunais e juízos do País, também as competências recursais dos outros tribunais superiores – o STJ e o TSE – estão enumeradas taxativamente na Constituição, e só a emenda constitucional poderia ampliar. À falta de órgãos jurisdicionais *ad qua*, no sistema constitucional, indispensáveis a viabilizar a aplicação do princípio do duplo grau de jurisdição aos processos de competência originária dos Tribunais, segue-se a incompatibilidade com a Constituição da aplicação no caso da norma internacional de outorga da garantia invocada. (STF-RHC-79.785, TP, Rel. Min. Sepúlveda Pertence, DJ 22.11.2002) Idem: STF-AI-601.832-AgR, 2ª T., Rel. Min. Joaquim Barbosa, DJ 0 03.04.2009).

(5) O direito ao duplo grau de jurisdição não dispensa a necessidade de que sejam observados os requisitos impostos pela legislação para o cabimento de um recurso, qualquer que seja ele. É a lei que cria o recurso cabível contra as decisões e estabelece os requisitos que autorizam a sua interposição, ausente previsão de recurso *ex officio* ou reexame obrigatório, independentemente do preenchimento dos pressupostos recursais específicos (STF-AP-470-EI-décimos quintos-AgR, TP, Rel.: Min. Joaquim Barbosa, DJ 03.112014).

(6) Não há, no sistema constitucional brasileiro, direitos ou garantias que se revistam de caráter absoluto (STF-RMS 23.452/RJ, TP, Rel. Min. Celso de Mello, DJ 12.05.2000).

(7) Na contemporaneidade, não se reconhece a presença de direitos absolutos, mesmo de estatura de direitos fundamentais previstos no art. 5º, da Constituição Federal, e em textos de Tratados e Convenções Internacionais em matéria de direitos humanos (STF-HC-93250, 2ª T., Rel. Min. Ellen Gracie, DJ 27.06.2008).

(8) Quem: a) sustenta a extinção do duplo grau de jurisdição invoca como fundamentos os de que: (i) ele ofende a garantia de acesso à Justiça; (ii) a decisão de segundo grau que confirma a primeira é inútil e afronta o princípio da economia processual; (iii) a reforma da sentença é sempre nociva, pois revela a existência de divergências de entendimentos e interpretações, o que produz a incerteza nas relações jurídicas; (iv) há desprestígio e inconfiabilidade no juízo de primeiro grau quando a sentença é reformada; b) exalta o duplo grau de jurisdição invoca como fundamentos os de que: (i) a garantia ao recurso é uma necessidade humana, pois ninguém se conforma com uma única decisão desfavorável; (ii) os recursos são em regra apreciados por órgão colegiado, dos quais fazem parte juízes mais experientes; (iii) com a possibilidade de recurso, o juiz se torna mais zeloso no seu ofício; o duplo grau de jurisdição possibilita o controle dos atos judiciais; (iv) nenhum ato estatal pode ficar imune aos necessários controles; (v) o juiz de primeiro grau erra mais que o de segundo grau; (vi) o juízo recursal goza de maior independência.

(9) Trata-se de necessidade relativa porque, segundo determinados critérios de ponderação, poderá não existir (ex.: demandas de instância única).

tinatário da prova e do debate processual; como se o laborioso trabalho que resultou na sentença pudesse ser desconhecido. Tal atitude decorre de uma compreensão equivocada acerca do que seja a função revisora dos tribunais (objeto), equívoco que se comunica ao modo de proceder no julgamento do recurso (método).[10]

3.1. Revisão de matéria fático-probatória oral

O melhor julgador da matéria fático-probatória oral, indubitavelmente, será o que esteve em contato pessoal e direto com as partes e testemunhas, uma vez que mais importante que os fatos narrados é o modo como esses fatos são narrados.

Somente *vis-a-vis* é possível aferir as reações emocionais, a segurança, a tergiversação, o emprego de evasivas, os rodeios, o longo silêncio antes da resposta, a resposta dada antes de a pergunta ser formulada ou concluída *etc.* de quem presta depoimento. Tais aspectos de ordem psicológica (e que escapam ao procedimento escrito) é que permitem o controle imediato da veracidade.[11]

Atento a isso, o TST já se expressou dizendo que "Cabe ao julgador de primeira instância, que se vê frente a frente com as testemunhas, mirando-lhes o semblante, buscar a verdade. Apenas o Juízo Sentenciante tem condições de extrair a verdade dos fatos, pois a fase de instrução proporciona uma proximidade física entre magistrado e jurisdicionados, capacitando aquele a detectar indícios de inidoneidade"[12].

Portanto, sempre que constatar a presença da imediatidade e da identidade física do juiz em matéria fático-probatória oral,[13] cabe ao órgão revisor valorizar a convicção do magistrado que instruiu e julgou a demanda (desde que haja explicitação das razões da prova utilizada a da prova refutada), pois foi ele quem *sentiu* a prova e, fundado nisso, adotou a solução que se lhe afigurou mais próxima da verdade e da justiça.[14]

3.2. Revisão de matéria fático-probatória não oral e em matéria de direito

O melhor julgador da matéria fático-probatória não oral e da matéria de direito é aquele que emite uma *decisão razoável*.

Como a valoração de uma prova mediatizada nem sempre é percebida do mesmo modo e uma norma jurídica nem sempre se exaure naquilo que a sua letra revela à primeira vista, podemos considerar *razoável a decisão* que analisa os fatos, valora a prova e interpreta o direito de modo equilibrado e sensato (sem manifestações ideológicas apaixonadas, moralistas ou preconceituosas),[15] produzindo um resultado aceitável, segundo os elementos fático-probatórios existentes e de acordo com o ordenamento jurídico.[16]

---

(10) CLAUS, Ben-Hur Silveira et al. *A função revisora dos tribunais – a questão do método no julgamento dos recursos de natureza ordinária.* <http://www.lex.com.br/doutrina_24217406_a_funcao_revisora_dos_tribunais__a_questao_do_metodo_no_julgamento_dos_recursos_de_natureza_ordinaria.aspx>. Extraído em 16.12.2015.

(11) Não é incomum encontrar acórdão que, ao reformar o julgado impugnado, assevera que a testemunha (cujas declarações permitem seu convencimento) foi *"segura ao afirmar que (...)"*. Salvo se a prova foi colhida por meio de sistema audiovisual (e mesmo assim haveria algumas objeções), essa assertiva é desonesta e tem por escopo impor (arbitrariamente) a solução proposta ao caso. Não há possibilidade alguma de afirmar-se a segurança da testemunha diante da prova oral mediatizada.

(12) TST-RR-4381/94, AC-108173, 1ª T., Rel. Min. Indalécio Gomes Neto, DJU 21.10.1994, p. 28582.

(13) A imediatidade (CLT, 820) e a identidade física do juiz (este de ordem doutrinária a partir da vigência do NCPC) garantem uma melhor qualidade de decisão, uma vez que enunciam, respectivamente: a) a atuação do magistrado sem intermediários na coleta da prova oral; b) o julgamento da demanda pelo juiz que concluir a audiência.

(14) A imediatidade, que coloca o julgador diretamente em contato com a prova oral, permite o controle da veracidade das declarações daquele que é interrogado e possibilita ao magistrado sentir os registros que levam à credibilidade e influenciam no seu convencimento. Por esta razão fundamental, então, deve ser prestigiada a decisão impugnada, valorizando, assim, a convicção do magistrado que instruiu a demanda, pois foi ele quem mais de perto sentiu a prova, adotado a solução que se lhe afigurou próxima da verdade e da justiça (TRT-MS-0000842-50.2012.5.24.0071, 1ª T., Rel. Juiz Convocado Júlio César Bebber, DJ 31.09.2014).

(15) Evidentemente que não se está exigindo que a decisão seja proferida por um juiz axiologicamente neutro, uma vez que não há a menor possibilidade de o juiz ficar indiferente ao produto do seu trabalho. O que se quer é que o juiz, ao decidir, revele equilíbrio entre razão e emoção. Vale dizer: revele uma combinação "(...) del pensamiento racional y el sentimiento. Si separamos las dos funciones, el pensamiento se deteriora volviéndose una actividad intelectual esquizoide y el sentimiento se disuelve en pasiones neuróticas que dañan a la vida" (FROMM, Erich. *La Revolución de la Esperanza*. México: Fondo de Cultura Econômica, 2003, p. 49). O culto à razão leva à visão do direito como uma demonstração de força, de poder, de intimidação. O culto à emoção, por sua vez, conduz a um agir exagerado, extremado e por impulso numa relação que transita, sem qualquer consideração, entre amor e ódio.

(16) Para Bem-Hur Silveira Claus, sentença aceitável é a sentença defensável para o caso concreto diante do direito aplicável. "A defensabilidade de uma decisão é apurada quando, embora a respectiva adequação não possa ser demonstrada de forma induvidosa, muito menos pode ser demonstrada a sua invalidade, desde que existam argumentos ponderáveis em favor de sua razoabilidade. Citado por *Karl Engisch*, *Larenz* apresenta sua concepção de sentença razoável na seguinte formulação: 'O jurista designa uma decisão como 'defensável' quando na verdade a sua rectitude não pode demonstrar-se por forma indubitável, mas também muito menos se pode demonstrar que ela seja 'falsa', se há pelo menos bons fundamentos a favor de sua rectitude' (ENGISCH, 2008, p. 273)". CLAUS, Ben-Hur Silveira. *A função revisora dos tribunais diante da sentença razoável*. Revista de Direito e Processo. São Paulo, n. 51, mar./2015, p. 37.

Portanto, sempre que a *decisão for razoável* cabe ao órgão revisor valorizá-la.⁽¹⁷⁾ Com isso, evitará desperdício de atividade jurisdicional e imprimirá celeridade. Não é legítima a atitude de alguns órgãos revisores que, em busca da (inatingível) decisão ontologicamente ideal, desconsideram a decisão impugnada e assumem a condição de órgão pleno ou censório como se tivessem essa atribuição ou, ainda, como se fossem capazes de emitir decisão imune a críticas.

---

(17) "No julgamento do recurso, deve o tribunal examinar a sentença sob o aspecto da razoabilidade da solução adotada pelo juiz, exame que, por sua vez, deve ser modulado racionalmente dentro do 'espaço do jogo'. É o que, a partir de GADAMER, pode-se chamar 'participação num sentido comum'" (CLAUS, Ben-Hur Silveira et al. *A função revisora dos tribunais – a questão do método no julgamento dos recursos de natureza ordinária.* <http://www.lex.com.br/doutrina_24217406_a_funcao_revisora_dos_tribunais__a_questao_do_metodo_no_julgamento_dos_recursos_de_natureza_ordinaria.aspx>. Extraído em 16.12.2015).

Capítulo V
O direito comparado como inspiração

As Súmulas, as Técnicas de Superação de Precedentes e o Trabalho do Juiz

Jorge Cavalcanti Boucinhas Filho
Professor da Fundação Getúlio Vargas-SP

INTRODUÇÃO

Criar uma taxonomia de sistemas jurídicos não é tarefa fácil. Em obra clássica, publicada pela primeira vez em 1952, durante, portanto, a guerra fria, o jurista brasileiro Vicente Rao identificou a existência de dez sistemas de direito positivo, o romano, muito popular na América Latina e nos países europeus de origem latina, o germânico, o anglo-americano, o soviético, o chinês, o indiano, o canônico e o mulçumano[1].

Passados mais de sessenta anos, é forçoso reconhecer que essa classificação carece de atualidade haja vista o fim do regime socialista soviético, uma gradativa ocidentalização da China e da Índia e uma perceptível aproximação entre os modelos romano e germânico.

Em verdade a maioria das nações segue hoje uma de duas principais tradições de construção do direito: *common law* ou *civil law*. A primeira surgiu na Inglaterra durante a Idade Média e de lá foi disseminada para as colônias britânicas nos mais diversos continentes. A segunda se desenvolveu na Europa Continental, na mesma época e disseminada pelas colônias de potências imperiais europeias como Espanha e Portugal. A *Civil Law* também foi adotada nos séculos XIX e XX por países que no passado apresentaram outras tradições de formação do direito como a Rússia e o Japão que modificaram o seu sistema legal até então vigente para obter ganho econômico e poder político comparável a das nações-estado europeias[2].

Os sistemas que seguem a tradição da *Common Law* são caracterizados pela ausência de uma compilação de regras legais e de estatutos e pela primazia dos precedentes, ou seja decisões judiciais que já foram tomadas em casos similares. Esses precedentes são mantidos ao longo do tempo por meio de registros das cortes bem como são historicamente documentados em coleções de *case law* conhecidas como *yearbooks* e em relatórios. Os precedentes que serão aplicados em cada nova decisão são determinados pelo juiz do caso. Como resultado os juízes acabam apresentando enorme papel na formação do Direito[3]. Diz-se ainda que o sistema de *Common Law* funciona como um sistema adversarial, uma competição entre duas partes opostas perante um juiz que atua como moderador. Um júri de leigos sem formação jurídica decide acerca dos fatos do caso para que o juiz determine a sentença apropriada a partir do veredito do júri[4].

Bastante diverso é o sistema de *civil law*, cuja característica principal consiste justamente na grande importância atribuída ao trabalho legislativo, em especial aos códigos e estatutos. Os países adeptos dessa tradição apresentam códigos que tratam de todas as matérias que se supõe poderão ser apresentadas perante um juiz ou uma Corte, o procedimento que será aplicado a essa lei e a sanção aplicável para cada tipo de ofensa. Há duas grandes categorias de lei: as de direito processual, que estabelecem como se determinará se uma ação partícula constitui um crime ou infração civil e as de direito material que estabelecem exatamente quais atos estão sujeitos a persecução criminal ou civil. Num sistema de *civil law* o papel do juiz é estabelecer os fatos do caso e aplicar as previ-

---

(1) RÁO, Vicente. *O direito e a vida dos direitos*. 4. ed. São Paulo: Editora Revista dos Tribunais, 1997. p. 95-173.
(2) THE ROBBINS COLLECTION. SCHOOL OF LAW (BOALT LAW). UNIVERSITY OF CALIFORNIA AT BERKLEY. *The Civil Law and Common Law Traditions*. Disponível em: <https://www.law.berkeley.edu/library/robbins/CommonLawCivilLawTraditions.html> Acesso em: 8 abr. 2015.
(3) *Ibidem*.
(4) *Ibidem*.

sões aplicáveis no Código. Não obstante a ele caiba analisar as acusações formais, investigar a matéria e decidir o caso, tudo será feito a partir de orientações e limites impostos por um repertório de leis. A decisão judicial acaba, outrossim, sendo menos crucial e determinante nos sistemas de civil law do que as decisões dos legisladores e dos juristas que elaboram e interpretam os códigos[5].

O Direito brasileiro tradicionalmente se filia ao sistema de Civil Law. As reformas legislativas implementadas a partir de meados dos anos 2000 colocam em questão essa conclusão anteriormente dada como certa. A crescente valorização das súmulas, similares aos precedentes do sistema de common law vem distanciando o sistema jurídico brasileiro de sua tradição e o aproximando do outro grande sistema jurídico.

O objetivo deste estudo consiste justamente em demonstrar esse processo de transformação e de criação de um sistema jurídico que alguns consideram híbrido, pois embora se distancie do modelo de civil law não pode ainda ser considerado common law, destacando o relevante papel que o juiz passa a ter na formação do direito e dos novos desafios que ele passa a ter para aplicá-lo corretamente.

2. AS SÚMULAS NO DIREITO BRASILEIRO

A palavra súmula deriva do latim e significa em português "pequena suma; breve epítome ou resumo; sinopse, condensação"[6]. Juridicamente vem sendo tratada como "o ponto alto, o cume do conjunto das decisões sobre determinado tema"[7] ou como "resumo jurisprudencial de um determinado tema tendente a se impor como orientação dominante em certo cenário jurídico"[8].

A importância crescente do instituto no direito brasileiro levou alguns juristas a sustentarem a existência de um "Direito Sumular". Há diversas obras e trabalhos com esse título[9].

Segundo Lauro Eriksen, as súmulas surgiram a partir da "necessidade premente de que a ordem jurídica encontrasse certeza quanto ao Direito vigente, dando clara definição às normas jurídicas para a melhor orientação de seus destinatários"[10].

Todos os tribunais superiores brasileiros e alguns tribunais estaduais e federais de segunda instância determinam, em seus regimentos internos, que a jurisprudência por eles assentada seja compendiada em súmulas. Especificamente quanto à Justiça do Trabalho, todos os tribunais foram instados a editar Súmulas após a Lei n. 13.015/2014.

Diversos fatores, contudo, vem contribuindo para que as Súmulas e as decisões judiciais ganhem cada vez mais espaço no que diz respeito à formação do direito brasileiro.

Um dos principais é a dificuldade em legislar em determinadas matérias. Um bom exemplo é o direito do trabalho. As normas relativas à relação de emprego provocam e sempre provocaram sentimentos antagônicos. Parte da bancada do Congresso Nacional brasileiro, composto de duas casas, a Câmara dos Deputados e o Senado Federal, as vê como um marco imprescindível para a efetivação dos direitos humanos, redução das desigualdades e distribuição da renda. Outra parte como um fator de encarecimento da produção e, por conseguinte, um obstáculo para o progresso econômico.

A forma de financiamento da política brasileira, que permite que o mesmo parlamento seja composto por congressistas patrocinados por entidades de defesa dos interesses patronais e por representantes do movimento sindical, cada um deles comprometido com os interesses do patrocinador de sua campanha e com sua base eleitoral, não facilita os ajustes políticos necessários para a elaboração de uma adequada legislação do trabalho. Reproduz-se, muitas vezes, no Congresso Nacional, o mesmo antagonismo que impediu que a questão fosse regulamentada em negociações coletivas entre os envolvidos. O palco muda, mas os atores continuam, de certa forma, os mesmos.

Essa dificuldade no processo legislativo em matéria trabalhista explica, embora não justifique, a não regulamentação, pela via legal, de questões de

---

(5) THE ROBBINS COLLECTION. SCHOOL OF LAW (BOALT LAW). UNIVERSITY OF CALIFORNIA AT BERKLEY. *The Civil Law and Common Law Traditions*. Disponível em: <https://www.law.berkeley.edu/library/robbins/CommonLawCivilLawTraditions.html> Acesso em: 8 abr. 2015.
(6) HOUAISS, Antonio; VILLAR, Mauro de Salles. *Dicionário Houaiss da língua portuguesa*. Rio de Janeiro: Objetiva, 2009. p. 1789.
(7) ABDALA, Vantuil. Direito sumular do trabalho. BOUCINHAS FILHO, Jorge Cavalcanti; FAVA, Marcos Neves; PEREIRA, José Luciano de Castilho. *O Direito Material e Processual do Trabalho dos Novos Tempos: estudos em homenagem ao Professor Estêvão Mallet*. São Paulo: LTr, 2009. p. 575.
(8) ERICKSEN, Lauro. A estruturação das súmulas e dos precedentes no direito brasileiro. Ver. SJRJ, Rio de Janeiro, v. 20, n. 37, p. 181-192, agosto 2013, p. 181.
(9) GONÇALVES, Emílio. *Direito sumular*. Rio de Janeiro: Ed. Sugestões literárias, 1981; LEITE, Roberto Basiloni. *Manual de Direito Sumular do trabalho*. São Paulo: LTr, 1999; ABDALA, Vantuil. Direito sumular do trabalho. BOUCINHAS FILHO, Jorge Cavalcanti; FAVA, Marcos Neves; PEREIRA, José Luciano de Castilho. *O Direito Material e Processual do Trabalho dos Novos Tempos: estudos em homenagem ao Professor Estêvão Mallet*. São Paulo: LTr, 2009. p. 575.
(10) ERICKSEN, Lauro. Op cit., p. 181.

fundamental importância como a proteção contra a despedida arbitrária, o adicional de penosidade e a terceirização. Explica, também sem justificar, a demora para que fossem regulamentados direitos como o aviso prévio proporcional ao tempo de serviço, e o elevado número de súmulas editados pelo Tribunal Superior do Trabalho.

A criação de regras por Tribunais, muitas vezes sem alicerce constitucional ou legal algum, representa uma forma de ativismo judicial necessária para compensar a inércia e morosidade do legislador. Na falta de reformas que adequem o ordenamento jurídico aos fenômenos dos novos tempos, os juízes se veem compelidos a criar, pela via interpretativa, regras abstratas e impessoais. A edição de verbetes torna-se necessária para atualizar normas já existentes e para regulamentar questões relevantes que permanecem sem disciplina legal.

Percebe-se, portanto, que a criação de regras pela via das súmulas é necessária no cenário jurídico brasileiro. Nem por isso se pode dizer que essa solução seja adequada. Num Estado Democrático de Direito formalmente filiado ao modelo romano de criação do direito (*civil law*), em que o Poder Soberano é dividido em três vertentes independentes e harmônicas entre si, o ideal é que as normas abstratas sejam criadas pelos parlamentares, que detêm representação popular e não por magistrados que, embora competentes e bem intencionados, são escolhidos por critérios técnicos e pautados por regras meritocráticas, não apresentando, portanto, mandato da população.

A inércia do legislativo e o ativismo judicial que ela provoca transformaram o direito do trabalho brasileiro de uma forma tal que o modelo atual nos deixa muito mais próximo dos países do sistema de *common law* do que dos que adotam o regime de *civil law,* ao qual tradicionalmente sempre estivemos vinculados. Para ilustrar essa afirmação basta mencionar que a Consolidação das Leis do Trabalho dispõe de 922 artigos, muitos dos quais sem qualquer serventia por não terem sido recepcionados pela Constituição vigente ou por terem sido ab-rogados ou derrogados por norma posterior, enquanto o Livro de Jurisprudência do Tribunal Superior do Trabalho contava, em meados de março de 2016, com aproximadamente 1288 verbetes, entre súmulas, orientações jurisprudências e precedentes normativos.

Além de mais numerosos do que os preceitos legais, os verbetes podem, em certo aspecto, ser considerados mais protegidos e quiçá relevante para o direito do trabalho do que o texto legal infraconstitucional. Nas ações de rito sumaríssimo, por exemplo, cabe um recurso chamado recurso de revista quando houver contrariedade à súmula, mas não quando houver violação à dispositivo legal infraconstitucional (art. 896, § 6º, da Constituição Federal). O fato de se considerar uma contrariedade à súmula mais grave do que uma violação legal, ao ponto de protegê-las e não fazer o mesmo com a lei, é um indicativo de que determinadas regras criadas por tribunais já são considerados, até certa medida, mais relevantes do que as criadas pelo legislador.

Em um contexto como o narrado acima, deve-se receber com bastante alento o fato de o Congresso Nacional ter recentemente saído de sua inércia habitual e ter aprovado normas trabalhistas importantes e bastante impactantes. É bem verdade que o fim dessa inércia foi, em parte, impulsionado por posturas assumidas ou sinalizadas pelo Supremo Tribunal Federal. É sabido que a lei do aviso prévio proporcional ao tempo de serviço, para citar apenas um exemplo, somente foi editada em razão do início do julgamento dos Mandados de Injunção ns. 943, 1.010, 1.074 e 1.090 e das incertezas acerca da forma como o STF regulamentaria a questão.

3. CLASSIFICAÇÃO DAS SÚMULAS NO DIREITO BRASILEIRO

Alguns doutrinadores classificam as súmulas em três categorias: súmulas persuasivas, súmulas impeditivas de recurso e súmulas vinculantes. As primeiras, as mais numerosas, não têm força coercitiva. Sua eficácia permanece por conta da natural proeminência e respeitabilidade que o tribunal emissor exerce perante as demais instâncias a ele reportadas. "A força persuasiva da súmula transcende, outrossim, os próprios elementos meramente jurisdicionais aos quais a sua emissão se insere, pois a sua eficácia variará em função de elementos metajurídicos, como, repise-se, a respeitabilidade adquirida por seu órgão emissor"[11].

Como o escopo primordial das súmulas impeditivas de recurso é compendiar o entendimento de um tribunal acerca de alguma matéria e o seu campo de atuação, elas podem versar sobre qualquer matéria. O seu caráter persuasivo é um simples indicativo do pensamento de determinada corte ou tribunal. Limita-se a evidenciar uma linha de pensamento ou uma tendência a ser seguida na análise de casos semelhantes, sem que, contudo, se possa extrair um

---

(11) ERICKSEN, Lauro. A estruturação das súmulas e dos precedentes no direito brasileiro. Ver. *SJRJ*, Rio de Janeiro, v. 20, n. 37, p. 181-192, agosto 2013, p. 184.

conteúdo jurídico-normativo mais amplo de suas premissas mais básicas[12].

As Súmulas impeditivas de recurso, por sua vez, como o nome deixa transparecer, impedem o órgão julgador, o colegiado e, eventualmente, juízos monocráticos de segunda ou superior instância, de receber o recurso de apelação quando a sentença estiver em conformidade com o entendimento por ela consubstanciado. O seu escopo claramente é reduzir o acúmulo de trabalho nos tribunais sobrestando recursos protelatórios ou flagrantemente descabidos. Mecanismos processuais como o instituído pela Lei n. 11.276/2006, que alterou o art. 518 do CPC, podem atribuir a Súmulas persuasivas o efeito de impedir o seguimento de recursos.

Há, finalmente, as chamadas súmulas vinculantes, que possibilitam a agilização processual e dinamizam o Poder Judiciário, desafogando-o das ações similares e dos processos repetitivos, visto que o liberariam da análise de questões semelhantes. Essas súmulas apresentam contornos mais rígidos que as demais espécies de súmulas na medida em que somente poderão versar sobre a validade, interpretação e eficácia de normas determinadas sobre as quais exista controvérsia atual entre órgãos do Poder Judiciário ou entre estes e a Administração Pública. Essa controvérsia precisa ser flagrante assim como grave deverá ser a insegurança jurídica e a relevante multiplicação sobre questões idênticas para que se justifique a edição dessas súmulas[13].

Poderão ser arquitetadas a partir de questões processuais de massa ou questões homogêneas e no modelo atual apenas o Supremo Tribunal Federal (STF) poderá editá-las[14].

Do ponto de vista do quórum é preciso a concordância de oito dos onze ministros do STF. Para a edição de outras súmulas a concordância de seis ministros mostra-se suficiente.

4. INTERPRETAÇÃO DAS SÚMULAS

A construção do direito por meio de edição de súmulas tem as suas particularidades. A primeira delas diz respeito à forma de sua interpretação. Não sendo lei em sentido estrito as súmulas não podem ser interpretadas como tal. Não poderia o julgador analisar a sua redação atribuindo-lhe o sentido que julgar mais adequado conforme adote o método gramatical, histórico, teleológico ou sistemático de exegese. As súmulas devem, em verdade ser interpretadas a partir dos precedentes que resultaram em sua elaboração. Solução contrária pode gerar graves equívocos.

Equívoco frequente tem sido a solução do imbróglio acerca da jornada de trabalho dos empregados de empresas administradoras de cartões de crédito invocando a Súmula 283 do Superior Tribunal de Justiça[15], que dispõe que "As empresas administradoras de cartão de crédito são instituições financeiras e, por isso, os juros remuneratórios por elas cobrados não sofrem as limitações da Lei de Usura". Como o próprio texto da súmula evidencia que o entendimento consolidado pelo tribunal prolator diz respeito apenas à não sujeição das empresas administradoras de cartão de crédito à Lei de Usura. Interpretar ampliativamente o verbete para sujeitar os empregados das empresas administradoras de cartão de crédito à jornada especial do bancário pode ser considerado um erro crasso vez que o Superior Tribunal de Justiça jamais almejou esta conclusão. E não poderia ser diferente haja vista que jornada de trabalho não é matéria afeta à sua competência. Com efeito, em todos os precedentes que deram origem à Súmula 283 – correspondentes aos processos REsp n. 450.453, AgRg REsp n. 518.639, REsp n. 337.332, REsp n. 441.932, AgRg Ag n. 481.127 e, finalmente, AgRg no Ag 467904 – estava sempre em discussão, como questão central, a possibilidade de cobrança de juros superiores a 12% ao ano. A natureza jurídica das empresas surge como simples questão antecedente, a ser resolvida como pressuposto lógico para exame do tema de fundo. Daí que, a afirmação contida na Súmula n. 283, sobre a natureza financeira das empresas administradoras de cartão de crédito, é, na verdade, mero *obter dictum*. Deveria o verbete em questão ter se limitado a dizer

---

(12) ERICKSEN, Lauro. A estruturação das súmulas e dos precedentes no direito brasileiro. *Ver. SJRJ, Rio de Janeiro*, v. 20, n. 37, p. 181-192, agosto 2013, p. 184.

(13) ERICKSEN, Lauro. A estruturação das súmulas e dos precedentes no direito brasileiro. *Ver. SJRJ, Rio de Janeiro*, v. 20, n. 37, p. 181-192, agosto 2013, p. 188.

(14) *Ibidem*.

(15) RECURSO DE REVISTA. ENQUADRAMENTO. EMPRESA ADMINISTRADORA DE CARTÃO DE CRÉDITO. FINANCEIRA. SÚMULA N. 55 DO TST. 1. O Tribunal Regional, fundado na análise de provas documentais, principalmente do Contrato Social colacionado, entendeu que a IBI Promotora de Vendas Ltda. é empresa administradora de cartões de crédito e, assim, instituição financeira, conforme disposto na Súmula n. 283 do STJ. Registrou, inclusive, decisões judiciais em que foi acolhida a tese defendida naqueles processos por essa empresa, de que efetivamente é uma instituição financeira. 2. A Corte de origem, considerando esse quadro fático, manteve o reconhecimento da condição de financeira da reclamada IBI Promotora de Vendas Ltda., e de financiário do reclamante, e declarou aplicáveis as normas coletivas dessa categoria, bem como o disposto na Súmula n. 55 do TST, quanto à jornada de trabalho. 3. Diante dos fatos consignados no acórdão não há como se entender de forma diferente. Incidente o óbice da Súmula n. 126 desta Corte. 4. Recurso de revista de que não se conhece. (TST-RR: 1241007220085010073 124100-72.2008.5.01.0073, Relator: Kátia Magalhães Arruda, Data de Julgamento: 24/04/2013, 6ª Turma, Data de Publicação: DEJT 26.04.2013)

"As empresas administradoras de cartão de crédito não sofrem as limitações da Lei de Usura".

Há, contudo, incontáveis decisões da Justiça do Trabalho enquadrando os empregados de empresas administradoras de cartão de crédito como bancários por aplicação simples e literal do preceito contido na súmula, sem preocupação com o estudo de seus precedentes.

Outro ponto relevante a destacar é que os enunciados das súmulas, por não serem elas preceitos legais, jamais podem ser 'revogados'. A revogação da norma é uma forma de extirpar as leis do ordenamento jurídico que não se aplica às súmulas. Estas deverão ser canceladas, quando não mais forem consideradas adequadas, e a consequência desse cancelamento deverá ser interpretada com a devida cautela.

Primeiramente é preciso enfatizar que outros motivos, além da mudança do pensamento majoritário das turmas do tribunal prolator, podem levar ao cancelamento de determinada súmula. O Tribunal Superior do Trabalho, por exemplo, vem, durante as periódicas revisões que faz em sua jurisprudência sumulada, cancelando precedentes que perderam a razão de ser com o decurso do tempo, sem que entendimento diverso fosse adotado em sentido contrário.

Em outras hipóteses é preciso considerar que o cancelamento da súmula evidencia apenas que o entendimento sumulado deixou de ser prevalentes nos meandros jurídicos, remanescendo como uma inclinação jurisprudencial como qualquer outra. Não se deve, portanto, concluir que o posicionamento jurisdicional antes sumulado tornou-se totalmente despiciendo: ele, na verdade, apenas deixou de ser majoritário, prevalente ou dominante em determinado tempo histórico"[16].

5. TÉCNICAS DE SUPERAÇÃO DE PRECEDENTE

As questões que serão tratadas aqui como técnicas de superação de precedente surgiram nos países de *Common Law* como formas de superação do chamado *stare decisis*, nome dado a regra que "determina que casos iguais serão julgados da mesma forma, conferindo força vinculante aos julgados precedentes sobre os julgamentos atuais"[17]. Nas palavras de Maíra Pontes:

As mudanças sociais ocasionaram a elaboração de instrumentos capazes de conferir aos tribunais a possibilidade de revogar precedentes aos quais estariam vinculados obrigatoriamente pelo instituto do *stare decisis*, seja por que, ao reanalisar a questão tratada em caso anterior, a Corte tenha entendido que o julgamento se deu de forma equivocada, de maneira a, eventualmente, suplantar o direito da parte; seja em face da alteração de instituições sociais, o que implicaria no exame dos fatos sob uma nova ótica.

Há no Brasil uma norma estabelecendo procedimentos legais para a superação de precedentes, a Lei n. 11.417, de 19 de dezembro de 2006 que disciplina a edição, a rescisão e o cancelamento de enunciado de Súmula Vinculante pelo STF. Entre outras normas, essa lei regulamentou as situações de *Overruling*, possíveis no ordenamento jurídico brasileiro. Essa técnica identificada pelo estrangeirismo antes transcrito consiste na revogação completa do precedente, havendo, assim, a perda de sua força vinculante e sua consequente substituição[18]. O juiz exporá o motivo pelo qual não seguirá o antigo precedente, justificando com argumentos mais densos a razão que gerou a superação dos precedentes[19].

O *overruling* pode, portanto, ocorrer de forma formal, por meio, por exemplo de um processo de revisão de precedentes como o que o Tribunal Superior do Trabalho vem fazendo periodicamente, assim como pelo trabalho do juiz na análise do caso concreto. Os dois exemplos podem ser extraídos da superação do mesmo precedente, a Súmula n. 207 do Tribunal Superior do Trabalho[20]. Editada em 15.07.1985 e mantida pela ampla revisão efetuada em 2003, a Súmula foi finalmente cancelada em 23.04.2012 quando o TST reconheceu que o entendimento lá consagrado não estava de acordo com a Lei n. 11.962/2009, de 3 de julho de 2009.

O cancelamento formal da regra, ou, por assim dizer, *overruling* formal da regra, ocorreu quase três

---

(16) ERICKSEN, Lauro. A estruturação das súmulas e dos precedentes no direito brasileiro. *Ver. SJRJ, Rio de Janeiro*, v. 20, n. 37, p. 181-192, agosto 2013, p. 183.
(17) PORTES, Maíra. *Instrumentos para revogação de precedentes no sistema de* common law. Processos Coletivos, Porto Alegre, vol. 2, n. 2, 01 abr. 2011. Disponível em: <http://www.processoscoletivos.com.br/doutrina/24-volume-2-numero-2-trimestre-01-04-2011-a-30-06-2011/117-instrumentos-para-revogacao-de-precedentes-no-sistema-de-common-law> Acesso em: 3 nov. 2015.
(18) DIDIER JR., Fredie; BRAGA, Paula Sarno; OLIVEIRA, Rafael. *Curso de direito processual civil, vol. II*. 8. ed. Salvador: Juspodium. p. 456.
(19) CUNHA, Zeneida Girão da. *Há uma jurisprudência genuína no STF? Um estudo de casos parecidos*. 2014. Dissertação (Mestrado em direito). 244p. Faculdade de Direito da Pontifícia Universidade Católica do Rio de Janeiro, 2014. p. 31.
(20) SUM-207 CONFLITOS DE LEIS TRABALHISTAS NO ESPAÇO. PRINCÍPIO DA "LEX LOCI EXECUTIONIS" (cancelada) - Res. 181/2012, DEJT divulgado em 19, 20 e 23.04.2012 A relação jurídica trabalhista é regida pelas leis vigentes no país da prestação de serviço e não por aquelas do local da contratação. Histórico: Súmula mantida - Res. 121/2003, DJ 19, 20 e 21.11.2003 Redação original - Res. 13/1985, DJ 11, 12 e 15.07.1985.

anos após a lei que o motivou. Durante esse interregno, os juízes mais atentos ao ordenamento jurídico certamente deixaram de aplicar o precedente em questão por perceber que ele restou superado, em hipótese típica de *overruling*.

Overriding, por sua vez, é o termo estrangeiro utilizado para denotar a revogação parcial do precedente em razão de uma mudança no cenário jurídico a partir da inserção de uma regra ou princípio legal. Um bom exemplo de *overriding* na legislação trabalhista é a Súmula n. 277[21] que foi alterada em duas ocasiões, em 16.11.2009 e em 27.09.2012 em revisões realizadas pelo Tribunal Superior do Trabalho para adequá-la a nova redação do art. 114 da Constituição Federal conferida pela Emenda Constitucional n. 24, de 2004. Como se vê, a nova redação do art. 114 deixou claro que os dissídios coletivos precisariam respeitar as condições convencionadas anteriormente, o que mudou o cenário jurídico possibilitando a conclusão de que as cláusulas convencionadas coletivamente somente poderão ser modificadas por meio de outra negociação coletiva. Diante disso, o TST empreendeu hipótese típica de *overruling* adotando entendimento diametralmente oposto ao anterior.

Distinguishing, também conhecido como *Distinguish*, é a distinção de casos realizada pelo juiz. Em consequência não se utiliza um precedente anterior ao caso sob análise, pois este apresenta particularidades que obstam seu uso[22]. É o exemplo da não aplicação da Súmula n. 283 do Tribunal Superior do Trabalho, mencionada no item anterior.

Transformation é a situação em que o tribunal deixa de aplicar precedente existente, sem fazer referência a essa mudança ou postura, que consiste na superação implícita do entendimento. A diferença entre *Transformation* e *overruling* é que neste há uma declaração expressa pela corte de que houve superação do precedente[23]. Um ótimo exemplo é a não aplicação por algum juiz ou Corte do inciso II da Súmula n. 330 do Tribunal Superior do Trabalho, que estabelece que "quanto a direitos que deveriam ter sido satisfeitos durante a vigência do contrato de trabalho, a quitação é válida em relação ao período expressamente consignado no recibo de quitação", por entender que, a despeito da literalidade do verbete, qualquer quitação do contrato de trabalho depende da presença de um juiz do trabalho para equilibrar as forças entre o empregador e o empregado, entre o capital e o trabalho, sem expressamente cancelar o verbete em questão.

6. CONSIDERAÇÕES FINAIS

Diante de todo o exposto é forçoso reconhecer que as recentes mudanças na sistemática do direito do trabalho brasileiro, que vem valorizando cada vez mais as súmulas e orientações jurisprudenciais, inspira cuidados por parte do aplicador do direito. O primeiro deles diz respeito à percepção de que Súmula não é lei e não deve ser aplicada como tal. É imperativo reconhecer que relevante para a sua compreensão não é a sua literalidade, mas os precedentes que levaram à sua edição. O segundo grande cuidado diz respeito à boa compreensão e manuseio das chamadas técnicas de superação de precedentes conhecidas como *overruling, overriding, distinguishinge transformation*. Sem uma boa compreensão dessas técnicas o antigo temor de que o juiz se tornasse um autômato que apenas reproduzia no caso concreto a vontade do legislador voltará com uma nova feição, a do reprodutor do entendimento dos tribunais superiores.

REFERÊNCIAS

ABDALA, Vantuil. Direito sumular do trabalho. BOUCINHAS FILHO, Jorge Cavalcanti; FAVA, Marcos Neves; PEREIRA, José Luciano de Castilho. *O Direito Material e Processual do Trabalho dos Novos Tempos: estudos em homenagem ao Professor Estêvão Mallet*. São Paulo: LTr, 2009.

CUNHA, Zeneida Girão da. *Há uma jurisprudência genuína no STF? Um estudo de casos parecidos*. 2014. Dissertação (Mestrado em direito). 244p. Faculdade de Direito da Pontifícia Universidade Católica do Rio de Janeiro, 2014.

---

(21) SUM-277 CONVENÇÃO COLETIVA DE TRABALHO OU ACORDO COLETIVO DE TRABALHO. EFICÁCIA. ULTRATIVIDADE (redação alterada na sessão do Tribunal Pleno realizada em 14.09.2012) - Res. 185/2012 – DEJT divulgado em 25, 26 e 27.09.2012 As cláusulas normativas dos acordos coletivos ou convenções coletivas integram os contratos individuais de trabalho e somente poderão ser modificadas ou suprimidas mediante negociação coletiva de trabalho. Histórico: Súmula alterada – (redação alterada na sessão do Tribunal Pleno em 16.11.2009) - Res. 161/2009, DEJT 23, 24 e 25.11.2009 N. 277 Sentença normativa. Convenção ou acordo coletivos. Vigência. Repercussão nos contratos de trabalho I - As condições de trabalho alcançadas por força de sentença normativa, convenção ou acordos coletivos vigoram no prazo assinado, não integrando, de forma definitiva, os contratos individuais de trabalho. II - Ressalva-se da regra enunciado no item I o período compreendido entre 23.12.1992 e 28.07.1995, em que vigorou a Lei n. 8.542, revogada pela Medida Provisória n. 1.709, convertida na Lei n. 10.192, de 14.02.2001. Súmula mantida – Res. 121/2003, DJ 19, 20 e 21.11.2003 Redação original - Res. 10/1988, DJ 01, 02 e 03.03.1988. N. 277. Sentença normativa. Vigência. Repercussão nos contratos de trabalho. As condições de trabalho alcançadas por força de sentença normativa vigoram no prazo assinado, não integrando, de forma definitiva, os contratos.

(22) CUNHA, Zeneida Girão da. *Há uma jurisprudência genuína no STF? Um estudo de casos parecidos*. 2014. Dissertação (Mestrado em direito). 244p. Faculdade de Direito da Pontifícia Universidade Católica do Rio de Janeiro, 2014. p. 31.

(23) CUNHA, Zeneida Girão da. *Há uma jurisprudência genuína no STF? Um estudo de casos parecidos*. 2014. Dissertação (Mestrado em direito). 244p. Faculdade de Direito da Pontifícia Universidade Católica do Rio de Janeiro, 2014. p. 31/32.

DIDIER JR., Fredie; BRAGA, Paula Sarno; OLIVEIRA, Rafael. *Curso de direito processual civil*, vol. II. 8. ed. Salvador: Juspodium.

ERICKSEN, Lauro. *A estruturação das súmulas e dos precedentes no direito brasileiro*. Ver. SJRJ, Rio de Janeiro, v. 20, n. 37, p. 181-192, agosto 2013.

GONÇALVES, Emílio. *Direito sumular*. Rio de Janeiro: Ed. Sugestões literárias, 1981; LEITE, Roberto Basiloni. Manual de Direito Sumular do trabalho. São Paulo: LTr, 1999.

HOUAISS, Antonio; VILLAR, Mauro de Salles. *Dicionário Houaiss da língua portuguesa*. Rio de Janeiro: Objetiva, 2009.

PORTES, Maíra. *Instrumentos para revogação de precedentes no sistema de common law*. Processos Coletivos, Porto Alegre, vol. 2, n. 2, 01 abr. 2011. Disponível em: <http://www.processoscoletivos.com.br/doutrina/24-volume-2-numero-2-trimestre-01-04-2011-a-30-06-2011/117-instrumentos-para-revogacao-de-precedentes-no-sistema-de-common-law> Acesso em: 3 nov. 2015.

RÁO, Vicente. *O direito e a vida dos direitos*. 4. ed. São Paulo: Editora Revista dos Tribunais, 1997.

THE ROBBINS COLLECTION. SCHOOL OF LAW (BOALT LAW). UNIVERSITY OF CALIFORNIA AT BERKLEY. *The Civil Law and Common Law Traditions*. Disponível em: <https://www.law.berkeley.edu/library/robbins/CommonLawCivilLawTraditions.html> Acesso em 8 abr. 2015.

Standards de Revisão Recursal – Uma Solução do *Common Law* para a Valorização das Decisões de Primeiro Grau no Brasil

Cesar Zucatti Pritsch

Juiz do Trabalho na 4ª Região/RS e Juris Doctor pela Florida International University (FIU), EUA, laureado no grau magna cum laude, além de Especialista em Direito do Trabalho e Processo do Trabalho pela Universidade Gama Filho/RJ. O presente trabalho é uma adaptação da versão em inglês, apresentada perante a FIU em 2014 para fins de seminário em direito comparado, "The Brazilian Appellate Procedure Through Common Law Lenses: How American Standards of Review May Help Improve Brazilian Civil Procedure", Expresso, 2015, disponível em <http://works.bepress.com/cesar_zucattipritsch/1>. Todas as traduções a partir da língua inglesa são do autor.

I. INTRODUÇÃO

No Brasil a função dos tribunais de segundo grau é mal compreendida. Apesar da drástica guinada de nosso sistema processual para técnicas de estabilização e uniformização de jurisprudência, o que indicaria uma especialização e divisão de funções entre instâncias, os tribunais frequentemente emitem decisões que se assemelham a uma nova sentença, ignorando a decisão recorrida como se ela nunca tivesse existido.[1] Reformar ou não a decisão *a quo* passa a ser mera obra do acaso: a decisão de primeiro grau apenas não será reformada se eventualmente a conclusão a que independentemente chegou o colegiado coincidir com a que chegou o juízo *a quo*. É claro que generalizações são sempre perigosas, e não menos certo que inúmeros desembargadores são extremamente cuidadosos com a decisão de primeiro grau, intervindo para reformar apenas onde estritamente necessário. No entanto, em muitos casos as sentenças sequer são mencionadas na decisão de segundo grau. A sentença de primeiro grau, exarada por um agente político, membro de um dos três poderes da República, não tem recebido a presunção de acerto da qual até mesmo um ato administrativo é dotado, uma nítida subversão de valores.

Nosso atual sistema vem caminhando para a ampliação dos precedentes vinculantes (ver novo Código de Processo Civil – CPC 2015, além da Lei n. 13.015/2014, no âmbito trabalhista), tornando-se um híbrido entre a tradição do *common law* e a tradição romano-germânica.[2] De tal contexto decorre, a partir de uma interpretação lógico-sistemática, que incumbe aos tribunais o refinamento, evolução e unificação dos entendimentos de direito, sem prejuízo à correção de eventuais abusos ou erros crassos cometidos nas instâncias inferiores. O que não se concebe é que o segundo grau perca seu foco das questões de direito, refazendo milhões de decisões de primeiro grau, reformando decisões em matéria de fato ou discricionária que são razoáveis ou tecnicamente corretas, pela mera divergência de opinião.

Em contraste, o direito da tradição anglo-saxônica, também conhecido como *common law*, de há muito possui mecanismos que contribuem para a coesão, economicidade e eficácia de seu sistema recursal, prestigiando (*deferring to*) as razoáveis conclusões de fato e decisões discricionárias da primeira instância, focando o segundo grau na unificação e refinamento de entendimentos de direito. Enquanto isso, no Brasil, o Judiciário se sobrecarrega com a massificação dos processos e recursos, problema até o momento não equacionado mesmo após diversas reformas processuais.

Para o enfrentamento de tal problema, propõe-se o uso dos *standards* ou níveis de revisão recursal (*standards of appellate review*), com inspiração no direito comparado, conforme se tratar de questões de direito, de fato, ou decisões discricionárias, limitando a reversibilidade destas duas últimas. Por meio de tais *standards*, valoriza-se o trabalho realizado no primeiro grau de jurisdição pela diminuição da reforma de sentenças razoáveis, com grandes ganhos para a celeridade do processo, redução da recorribilidade, otimização da divisão de tarefas entre o primeiro e segun-

---

(1) No mesmo sentido CLAUS, Ben-Hur Silveira; LORENZETTI, Ari Pedro; FIOREZE, Ricardo; ROSSAL, Francisco R. de Araújo; MARTINS-COSTA, Ricardo; AMARAL, Márcio Lima do. *A Função Revisora dos Tribunais:* A Questão do Método no Julgamento dos Recursos de Natureza Ordinária. In: Revista do Tribunal Regional do Trabalho da 14ª Região, v. 6, p. 179 (2010). Disponível em: <http://legado.trt14.jus.br/Documentos/Revista_TRT14_2010_n1.pdf>

(2) VIEIRA DE MELLO FILHO, Luiz Philippe. *Considerações sobre a Lei n. 13.015/14:* uniformização da jurisprudência dos Tribunais Regionais. Palestra proferida na Escola Judicial do TRT da 4ª Região em 20/08/2015. Arquivada em vídeo na intranet da Escola Judicial, <http://ead.trt4.jus.br/course/view.php?id=1106> (acesso em: out. 2015).

do graus. Mantém a revisão irrestrita (*de novo*) dos entendimentos de direito como é feito hoje, já que a função dos tribunais é justamente unificar a jurisprudência, e já que a estabilização da jurisprudência reduz a litigiosidade. No entanto, a conclusão sobre a verdade dos fatos a que chega o juiz de primeiro grau, que está mais próximo de tais fatos, só é reformada se "claramente errônea" (*clearly erroneous*). Da mesma forma, para decisões discricionárias, em que a lei permite uma gama de escolhas legítimas, geralmente procedimentais ou arbitramentos, tais decisões do julgador originário não podem ser substituídas no segundo grau, salvo se arbitrárias (*abuse of discretion*), ou seja, quando tais decisões estejam fora da gama de escolhas permitidas pela lei. Não há reforma em caso de mera discordância de uma solução razoável dada pelo juízo *a quo* em tais matérias, e a apelação constitui método de correção de erros de julgamento, não uma segunda chance para o que jurisdicionado lotericamente tente obter uma opinião diferente, a despeito do acerto técnico da decisão recorrida.

O presente artigo analisa a harmonia de tais institutos do direito comparado com o ordenamento brasileiro, verificando a possibilidade de uso dos mesmos, sem alteração legislativa, no intuito de contribuir para a celeridade e efetividade do processo. Primeiro, verificaremos o contexto normativo pátrio acerca de tal matéria, examinando-se a inexistência de norma específica que regule o método de decisão de recursos ou limites à reforma das decisões recorridas. Veremos que tal ausência de limites acaba por resultar em elevado índice de reformas, contribuindo para o aumento da quantidade de recursos, ainda que temerários, e portanto para a sobrecarga do Judiciário e retardamento da solução das lides. Proporemos a adoção dos *standards* de revisão recursal como uma modalidade de valorização do primeiro grau de jurisdição, que se coaduna com o vetor axiológico enunciado na Política Nacional de Atenção Prioritária ao Primeiro Grau de Jurisdição, conforme Resolução n. 194/2014 do Conselho Nacional de Justiça – CNJ. Proporemos ainda que tais padrões inspirem a limitação do âmbito da revisão recursal em nosso direito processual, focando cada grau de jurisdição nas tarefas para as quais está melhor situado, reduzindo recorribilidade, julgando com mais celeridade e eficiência. Discutiremos o funcionamento destes padrões no direito comparado e como operariam em nosso sistema em relação a questões de direito, a decisões discricionárias, a conclusões de fato, e à subsunção dos fatos concretos ao direito. Finalmente, veremos que inexiste impedimento legal ou constitucional ao uso de *standards* restritivos da revisão recursal no processo civil brasileiro, antes pelo contrário estando em harmonia com as recentes reformas processuais do sistema recursal, inclusive CPC 2015, e com a Política Nacional de Atenção Prioritária ao Primeiro Grau de Jurisdição do CNJ.

Este breve trabalho nem de longe possui a pretensão de exaurir, mas tão somente o de fomentar o debate acerca de tão intrincado e sensível tema, divulgando algumas técnicas de julgamento existentes no direito comparado e que poderiam contribuir para a otimização de nosso processo, dentro do ambiente de profundas reformas processuais que temos vivido.

II. CONTEXTO ATUAL – PANORAMA NORMATIVO E CONSEQUÊNCIAS PRÁTICAS

Ausência de limites à reversibilidade – Não há no ordenamento brasileiro previsão expressa de critérios de reforma que preservem as decisões de primeiro grau razoáveis

Enquanto que na cultura jurídica norte-americana está sedimentada a ideia de que a decisão de primeiro grau põe fim ao processo, salvo em caso de erro,[3] e que a função dos tribunais não é repetir o mister da primeira instância, mas unificar o direito e corrigir erros graves, a cultura jurídica pátria caminha no sentido contrário.[4] No Brasil, as partes têm apelado simplesmente para ter uma segunda chance, não sendo necessário apontar um erro, seja quanto às questões de fato, seja quanto ao direito. Em função da irrestrita revisão recursal, os tribunais frequentemente tendem a ignorar as decisões razoáveis dos juízes *a quo*, substituindo-as pelas que teriam prolatado caso tivessem sido o juiz de primeiro grau da causa.[5] Tal mecânica ignora o fato de que toda a aplicação do direito implica em algum nível de subjetividade e discricionariedade, e que a função dos tribunais é revisar a decisão de primeiro grau, e não prolatar nova sentença, como já referiram *Claus et al*.

Em que pese ao irrecusável caráter hermenêutico da aplicação do direito corporificado na sentença, alguns acórdãos parecem mais uma nova sentença do que um ato de revisão, pois praticamente ignoram a decisão de primeiro grau; reescrevem a litiscontestação e examinam os fatos e

---

(3) Não se apela, no processo civil americano, sem indicar os pontos de erro da decisão recorrida (*points of error*).
(4) ROSENN, Keith S. Brazil. *Legal Systems of the World: a Political, Social, and Cultural Encyclopedia*, v. 1, p. 191, 2002.
(5) FRAGA, Ricardo Carvalho; VARGAS, Luiz Alberto de. Fatos e Jurisprudência: Reflexões Iniciais. In: *Revista Jus Navigandi*, Teresina, ano 9, n. 541, 30 dez. 2004. Disponível em: <http://jus.com.br/artigos/6119> e <http://www.lavargas.com.br/fatos.html>.

a prova como se o tribunal fosse o primeiro destinatário da prova e do debate processual; como se o laborioso trabalho que resultou na sentença pudesse ser desconhecido. Tal atitude decorre de uma compreensão equivocada acerca do que seja a função revisora dos tribunais (objeto), equívoco que se comunica ao modo de proceder no julgamento do recurso (método).[6]

Tanto o Código de Processo Civil de 1973 (CPC 1973) quanto o CPC 2015 são silentes acerca do método de revisão recursal, limitando-se a mencionar os efeitos devolutivo e suspensivo.[7] O efeito suspensivo impede que se inove no processo, salvo por execução provisória,[8] enquanto que o efeito devolutivo remete ao tribunal o conhecimento da matéria impugnada.[9] Em que pese a abrangência do recurso esteja limitada às matérias suscitadas no recurso, a revisão recursal abrange questões suscitadas no processo e não julgadas por inteiro,[10] ou o imediato julgamento de questões quando da reforma uma sentença que extinguiu o processo sem resolução do mérito ("causa madura").[11] Na Consolidação das Leis do Trabalho (CLT), da mesma forma inexiste previsão quanto a critérios ou limites à reversibilidade das decisões de primeiro grau. Não havendo balizas expressas que imponham alguma deferência[12] às decisões de primeiro grau, os tribunais substituem as conclusões do primeiro grau pelas suas.[13]

Com iguais poderes aos que o juiz originário tinha quando julgou a causa,[14] a ampla devolutibilidade do sistema recursal brasileiro nos recursos de natureza ordinária implica numa revisão que não se limita à arguição de ilegalidade, permitindo a rediscussão da valoração da prova ou da justiça do julgado.[15] Não há uma presunção de que a decisão recorrida está correta.[16] Como a maior parte da prova é reduzida a termo, o tribunal tende a se considerar tão bem posicionado quanto o juiz originário para sopesar a prova, subestimando a importância do contato direto com a prova oral.[17]

O absurdo lógico de se desvalorizar a decisão de primeiro grau é comprovado com uma singela comparação com o ato administrativo. Um ato administrativo, por ser emanado de agentes do Estado, detentores de parcela do poder de império estatal, tem como característica a *presunção de legitimidade*, ou seja, a presunção (relativa) de que "nasceram em conformidade com as devidas normas legais".[18] No entanto, a sentença de primeiro grau, exarada por um agente político, órgão de um dos três poderes da República, *ultima ratio* para a solução dos problemas da sociedade brasileira e que revisa até mesmo os referidos atos administrativos, não tem recebido a mesma presunção de acerto que qualquer ato administrativo possui. Trata-se, no mínimo, de uma subversão de valores.

A situação do Brasil, de ausência de deferência às decisões de primeiro grau, não é um caso isolado. Tal situação é comum a outros países da família do direito continental europeu, ou *civil law*.[19] Em tal tradição, tem sido comum que se admita apelação para a mera reconsideração de questões de direito e de fato, com o tribunal reexaminando a prova e chegando independentemente à sua conclusão quanto à verdade dos fatos e suas consequências legais.[20]

---

(6) CLAUS, Ben-Hur Silveira; LORENZETTI, Ari Pedro; FIOREZE, Ricardo; ROSSAL, Francisco R. de Araújo; MARTINS-COSTA, Ricardo; AMARAL, Márcio Lima do. A Função Revisora dos Tribunais: A Questão do Método no Julgamento dos Recursos de Natureza Ordinária. In: *Revista do Tribunal Regional do Trabalho da 14ª Região*, v. 6, p. 179-80 (2010). Sobre o assunto ver também artigo dos mesmos autores "A Função Revisora dos Tribunais – A Questão da Valorização das Decisões de Primeiro Grau – Uma Proposta de Lege Ferenda: A Sentença Como Primeiro Voto no Colegiado." *Revista do Tribunal Regional do Trabalho da 14ª Região*, v. 6. n. 2, p. 597, jul/dez de 2010. Ver ainda CLAUS, Ben-Hur Silveira. A Função Revisora dos Tribunais Diante da Sentença Razoável. *Revista do Tribunal Regional do Trabalho da 4ª Região*, n. 40, p. 57, 2012.

(7) CPC 2015, art. 1.012, § 1º; CPC 1973, art. 520.

(8) CPC 2015, art. 1.012, § 1º; CPC 1973, art. 521.

(9) CPC 2015, art. 1.013; CPC 1973, art. 515. No processo do trabalho, entretanto, o efeito suspensivo é excepcional, conforme CLT, art. 899.

(10) CPC 2015, art. 1.013, § 1º; CPC 1973, art. 515, § 1º.

(11) CPC 2015, art. 1.013, § 3º; CPC 1973, art. 515, § 3º.

(12) No sentido de atenção, consideração, presunção relativa de acerto.

(13) CPC 2015, art. 1.008; CPC 1973, art. 512.

(14) SANTOS, Moacir Amaral. *Primeiras Linhas de Direito Processual Civil*, v. 3, 7. ed. 1984. p. 110.

(15) NERY JUNIOR, Nelson; NERY, Rosa Maria de Andrade. *Código de Processo Civil Comentado*, 11. ed. 2010. p. 887, 893. No mesmo sentido LEITE, Carlos Henrique Bezerra. *Curso de Direito Processual do Trabalho*. 3. ed. 2005, p. 565; e SCHIAVI, Mauro. *Manual de Direito Processual do Trabalho*. 7. ed. 2014. p. 804.

(16) ROSENN, Keith S. Civil Procedure in Brazil, *American Journal of Comparative Law*, v. 34, p. 508, 1986.

(17) *Ibidem*.

(18) CARVALHO FILHO, José dos Santos. *Manual de Direito Administrativo*. 13. ed. 2005. p. 98.

(19) HERZOG, Peter E.; KARLEN, Delmar Karlen. Attacks on judicial decisions. *In International Encyclopedia of Comparative Law*, Civil Procedure v. 16, § 8.87, 1982.

(20) MERRYMAN, John Henry; PEREZ-PERDOMO, Rogelio. *The Civil Law Tradition*. 3. ed. 2007. p. 121.

O problema – Desvalorização das decisões de primeiro grau – Excessiva recorribilidade, sobrecarga, protelação, desperdício

No Brasil, a elevadíssima recorribilidade sobrecarrega todo o sistema. A ampla maioria das decisões de primeiro grau são objeto de recurso,[21] com elevada taxa de reforma. A ausência de limites mais estritos à reforma de tais decisões é um dos fatores que, dentre vários outros, leva a tal panorama. Em contraste, e.g., na justiça federal americana, de 375.870 processos ajuizados em 2013, 56.475 foram objeto de apelação (15%)[22] e, dentre esses, apenas 12-14% das apelações não-criminais foram providas.[23]

Existem vários "culpados" pela excessiva recorribilidade, por exemplo: a pletora de recursos facultada pela legislação,[24] permitindo múltiplos e sucessivos recursos; a falta de unidade e estabilidade da jurisprudência, permitindo a exploração dos dissensos entre as cortes pelos recorrentes;[25] o relativamente baixo custo para recorrer; e a rara e insuficiente imposição das penalidades por má fé processual.[26] Não obstante, dentre tais fatores, a não limitação da revisão recursal em nosso ordenamento, a qual ainda não foi objeto de nenhuma tentativa de reforma, pode ser considerada um dos principais fatores do congestionamento de nossas cortes:

> O resultado que decorre da utilização desse método de apreciação do recurso só pode ser o incremento no número de reformas das sentenças de primeiro grau. E não pode ser diferente. O próprio método induz à reforma da sentença, porquanto não atenta para um pressuposto ínsito ao fenômeno jurídico: desconsidera que o caráter hermenêutico da aplicação do direito implica natural discricionariedade do juiz no julgamento da causa.[27]

Em que pese muitos desembargadores, reconhecendo a natural diferenciação de funções entre primeiro e segundo graus, partam de criteriosa análise da sentença para reformá-la apenas se efetivamente encontrado erro, outros ignoram completamente a sentença, como se ela nunca tivesse existido. Como já mencionado acima, neste último caso, as decisões do tribunal se assemelham a uma nova sentença, analisando os argumentos das partes e valorando a prova, por vezes sequer mencionando a sentença recorrida, mantendo-a apenas se esta eventualmente coincidir com a conclusão a que independentemente chegou o órgão revisor, por mera obra do acaso.[28]

Tal desvalorização das decisões de primeiro grau cria excessivos incentivos ao recurso. As partes sucumbentes enxergam no recurso uma elevada chance de êxito, com baixo custo ou risco.[29] Afinal, a mera discordância do juízo *ad quem* de uma decisão tecnicamente correta do juízo de origem quanto à verdade dos fatos ou quanto ao exercício de discricionariedade (*e.g.*, o arbitramento de uma indenização ou de uma multa processual) é o suficiente para a reforma.

Ademais, a repetição em sede recursal de trabalho similar ao do primeiro grau é matematicamente impossível. Se desembargadores constituem cerca de 14% da totalidade dos juízes no Brasil,[30] e considerando que a maioria das sentenças são objeto de recurso, como podem arcar com o mesmo trabalho que seis vezes mais colegas de primeiro grau esforçadamente desempenham? Com aumento da delegação? O resultado matemático inexorável de tal pletora de recursos é que, ou haverá mais demora nos julgamentos, ou

---

(21) BARRAL, Welber; MACHADO, Rafael Bicca. Civil Procedure and Arbitration. In: *Introduction to Brazilian Law*, p. 183, 2011.
(22) UNITED STATES COURTS, *Judicial Caseload Indicators*, 2013. Disponível em: <http://www.uscourts.gov/statistics-reports/judicial-caseload-indicators-judicial-business-2013> Acesso em: 6 dez. 2015.
(23) UNITED STATES COURTS, *Judicial Business*, 2014. Disponível em <http://www.uscourts.gov/statistics/table/b-5/judicial-business/2014/09/30> Acesso em: 6 dez. 2015.
(24) CPC 2015, art. 994; CPC 1973, art. 496; CLT, art. 893.
(25) Tal é historicamente um problema em nosso ordenamento, que vem sendo combatido com as últimas reformas no processo civil, as quais culminaram a edição do CPC 2015, bem como, no âmbito trabalhista, com a edição da Lei n. 13.015/2014.
(26) *C.f.* BARRAL, Welber; MACHADO, Rafael Bicca. Civil Procedure and Arbitration. *In: Introduction to Brazilian Law*. 2011. p. 183.
(27) CLAUS, Ben-Hur Silveira; LORENZETTI, Ari Pedro; FIOREZE, Ricardo; ROSSAL, Francisco R. de Araújo; MARTINS-COSTA, Ricardo; AMARAL, Márcio Lima do. *A Função Revisora dos Tribunais:* A Questão do Método no Julgamento dos Recursos de Natureza Ordinária. In: *Revista do Tribunal Regional do Trabalho da 14ª Região*, v. 6, p. 179-80 (2010). Disponível em: <http://legado.trt14.jus.br/Documentos/Revista_TRT14_2010_n1.pdf>.
(28) De forma similar pensam, CLAUS, LORENZETTI, FIOREZE, ROSSAL, COSTA e AMARAL, *op. cit.*
(29) Na seara trabalhista, os autores estão geralmente acobertados pela gratuidade de justiça. Logo, ante a baixíssimo risco de penalização por recursos infundados e a elevada taxa de reversibilidade, tal equação sempre recomendará que se recorra. Do lado dos reclamados – salvo pelas condenações de pequena monta, onde o depósito recursal é em regra um suficiente desestímulo ao recurso temerário – a equação não é diferente: a elevada chance de êxito e o baixo custo ou risco encorajará que se recorra (quase) sempre, a despeito do quão correta ou razoável a sentença seja. Em decorrência, processos que poderiam findar muito antes se arrastam por anos, sobrecarregando o Judiciário em primeiro e segundo graus.
(30) CONSELHO NACIONAL DE JUSTIÇA – CNJ. *Justiça em Números*, p. 32, 2013. Disponível em: <ftp://ftp.cnj.jus.br/Justica_em_Numeros/relatorio_jn2015.zip> Acesso em: 2 nov. 2015.

haverá a delegação de tarefas a múltiplos assessores. Em qualquer destas hipóteses, o excesso de recursos prejudica o sistema, massificando os julgamentos e reduzindo o tempo e profundidade que o magistrado de segundo grau pode dedicar a cada recurso.

Os novos institutos de unificação de jurisprudência e vinculação aos precedentes constituem uma tentativa de minorar o problema acima. No entanto, se a cultura jurídica de desvalorização das decisões de primeiro grau remanescer, a unificação de precedentes não será suficiente para o enxugamento dos recursos, pois mesmo que o juízo de primeiro grau siga os precedentes unificados, suas conclusões de fato ou decisões discricionárias continuariam expostas a fácil reforma, encorajando a recorribilidade.

Uma das principais justificativas para o direito ao recurso é sua função de salvaguarda procedimental, a fim de proteger o jurisdicionado de decisões de primeiro grau equivocadas ou injustas.[31] Não faz sentido, entretanto, tentar atingir tal meta por meio de uma revisão recursal ilimitada, tão sujeita a erros quanto o julgamento de primeiro grau. Na lição de Mauro Cappelletti, "o excesso de garantias se volta contra o sistema," já que a maior demora do processo decorrente da alta recorribilidade afeta desproporcionalmente os economicamente mais frágeis.[32] Assim, sob este paradoxo, o excesso de salvaguardas do sistema prejudica justamente a quem mais deveria proteger.

A irrestrita revisão das conclusões de fato pelos tribunais, sem a necessária deferência ao que o juízo *a quo* entendeu como sendo a verdade dos fatos, milita contra o princípio da imediação, segundo o qual juiz tem contato direto com as partes e testemunhas na colheita da prova, princípio que opera em conexão ainda com o princípio da oralidade e concentração de atos em audiência. A revisão ampla e irrestrita dos achados de fato (*fact findings*) exclusivamente com base nos registros escritos da prova oral colhida sacrifica a imediatidade do contato entre o juiz e a prova, já que o colegiado de um tribunal não tem como se colocar na posição do juiz singular, para coletar diretamente as mesmas impressões. Em tal sentido, referem Fraga e Vargas que

> essa transmigração é impossível. Por melhor que os registros de ata reproduzam os depoimentos de partes e testemunhas, jamais poderão transmitir a realidade complexa ocorrida na sala de audiência que somente o juiz, *in loco* pode captar.[33]

Assim, em razão da posição privilegiada do juiz de primeiro grau, por exemplo, para avaliar a credibilidade das testemunhas, suas conclusões de fato deveriam ser mantidas, salvo em casos excepcionais, em que tais conclusões não fossem razoáveis, à vista da prova nos autos.

Quanto a decisões de cunho discricionário, o mesmo raciocínio se aplica, já que raramente a lei comporta apenas uma solução correta para o caso concreto. Aqui não se cogita do termo discricionariedade no sentido de estrito juízo de conveniência e oportunidade do direito administrativo. Tampouco nos referimos aqui à discricionariedade hermenêutica ou à diversidade de possíveis soluções na qualificação jurídica dos fatos à luz da norma, respectivamente questões de direito e "questões mistas", que serão abordadas em tópico próprio abaixo. Referimo-nos aqui, às situações em que o direito está sedimentado e os fatos já qualificados juridicamente, mas ainda assim o direito permite ao julgador a escolha dentre mais de uma opção válida, ponderando os vários fatores do caso concreto. Alguns exemplos típicos são o indeferimento de provas tidas como desnecessárias ou impertinentes, a aplicação e dosimetria de penalidades processuais, e os arbitramentos, seja de indenizações, seja de parâmetros fáticos omitidos na prova (por exemplo, a jornada de trabalho média em meses para os quais não foram juntados os registros de ponto).

Hipoteticamente, se o acórdão reduz para R$ 4.000,00 uma indenização que havia sido arbitrada pelo juízo de primeiro grau em R$ 5.000,00, qual erro foi corrigido? A fixação da indenização em R$ 5.000,00 estava incorreta, não era razoável? Era abusiva ou arbitrária? Provavelmente não. Em tal hipótese houve a mera substituição da discricionariedade do juízo *a quo*, pela discricionariedade do juízo *ad quem*, sem ganho significativo para o sistema, mas com o prejuízo de estimular a recorribilidade em face de decisões razoáveis, com o correspondente retrabalho e sobrecarga das cortes.

Por outro lado, quando se reforma uma penalidade processual aplicada pelo primeiro grau, reduz-se a legitimidade e efetividade das tentativas de coibir malícia processual ou procrastinação. Atualmente,

---

(31) SCHIAVI, Mauro. *Manual de Direito Processual do Trabalho*. 7. ed. 2014. p. 804.
(32) CAPPELLETTI, Mauro. *Processo, Ideologias e Sociedade*. 1973. p. 278-79. Citado por CLAUS, Ben-Hur Silveira et al. *A Função Revisora dos Tribunais*: A Questão do Método no Julgamento dos Recursos de Natureza Ordinária. In: Revista do Tribunal Regional do Trabalho da 14ª Região, v. 6, p. 186-89 (2010). Disp. em: <http://legado.trt14.jus.br/Documentos/Revista_TRT14_2010_n1.pdf>.
(33) FRAGA, Ricardo Carvalho; VARGAS, Luiz Alberto de. *Fatos e Jurisprudência*: Reflexões Iniciais. In: Revista Jus Navigandi, Teresina, ano 9, n. 541, 30 dez. 2004. Disponível em: <http://jus.com.br/artigos/6119> e <http://www.lavargas.com.br/fatos.html>.

em sede recursal, ao invés de se presumir o acerto da decisão do juiz de primeiro grau (até mesmo por sua proximidade com a situação) impondo ao recorrente o ônus de demonstrar que o juiz foi arbitrário ou agiu ao arrepio da lei, tende-se a presumir a boa fé da parte sancionada, sem qualquer deferência à decisão de primeiro grau, cassando-se com frequência a aplicação de tais penalidades. Finalmente, decisões que indeferem, por irrelevantes ou desnecessárias provas periciais ou testemunhais são frequentemente reformadas, ainda que o indeferimento tenha sido tecnicamente defensável, nada obstante o amplo poder de condução do processo conferido ao magistrado pelo subsistema procedimental laboral, no art. 765 da CLT.

Assim, parte significativa do poder-dever do juiz de "velar pela rápida solução do litígio" e de "prevenir ou reprimir qualquer ato contrário à dignidade da justiça"[34] é transferido para o segundo grau, transformando o primeiro grau em um rito de passagem.

III. STANDARDS DE REVISÃO RECURSAL (STANDARDS OF APPELLATE REVIEW) NO DIREITO AMERICANO

No *common law*, o problema acima é solucionado com o uso dos *standards* de revisão recursal (*standards of appellate review*). O *standard of review* é "o nível de deferência dado pela corte revisora à decisão ou ato de outro juízo"[35], uma régua que define a profundidade da revisão recursal e aloca funções entre os atores judiciais.[36] Assim, a reversibilidade das decisões de primeiro grau é limitada por tais *standards*, demandando das cortes recursais o exercício de autolimitação (*self-restraint*) ao prolatar suas decisões.[37] Observe-se que o termo *standards* poderia ser substituído em português por critérios, níveis ou padrões (de revisão recursal). Utilizaremos neste artigo a palavra *standards* para facilitar a referência, bem como para evitar ambiguidades.

Leciona Peters que as razões geralmente suscitadas para o uso dos níveis de revisão recursal no sistema jurídico americano incluem o equilíbrio de poderes entre os juízes, a eficiência do sistema judiciário, uniformidade (*consistency*) e segurança jurídica (*predictability*). Enquanto que o juízo de primeiro grau está em melhor posição para ser o gestor da lide, observar diretamente a prova e se pronunciar quanto à verdade dos fatos, o juízo recursal estaria focado em verificar se o juízo *a quo* aplicou o direito corretamente.[38] *Standards of review* ajudam os juízes a respeitar os pontos fortes de cada instância, distribuindo poderes entre tais instâncias e levando a corte recursal a reconhecer que a decisão *a quo* deve ser a decisão final, salvo em caso de erro que cause prejuízo (*harmful error*). Adicionalmente, um *standard of review* de mais deferência à decisão de primeiro grau promove economia processual, evitando o desperdício de tempo e recursos humanos da corte de apelação, prevenindo a repetição do trabalho do julgador de primeiro grau, simplificando e racionalizando o procedimento recursal. Ainda, um procedimento padronizado de julgamento recursal ajuda na obtenção de uniformidade e consistência entre as decisões, já que cada órgão julgador vê a matéria recorrida sob a mesma ótica. Finalmente, os níveis de revisão recursal promovem a segurança jurídica, já que a parte interessada em recorrer sabe de antemão o que esperar no julgamento de seu recurso. Uma visão realista quanto às chances de êxito desestimula os recursos protelatórios e encoraja à conciliação.[39]

Conforme Casey, Camara e Wright, os *standards* de revisão recursal estão longe de serem uma fórmula com precisão matemática.[40] Muitas nuances de um espectro de hipóteses se subsumem a cada *standard*. Na maioria das jurisdições norte-americanas, quatro termos principais dividem tal espectro de possibilidades. Uma questão de direito passa por uma revisão *de novo*[41] (no sentido de nova, sem limitações), sem que a decisão recorrida, em tal parte, receba especial deferência ou presunção de acerto. Na revisão das conclusões de fato, um *standard* de mais deferência à decisão de primeiro grau é aplicado, só havendo reforma em caso de erro claro, se tal conclusão é "claramente errônea" (*clearly erroneous*).[42] A Suprema Corte americana já se manifestou sobre tal conceito, afirmando que

---

(34) CPC 2015, art. 139, II e III; CPC 1973, art. 125, II e III; CLT, art. 765.
(35) SARGENT, Walter H. The Meaning of Standard of Review. *In: Appellate Practice in Federal and State Courts*, § 3.01, 2014.
(36) GODBOLD, John C. Twenty Pages and Twenty Minutes: Effective Advocacy on Appeal. *Southwestern Law Journal*, v. 30, p. 810, 1976.
(37) PETERS, Amanda. The Meaning, Measure, and Misuse of Standards of Review. *Lewis & Clark Law Review*, v. 13, p. 235, 2009.
(38) Idem, p. 235-42.
(39) Ibidem.
(40) CASEY, Kevin; CAMARA, Jade; WRIGHT, Nancy. Standards of Appellate Review in the Federal Circuit: Substance and Semantics. *Federal Circuit Bar Journal*, v. 11, p. 284-86, 2002.
(41) Aqui não se trata de tradução, em que pese a coincidência de grafia na língua portuguesa. "De novo" é o termo efetivamente utilizado no jargão jurídico norteamericano, trazido do latim.
(42) Ibidem.

"um achado [conclusão de fato] é 'claramente errôneo' quando, mesmo havendo alguma prova que o ampare, o conjunto da prova leva a corte revisora à firme convicção de que um erro foi cometido."[43] Ainda mais deferência é dada às conclusões de fato emitidas por um júri, as quais são mantidas desde que amparadas em "prova substancial" (*substantial evidence*), bastando um "conjunto probatório que mentes razoáveis possam aceitar como adequado para amparar a conclusão."[44] Finalmente, o nível de revisão recursal mais leniente é o do "abuso de discricionariedade" (*abuse of discretion*), frequentemente utilizado para a revisão de questões processuais decididas pelo juízo de primeiro grau,[45] sendo tal decisão reformada apenas quando claramente foge à razoabilidade ou é arbitrária.[46]

Vejamos o *standard* aplicável conforme o tipo de questão recorrida.

1. Questões de direito – standard de revisão recursal de novo

No sistema judiciário americano, as determinações quanto à matéria estritamente de direito do juízo *a quo* não recebem deferência da instância superior, nível de revisão recursal que é chamado *de novo*. Para os recorrentes, este obstáculo parece ser o mais fácil de superar, teoricamente seria um novo começo, onde o debate recomeçaria do ponto inicial.[47] Tal termo, entretanto, não reflete totalmente a realidade, já que faz parecer que a matéria seria decidida "como se já não tivesse antes sido apreciada e decidida."[48] Revisão recursal *de novo* na realidade significa que a corte revisora tem o poder de chegar a uma conclusão diferente sem particular deferência à decisão *a quo*,[49] apreciando as decisões de direito de forma independente e reformando-as se entender que houve erro na aplicação do direito.[50] Na praxe norteamericana, uma corte de apelação não começa do zero. Antes pelo contrário inicia pela revisão cuidadosa do trabalho da corte de primeiro grau,[51] não podendo ser "simplesmente ignorada a sua visão dos efeitos legais do conjunto de fatos que lhe foi submetido."[52] Parte-se geralmente de uma presunção de que a decisão da corte inferior está correta, presunção esta que a maioria dos apelantes, nos Estados Unidos, não conseguem infirmar.[53] Adicionalmente, a reputação ou

---

(43) *United States v. United States Gypsum Co.*, 333 U.S. 364, 395 (1948): "A finding is 'clearly erroneous' when although there is evidence to support it, the reviewing court on the entire evidence is left with the definite and firm conviction that a mistake has been committed." Registro que as palavras em itálico são os nomes das partes, e que "333 U.S. 364, 395 (1948)" se encontra sob a forma padronizada de citação de decisões judiciais nos Estados Unidos, onde o primeiro número é o número do volume do repositório de jurisprudência, U.S. é a abreviação do nome do repositório (no caso "U.S. Reports", que trabalha apenas com casos da *Supreme Court*), o segundo número é a página do volume onde o caso inicia, o terceiro número é o *pinpoint citation* (página exata de onde a citação é extraída), e o ano é o da publicação. Se o tribunal fosse outro, eu não a *Supreme Court*, haveria ainda a indicação da abreviatura da corte dentro dos parênteses, junto com o ano (por exemplo, 9th Cir., ou *U.S. Court of Appeals for the 9th Circuit*). Manteremos deste artigo a forma padronizada de citação americana para que o leitor possa usar os mecanismos de busca da internet para obter a íntegra de tais casos, disponíveis em vários sites como <http://law.justia.com/cases/>, ou <caselaw.findlaw.com>.

(44) Conforme também manifestou a Suprema Corte americana, em *Universal Camera Corp. v. NLRB*, 340 U.S. 474, 477 (1951): "such relevant evidence as a reasonable mind might accept as adequate to support a conclusion."

(45) PETERS, Amanda. The Meaning, Measure, and Misuse of Standards of Review. *Lewis & Clark Law Review*, v. 13, p. 243, 2009.

(46) CASEY, Kevin; CAMARA, Jade; WRIGHT, Nancy. Standards of Appellate Review in the Federal Circuit: Substance and Semantics. *Federal Circuit Bar Journal*, v. 11, p. 284-86, 2002.

(47) SARGENT, Walter H. The Meaning of Standard of Review. In: *Appellate Practice in Federal and State Courts*, § 3.04, 2014.

(48) "...as if it had not been heard before and no decision had been rendered." CASEY, Kevin; CAMARA, Jade; WRIGHT, Nancy. Standards of Appellate Review in the Federal Circuit: Substance and Semantics. *Federal Circuit Bar Journal*, v. 11, p. 291, 2002.

(49) *Ibidem*.

(50) CHILDRESS, Steven Alan. Standards of Review Primer: Federal Civil Appeals. *Federal Rules Decisions*, v. 229, p. 274, 2005.

(51) *Key Pharms. v. Hercon Labs. Corp.*, 161 F.3d 709, 713 (Fed. Cir. 1998), citado em CASEY, Kevin; CAMARA, Jade; WRIGHT, Nancy. Standards of Appellate Review in the Federal Circuit: Substance and Semantics. *Federal Circuit Bar Journal*, v. 11, p. 291, 2002.

(52) Conforme decisão da corte federal de apelação *US Court of Appeals for the Federal Circuit*, situada em Washington DC no caso *Fina Research, S.A. v. Baroid Ltd.*, 141 F.3d 1479, 1481 (Fed. Cir. 1998): "'[T]he district court's 'view of the legal effect of the fact pattern before it is not to be lightly disregarded.'" Nos Estados Unidos existem 13 cortes de apelação federais, logo abaixo da *U.S. Supreme Court*. São 12 *U.S. Courts of Appeals* para os 12 "circuitos" regionais, que revisam a aplicação da lei pelas cortes federais de primeiro grau (*U.S. District Courts*, divididas nacionalmente em 94 "distritos") dentro da respectiva área geográfica de tais "circuitos". A décima terceira *Court of Appeals* está vinculada ao chamado *Federal Circuit*, com jurisdição em todo o território dos Estados Unidos e competência recursal para matérias especiais, como patentes, comércio internacional e grande parte das ações em face do governo federal. Em tal sentido ver <http://www.uscourts.gov/about-federal-courts/court-role-and-structure> Acesso em: 4 dez. 2015.

(53) SARGENT, Walter H. The Meaning of Standard of Review. In: *Appellate Practice in Federal and State Courts*, § 3.04, 2014. Conforme já mencionado, na justiça federal americana, de 375.870 processos ajuizados em 2013, 56.475 foram apelados (15%) e, dentre estes, apenas 12-14% das apelações não-criminais foram providos, demonstrando estatisticamente a força das presunções debatidas acima. UNITED STATES COURTS, *Judicial Caseload Indicators*, 2013, disponível em <http://www.uscourts.gov/statistics-reports/judicial-caseload-indicators-judicial-business-2013> Acesso em: 6 dez. 2015; UNITED STATES COURTS, *Judicial Business*, 2014. Disponível em: <http://www.uscourts.gov/statistics/table/b-5/judicial-business/2014/09/30> Acesso em: 6 dez. 2015.

especialização de um determinado juiz pode inclinar o tribunal a revisar as conclusões de direito de tal juiz com maior ou menor confiança,[54] sendo que uma sentença bem escrita que examine aprofundadamente o direito pertinente pode ser muito persuasiva.[55]

a. Conclusões de fato do juiz – standard de revisão recursal clearly erroneous

No processo civil federal norteamericano (e geralmente nas regras processuais estaduais, que diferem pouco do processo federal), as "conclusões de fato, tanto as baseadas em prova oral ou quanto em outras provas, não deverão ser afastadas salvo se 'claramente errôneas', e a corte revisora deverá dar a necessária consideração à oportunidade que o juízo de primeiro grau teve para examinar a credibilidade da testemunha".[56] Como já mencionado acima, "um achado [conclusão de fato] é 'claramente errôneo' quando, mesmo havendo alguma prova que o ampare, o conjunto da prova leva a corte revisora à firme convicção de que um erro foi cometido".[57] A corte revisora não deve afastar tal conclusão do juízo recorrido "simplesmente porque está convencida de que teria decidido o caso diferentemente".[58] Se a conclusão é razoável à luz da prova dos autos, a corte de apelação

> não pode revertê-la, embora convencida de que, se tivesse sido o juiz originário, teria sopesado a prova de forma diferente. Onde há duas visões admissíveis sobre o conjunto probatório, a escolha do juiz originário por uma delas não pode ser claramente errônea.[59]

Tal se aplica também quanto a provas físicas ou documentais, não apenas à credibilidade de testemunhas. A deferência às conclusões de fato das cortes de primeiro grau americanas não se dá tão somente por sua posição privilegiada para avaliar credibilidade, mas também por seu *expertise* (no sentido de especialização) na descoberta da verdade fática e pela divisão de trabalho entre as cortes, evitando a duplicação de esforços. No entanto, a Suprema Corte americana tem reconhecido que ainda mais deferência é devida, sob o *standard* "claramente errôneo", às decisões de fato que envolvem a apreciação de credibilidade de testemunhas.[60]

A questão, sob o *standard* "claramente errôneo", não é se as conclusões de fato estavam corretas, mas sim se elas estavam claramente erradas. Como é um *standard* muito brando para com a decisão recorrida, se as conclusões de fato desfavoráveis se derem em área do direito já pacificada, há muito pouca chance de provimento da apelação. Para ter êxito, um recorrente teria de mostrar que a conclusão de fato recorrida "não tem qualquer ligação racional com o conjunto probatório, ou que o vasto peso da prova torna a conclusão certamente errada. Tais circunstâncias são raras."[61]

b. Conclusões de fato do júri – standard de revisão recursal substantial evidence

Enquanto o *standard* de revisão "claramente errôneo" se aplica às conclusões de fato exaradas por um juiz, as conclusões de fato constantes de um veredito do júri são de reversibilidade ainda mais rara, submetidas ao *standard* chamado "prova substancial" (*substantial evidence*).[62] Embora inexista júri no processo civil brasileiro, a presente nota se faz útil para a compreensão do conjunto do sistema dos *standards of review*, como aplicados no direito americano.

A conclusão sobre a verdade dos fatos de um júri, nos Estados Unidos, é em regra soberana, por força da Sétima Emenda à Constituição americana, de 1792, que prescreve que "nenhum fato julgado pelo

---

(54) SARGENT, Walter H. The Meaning of Standard of Review. In: *Appellate Practice in Federal and State Courts*, § 3.04, 2014.

(55) CASEY, Kevin; CAMARA, Jade; WRIGHT, Nancy. Standards of Appellate Review in the Federal Circuit: Substance and Semantics. *Federal Circuit Bar Journal*, v. 11, p. 290, 2002.

(56) "[f]indings of fact, whether based on oral or other evidence, must not be set aside unless clearly erroneous, and the reviewing court must give due regard to the trial court's opportunity to judge the witnesses' credibility." Regras Federias de Processo Civil 52(a)(6). (*Federal Rules of Civil Procedure*, ou Fed. R. Civ. P., conforme abreviatura padronizada nos Estados Unidos, ou ainda FRCP).

(57) "A finding is 'clearly erroneous' when although there is evidence to support it, the reviewing court on the entire evidence is left with the definite and firm conviction that a mistake has been committed." *United States v. United States Gypsum Co.*, 333 U.S. 364, 395 (1948).

(58) "...simply because it is convinced that it would have decided the case differently." *Anderson v. City of Bessemer City*, 470 U.S. 564, 573-74 (1985), citado em SARGENT, Walter H. The Meaning of Standard of Review. In: *Appellate Practice in Federal and State Courts*, § 3.04, 2014.

(59) "...may not reverse it even though convinced that had it been sitting as the trier of fact, it would have weighed the evidence differently. Where there are two permissible views of the evidence, the factfinder's choice between them cannot be clearly erroneous." *Ibidem*.

(60) *Ibidem*.

(61) "...lack any rational connection to the record or that the vast weight of the evidence renders a finding certainly wrong. Such circumstances are rare." CASEY, Kevin; CAMARA, Jade; WRIGHT, Nancy. Standards of Appellate Review in the Federal Circuit: Substance and Semantics. *Federal Circuit Bar Journal*, v. 11, p. 299, 2002. Ver *supra* nota 53, acerca de estatísticas que ilustram a relativa raridade com que são reformadas as decisões de primeiro grau nos Estados Unidos.

(62) *Idem*, p. 307.

júri será reexaminado em qualquer corte dos Estados Unidos, salvo de acordo com as regras da *common law*."[63] Nos julgamentos por júri (*jury trials*), as questões de direito são decididas pelo juiz e a matéria de fato pelo júri,[64] com instruções do juiz quanto ao direito aplicável, dividindo-se o poder de julgar entre o juiz e o júri. Como parte da preservação de tal sistemática (*preservation clause*), nem juízes singulares nem cortes recursais podem reexaminar as questões de fato decididas pelo júri, salvo segundo critérios harmônicos com uma análise histórica das regras e exceções relativas ao júri do *common law* praticado à época da edição da Sétima Emenda.[65]

Tal garantia constitucional de preservação da instituição do júri está materializada infraconstitucionalmente, em nível federal, no art. 50 das Regras Federais de Processo Civil (*Federal Rules of Civil Procedure*, ou Fed. R. Civ. P., conforme abreviatura padronizada nos Estados Unidos, ou ainda FRCP). Uma conclusão de fato do júri não pode ser afastada, salvo se "inexistir amparo probatório legalmente suficiente para que um júri razoável chegue a tal conclusão," o que se examina a partir de "toda a prova dos autos, dela extraindo todas as inferências razoáveis que favoreçam o veredito do júri, sem avaliar a credibilidade de testemunhas ou valorar a prova."[66]

Tal teste de suficiência da prova é geralmente referido como "prova substancial" (*substantial evidence*). A prova é substancial, e portanto suficiente para dar suporte a um veredito do júri, se mesmo antes da avaliação de sua credibilidade (tarefa que pertence ao júri) o conjunto probatório pode ser razoavelmente considerado como adequado para amparar a conclusão de fato recorrida.[67] Tal não implica em grande quantidade ou força probatória, mas apenas prova suficiente para que mentes razoáveis possam discordar, dividindo-se entre os que entenderam que o júri errou, outros que o júri acertou. Em tal caso, se o júri adotou uma das conclusões razoavelmente possíveis a partir de tal prova, não há que se reformar a decisão do juízo de primeiro grau que adotou o veredito para prolatar sua decisão. Do contrário, se a prova que daria suporte ao veredito é irrisória, uma mera "centelha de prova",[68] então não há prova suficiente (substancial) e tal decisão deve ser reformada. O teste requer somente a razoabilidade da conclusão do júri. Se a conclusão de fato não é razoável, se nenhuma pessoa imparcial razoável poderia chegar à mesma conclusão, então a decisão é reversível.[69] Trata-se de uma garantia do sistema, para evitar sentenças baseadas em eventuais vereditos absurdos, sem qualquer suporte nas provas dos autos.

Uma observação importante aqui é que, tecnicamente, a decisão recorrida não é o veredito do júri, mas sim a decisão do juiz que indeferiu o pedido (*motion*)[70] de julgamento *non obstante veredicto* (JNOV),

---

(63) "no fact tried by a jury, shall be otherwise re-examined in any Court of the United States, than according to the rules of the common law." Sétima Emenda à Constituição dos Estados Unidos. Tal regra entrou em vigor em 1792, dentro do conjunto de emendas constitucionais conhecido como *Bill of Rights*, que explicitava os direitos do cidadão em face do Estado e objetivava inibir eventual tirania ou invasão das liberdades individuais. A Sétima Emenda, especificamente, visava a preservar o direito ao julgamento por júri naquelas hipóteses já reconhecidas no *common law* então praticado, evitando que o governo futuramente tentasse suprimi-lo ou desnaturá-lo.

(64) Fatos em sentido amplo, incluindo a verdade histórica dos fatos, bem como sua subsunção às categorias jurídicas informadas e orientadas pelo juiz presidente do júri.

(65) Em tal sentido, *Baltimore & Carolina Line v. Redman*, 295 U.S. 654, 657 (1935). Ressalve-se que aqui *common law* não é aplicado em sentido amplo, como um tradição jurídica ou família do direito, mas sim como o corpo de direito jurisprudencial, construído a partir dos casos concretos e precedentes vinculantes (pelo sistema *stare decisis*), portanto como o oposto de direito legislado (*statutory law*). Existe ainda uma terceira acepção para o termo *common law*, relativo à superada subdivisão do sistema anglo-saxão entre as cortes de *common law*, e as cortes de equidade (*equity*) ou de Chancelaria (*Chancery Courts*). As primeiras envolviam júri e com atribuição para julgar pedidos de condenação pecuniária, as últimas com julgamentos por juiz singular (*bench trial*), atribuição para exarar provimentos mandamentais e origem nos pedidos de julgamento por equidade feitos ao chanceler do do rei. A distinção entre *common law* e *equity* ainda é utilizada quando se referencia casos ou princípios de direito originados de um ou outro sistema.

(66) *Reeves v. Sanderson Plumbing Products, Inc.*, 530 U.S. 133, 149-51 (2000), citado em SARGENT, Walter H. The Meaning of Standard of Review. In: *Appellate Practice in Federal and State Courts*, § 3.04, 2014.

(67) Ver *Consolidated Edison Co. v. NLRB*, 305 U.S. 197, 229 (1938), citado em CASEY, Kevin; CAMARA, Jade; WRIGHT, Nancy. Standards of Appellate Review in the Federal Circuit: Substance and Semantics. *Federal Circuit Bar Journal*, v. 11, p. 308, 2002.

(68) "Scintilla of evidence."

(69) CHILDRESS, Steven Alan. Standards of Review Primer: Federal Civil Appeals. *Federal Rules Decisions*, v. 229, p. 283, 2005.

(70) SARGENT, Walter H. The Meaning of Standard of Review. In: *Appellate Practice in Federal and State Courts*, § 3.04, 2014.

(71) Na realidade existem três momentos em que o *standard* "prova substancial" é utilizado. O primeiro é antes do júri se reunir para dar o veredito. Após a apresentação das provas ao júri e razões finais, a parte pode arguir que não há "prova substancial" para que qualquer jurado razoável decida em favor da parte contrária, requerendo ao juiz (moving the court) a não submissão do caso à decisão do júri e que o próprio juiz emita um veredito direcionado (*directed verdict*, segundo a antiga nomenclatura do processo federal) ou julgamento como questão de direito (*judgement as a matter of law*, termo usado na nova redação do art. 50(a) das FRCP.). O segundo momento é até 28 dias após a sentença, quando a parte que teve indeferido o requerimento de veredito direcionado pode renovar a arguição de que não há "prova substancial" que razoavelmente ampare

onde arguida a insuficiência da prova que deu suporte ao veredito.⁽⁷¹⁾ Ainda que em sentido estrito se trate de uma decisão de direito, que seria revisada *de novo*, tal exame depende da avaliação da suficiência da prova pertinente por meio do *standard* "prova substancial," que é bastante brando, tornando improvável o êxito do recurso.⁽⁷²⁾

c. *Questões mistas de direito e de fato – standard de revisão recursal conforme a preponderância da análise do direito ou do fato*

Questões mistas de direito e de fato são "questões em que os fatos históricos são incontroversos ou já comprovados, o direito abstratamente aplicável não é controvertido, e o debate centra-se na subsunção dos fatos à hipótese legal ou, posto de outra forma, se a regra de direito, da forma como aplicada a tais fatos, foi ou não violada."⁽⁷³⁾ Assim, a questão mista é o que resta controvertido após o estabelecimento da verdade dos fatos e da pertinente regra de direito em abstrato – a aplicação de tal regra aos fatos do caso concreto.⁽⁷⁴⁾ Não há fórmula rígida sobre qual *standard* de revisão aplicar a questões mistas. Refere a Suprema Corte americana que

> uma revisão recursal com mais deferência [à decisão *a quo*] nas questões mistas de direito e de fato é cabível quando se afigurar que a corte de primeiro grau está melhor posicionada que a corte recursal para decidir a questão ou quando um escrutínio mais aprofundado em nada contribuiria para aclarar a doutrina jurídica."⁽⁷⁵⁾

Por exemplo, em casos que envolvem a aplicação da 8ª Emenda à Constituição americana,⁽⁷⁶⁾ a aferição de excessividade de uma multa requer a aplicação de um conceito constitucional aos fatos concretos, o que é revisado em sede recursal sob o *standard* "de novo."⁽⁷⁷⁾

Algumas cortes entendem que a aplicação do direito aos fatos é livremente refeita (*de novo*) no juízo *ad quem*. Entretanto, frequentemente a aplicação do direito aos fatos se confunde com a própria descoberta dos fatos, protegida de excessiva reversibilidade pelo art. 52(6) ⁽⁷⁸⁾ da FRCP.⁽⁷⁹⁾Assim, consoante a jurisprudência americana, questões mistas de direito e fato devem ser revisadas sem as restrições da FRCP 52(a) quando os fatos são claros ou incontroversos mas há necessidade de aprimoramento ou uniformização do direito, ou a regra jurídica é clara em abstrato mas toca em incerteza ou delicadas questões de interesse público no caso concreto. ⁽⁸⁰⁾ Em contraste, a aplicação de regra bem definida e interpretação pacificada sobre conjunto de fatos complexos, onde o registro da prova nos autos pode não ter captado toda a complexidade da informação, inclusive quanto à credibilidade da prova, a corte recursal geralmente está em posição menos privilegiada para revisar a caracterização jurídica de tais fatos históricos. A aplicação de tais regras de direito aos fatos em tais casos se equipara a inferências fáticas e sua revisão deve obedecer à limitação da FRCP 52(a), com reforma apenas no caso de ser "claramente errônea."⁽⁸¹⁾

---

o veredito, pedindo alternativamente o julgamento *non obstante veredicto* (JNOV – na nomenclatura mais recente, o pedido renovado de julgamento como questão de direito (renewed motion for judgment as a matter of law) ou um novo júri (*new trial*), tudo conforme o art. 50(b) das FRCP. Finalmente o *standard* "prova substancial" é novamente utilizado quando da apelação que questiona as decisões do juiz que denegaram o veredito direcionado e o JNOV.

(72) SARGENT, Walter H. The Meaning of Standard of Review. In: *Appellate Practice in Federal and State Courts*, § 3.04, 2014.

(73) "...questions in which historical facts are admitted or established, the rule of law is undisputed, and the issue is whether the facts satisfy the statutory standard, or to put it another way, whether the rule of law as applied to the established facts is or is not violated." *Pullman-Standard v. Swint*, 456 U.S. 273, 289 n.19 (1982).

(74) *United States v. McConney*, 728 F.2d 1195, 1200-02 (9th Cir. 1984) (en banc), citado em SARGENT, Walter H. The Meaning of Standard of Review. In: *Appellate Practice in Federal and State Courts*, § 3.04, 2014.

(75) "deferential review of mixed questions of law and fact is warranted when it appears that the district court is 'better positioned' than the appellate court to decide the issue in question or that probing appellate scrutiny will not contribute to the clarity of legal doctrine." *Salve Regina College v. Russell*, 499 U.S. 225, 233 (1991), citado em SARGENT, Walter H. The Meaning of Standard of Review. In: *Appellate Practice in Federal and State Courts*, § 3.04, 2014.

(76) "Não será exigida fiança excessiva, nem impostas multas excessivas, nem as punições cruéis ou incomuns" (*Excessive bail shall not be required, nor excessive fines imposed, nor cruel and unusual punishments inflicted*). Oitava Emenda à Constituição dos Estados Unidos.

(77) *United States v. Bajakajian*, 524 U.S. 321, 337 n.10 (1998), citado em CHILDRESS, Steven Alan. Standards of Review Primer: Federal Civil Appeals. *Federal Rules Decisions*, v. 229, p. 276, 2005.

(78) "Conclusões de fato, tanto as baseadas em prova oral ou quanto em outras provas, não deverão ser afastadas salvo se claramente errôneas,..." ("Findings of fact, whether based on oral or other evidence, must not be set aside unless clearly erroneous, ..."). FRCP 52(a)(6).

(79) *Miller v. Fenton*, 474 U.S. 104 (1985), citado em CHILDRESS, Steven Alan. Standards of Review Primer: Federal Civil Appeals. *Federal Rules Decisions*, v. 229, p. 276, 2005.

(80) CALLEROS, Charles Richard. Title VII and Rule 52(a): Standards of Appellate Review in Disparate Treatment Cases-Limiting the Reach of *Pullman-Standard v. Swint. Tulane Law Review*, v. 58, p. 425 (1983).

(81) *Idem*, p. 426.

d. Decisões discricionárias – standard de revisão recursal abuse of discretion

Ao decidir questões processuais – como conflitos na fase de "descoberta" (*discovery*),[82] – que envolve o calendário de audiência e outros atos processuais (*trial schedule*), pedidos de adiamento ou dilação de prazos (*motion for continuance*), protestos antipreclusivos (*objections*), deferimento de obrigações de fazer ou não fazer (*equitable relief*) ou sanções processuais (*sanctions*) – geralmente não há apenas uma decisão correta possível. O juízo de primeiro grau tem uma gama de alternativas permissíveis dentro da regra de direito aplicável e os tribunais ordinariamente privilegiam (*defer to*) a decisão discricionária *a quo*, salvo se a mesma se encontre fora do espectro de decisões permissíveis – quando então o juízo originário cometeu abuso de discricionariedade (*abuse of discretion*).[83]

O termo abuso de discricionariedade não implica má fé do julgador *a quo*, ou que a corte de apelação pode reformar apenas decisões teratológicas. Quer dizer, isto sim, que a corte revisora não reformará tal decisão meramente porque, dentre as várias decisões defensáveis, teria feito escolha diversa daquela do julgador original. Para que tenha havido abuso de discricionariedade, a corte de apelação deve ter a "definida e firme convicção de que a corte *a quo* cometeu um claro erro de julgamento na valoração dos fatores relevantes para a tomada da decisão recorrida."[84]

Uma corte de apelação norteamericana está predisposta a confirmar a decisão de natureza discricionária recorrida. O *standard* abuso de discricionariedade decorre do raciocínio de que a escolha das opções discricionariamente admissíveis devem ser deixadas para o juízo de primeiro grau, que tem maior conhecimento das partes e procedimentos registrados nos autos, bem como de que regras abstratas nunca poderão prever toda a infinita variedade de situações em que tais decisões podem surgir, havendo mais do que uma escolha correta.[85] Tipicamente, uma corte de apelação norteamericana reformará uma decisão discricionária do juízo que não ponderou os critérios ou pressupostos legais ao exercer a discricionariedade (por exemplo, deferiu ordem de fazer ou não fazer algo – *injuncton* – sem observar o tradicional teste de quatro partes do direito americano),[86] ou quando baseou sua decisão em um erro de direito ou de fato, ou ainda quando não explicitou as razões para sua decisão.[87] Enfim, a corte revisora não afere se a escolha do juízo *a quo* foi a melhor ou mais correta, apenas se foi abusiva ou arbitrária.

IV. APLICAÇÃO DOS *STANDARDS* DE REVISÃO RECURSAL AO PROCESSO CIVIL BRASILEIRO

1. Utilidade dos *standards* de revisão recursal para o aprimoramento do processo civil brasileiro

Para aferir a aplicabilidade dos *standards* de revisão recursal ao processo civil brasileiro, a primeira

---

(82) Descoberta (*discovery*), na instrução processual norteamericana, é a colheita preliminar de provas conduzida pelos próprios advogados, eventualmente supervisionada pelo juiz, de onde se origina a prova que será apresentada ao júri na audiência de julgamento (*trial*). De um lado, os advogados americanos possuem grandes poderes de instrução processual, podendo intimar partes, advogados e testemunhas, requisitar documentos e colher depoimentos fora da corte, bem como solicitar ao juiz a aplicação de sanções caso a outra parte, advogado ou testemunha não colabore. Tamanho poder é exercido com grande cautela pois, em contrapartida, tais advogados estão sujeitos à penalização sumária por *contempt of court* (com prisão ou multa), sem prejuízo de sanções penais e disciplinares severas. Abordaremos mais aprofundadamente o tema em trabalho específico comparando o sistema processual americano e brasileiro.

(83) SARGENT, Walter H. The Meaning of Standard of Review. *In: Appellate Practice in Federal and State Courts*, § 3.04, 2014. SARGENT baseia tal parte de sua explanação em dois casos da Suprema Corte americana, *National Hockey League v. Metropolitan Hockey Club*, 427 U.S. 639, 642, (1976) ("the question is not whether the appellate court would have taken the same action; it is whether the trial court abused its discretion in doing so") e *Pierce v. Underwood*, 487 U.S. 552, 559 n.1 (1988) ("It is especially common for issues involving what can broadly be labeled 'supervision of litigation' ... to be given abuse-of-discretion review").

(84) "...definite and firm conviction that the court below committed a clear error of judgment in the conclusion it reached upon a weighing of the relevant factors." *In re Josephson*, 218 F.2d 174, 182 (1st Cir. 1954), citado em SARGENT, Walter H. The Meaning of Standard of Review. *In: Appellate Practice in Federal and State Courts*, § 3.04, 2014.

(85) Ver CASEY, Kevin; CAMARA, Jade; WRIGHT, Nancy. Standards of Appellate Review in the Federal Circuit: Substance and Semantics. *Federal Circuit Bar Journal*, v. 11, p. 310, 2002.

(86) *Chrysler Motors Corp. v. Auto Body Panels of Ohio, Inc.*, 908 F.2d 951, 954 (Fed. Cir. 1990), citado em CASEY, Kevin; CAMARA, Jade; WRIGHT, Nancy. Standards of Appellate Review in the Federal Circuit: Substance and Semantics. *Federal Circuit Bar Journal*, v. 11, p. 311, 2002. No mencionado teste, o requerente de uma "injunção", na acepção americana da palavra, deve demonstrar: "(1) que sofreu ou sofrerá prejuízo irreparável; (2) que as tutelas disponíveis no 'direito' [no sentido da histórica dicotomia entre 'direito' e 'equidade' no sistema anglo-saxão, na qual 'direito' abrange obrigações de pagar e 'equidade' abrange as que envolvem ordens judiciais, seja as de fazer ou não fazer, intervenção judicial, *constructive trusts* (criação judicial de direitos na propriedade do réu) etc], como a condenação em pecúnia, são inadequados para compensar pela lesão; (3) que, considerando a ponderação dos sacrifícios do autor e do réu, uma tutela de 'equidade' é cabível; e (4) que o interesse público não será desservido por uma 'injunção' permanente." *eBay Inc. v. MercExchange, L.L.C.*, 547 U.S. 388, 391 (2006).

(87) CASEY, Kevin; CAMARA, Jade; WRIGHT, Nancy. Standards of Appellate Review in the Federal Circuit: Substance and Semantics. *Federal Circuit Bar Journal*, v. 11, p. 311, 2002.

questão é se seriam úteis – se ajudariam no atingimento das metas da lei processual, quais sejam, a obtenção de resultados justos, com celeridade e eficiência. A resposta é afirmativa.

Uma das principais deficiências dos sistemas jurídicos de *civil law* é o profundo desrespeito pelos juízes de primeira instância e a glorificação de tribunais recursais, um defeito não presente no sistema de direito comum anglo-saxão.[88] O pragmatismo que fundamenta os *standards* de revisão americanos aumentaria o respeito pelos fatos apurados pelo juízo *a quo* e focaria os recursos principalmente em erros de direito. No sistema americano importa mais aferir se o juízo *a quo* efetivamente errou do que decidir novamente a lide individual das partes.

Ainda que tais institutos não sejam parte da cultura jurídica brasileira atual, foram criados para enfrentar problemas similares aos constatados no processo civil pátrio. Uma divisão mais racional de tarefas entre os juízes de primeiro e segundo graus evitando o desperdício de esforços seria bem-vinda no Brasil, onde a maior parte das sentenças são recorridas, sobrecarregando o Judiciário. O sistema judicial brasileiro também seria beneficiado com o reconhecimento de que o juízo de primeiro grau está em melhor posição para a aferição de credibilidade de testemunhas, e que sua proximidade das partes e procedimentos recomendam a valorização de suas conclusões de fato e escolhas discricionárias razoáveis.[89] Como ocorre nos Estados Unidos, a redução da reversibilidade de decisões razoáveis desencorajaria recursos de pouco fundamento e filtraria os recursos mais fortes ou relevantes, economizando precioso tempo e recursos do Judiciário, que poderiam ser direcionados para uma maior atenção, aprofundamento e cuidado no julgamento dos recursos remanescentes.

Interpretação das regras de direito aplicáveis – questões de direito

Quanto ao *standard* "de novo", aplicado na revisão das questões de direito no processo civil americano, tal já é a praxe em geral no Brasil, onde a revisão recursal se dá sem qualquer deferência à decisão de primeiro grau. Tal *standard* deve ser mantido em relação às questões de interpretação do direito. Privilegiar diversas e possivelmente conflitantes interpretações de uma regra de direito, mesmo que todas sejam individualmente razoáveis, naturalmente resultaria em inconsistência e insegurança jurídica quanto ao significado e alcance de tal regra. Partes em situação fática similar, sob a mesma regra, obteriam resultados conflitantes em diferentes juízos, gerando o descrédito do Judiciário. A divergência de possibilidades interpretativas é algo natural no direito e a revisão por meio de recursos serve justamente para uniformizar tais entendimentos, assegurando, na medida do possível, tratamento igualitário aos cidadãos. A unificação da jurisprudência reduz a insegurança quanto à interpretação e alcance das normas, uma das maiores causas de litigiosidade.[90] Por tal razão, a revisão irrestrita (*de novo*) das questões de direito se impõe como necessária à interpretação uniforme da legislação nacional, em harmonia com o vetor legislativo que tem progressivamente aumentado os instrumentos de estabilização e unificação da jurisprudência, culminando com a edição da Lei n. 13.015/14 e do novo Código de Processo Civil, diplomas legais em que dispositivos de unificação e vinculação a precedentes colocam nosso sistema a meio caminho da tradição do *common law*.[91]

Decisões que envolvem margem de discricionariedade

Em relação a decisões discricionárias, a mudança de método de julgamento é extremamente necessária. Considerando que nem mesmo na tradição do *civil law* persiste a pretensão napoleônica de que o legislador seria capaz de redigir uma norma que fosse completa a ponto de abarcar todo o espectro de possíveis situações futuras, no caso concreto existem diversas situações em que o juiz terá de escolher entre mais de uma possibilidade de solução facultada pelo direito. As cortes revisoras deveriam intervir o mínimo necessário, apenas para coibir abusos.[92] O *standard*

---

(88) CAPPELLETTI, Mauro. *Processo, Ideologias e Sociedade*, p. 278-79, 1973. Citado por CLAUS, Ben-Hur Silveira et al. *A Função Revisora dos Tribunais: A Questão do Método no Julgamento dos Recursos de Natureza Ordinária*. In: Revista do Tribunal Regional do Trabalho da 14ª Região, v. 6, p. 186-89 (2010). Disponível em: <http://legado.trt14.jus.br/Documentos/Revista_TRT14_2010_n1.pdf>.

(89) *Ver* CASEY, Kevin; CAMARA, Jade; WRIGHT, Nancy. Standards of Appellate Review in the Federal Circuit: Substance and Semantics. *Federal Circuit Bar Journal*, v. 11, p. 310, 2002.

(90) *Ver* HERZOG, Peter E.; KARLEN, Delmar Karlen. Attacks on judicial decisions. *In International Encyclopedia of Comparative Law*, Civil Procedure v. 16, § 8.90, 1982.

(91) Em tal sentido VIEIRA DE MELLO FILHO, Luiz Philippe. *Considerações sobre a Lei n. 13.015/14: uniformização da jurisprudência dos Tribunais Regionais*. Palestra proferida na Escola Judicial do TRT da 4ª Região em 20/08/2015. Arquivada em vídeo na intranet da Escola Judicial, <http://ead.trt4.jus.br/course/view.php?id=1106> (acesso em: out. 2015).

(92) HERZOG, Peter E.; KARLEN, Delmar Karlen. Attacks on judicial decisions. *In International Encyclopedia of Comparative Law*, Civil Procedure v. 16, § 8.104, 1982.

abuso de discricionariedade acertadamente respeita tais escolhas legítimas, valorizando as vantagens de cada instância de julgamento.

Conforme dados do Conselho Nacional de Justiça – CNJ, "92% dos quase 95 milhões de processos em tramitação no país estão na primeira instância, e o estoque de 67 milhões de processos pode subir a 78 milhões em 2020 se nenhuma medida for adotada."[93] Assim, cabe ao juiz de primeiro grau a maior parte da responsabilidade pelo gerenciamento do estoque de processos e manutenção de razoável celeridade. Deve ser dado crédito, portanto, a suas decisões discricionárias, e.g. em matéria procedimental ou de aplicação de penalidades pela malícia processual, baseadas em sua experiência quanto a medidas que garantam efetividade da jurisdição, justiça e boa-fé no processo que tramita na instância inicial.[94] Quando desembargadores substituem uma decisão discricionária razoável do juízo *a quo* (descartando-a) por aquela que teriam adotado se fossem os juízes originários da causa, acabam por prestar um desserviço ao sistema judiciário como um todo, retirando-lhe efetividade. Tal resulta da desnecessária repetição do trabalho já realizado pelo primeiro grau, bem como pela deslegitimação deste, esvaziando-se a sua autoridade e credibilidade, sendo visto pela comunidade jurídica como mera instância de passagem sem o poder de fazer cumprir suas decisões.

Como nas cortes americanas, os tribunais brasileiros também deveriam presumir o acerto das decisões discricionárias razoáveis, ressalvados os casos de claro erro de julgamento – o abuso de tal discricionariedade. O Judiciário americano colhe grandes benefícios sistêmicos em termos de efetividade e de cumprimento espontâneo das leis em decorrência do respeito e temor inspirados pela força das decisões de primeiro grau, que raramente são reformadas, ressalvados os casos de unificação jurisprudencial. Por exemplo, na justiça federal americana, de 375.870 processos ajuizados em 2013, 56.475 foram objeto de apelação (15%)[95] e, dentre estes, apenas 12-14% das apelações não-criminais foram providas.[96]

Tal redução da quantidade de apelações permite às cortes recursais americanas grande aprofundamento na análise das questões de direito mais relevantes, concentrando-se em sua função primordial, utilizando de forma eficiente o caráter vinculante de suas decisões para aclarar, aprimorar ou corrigir os rumos do direito em sua área de jurisdição. Da mesma forma, com as recentes reformas processuais, especialmente o novo Código de Processo Civil, por meio dos institutos que impõem a observância dos precedentes vinculantes, os recursos humanos e materiais dos tribunais brasileiros estariam melhor empregados no refinamento e unificação do direito do que na repetição do trabalho realizado no primeiro grau que tenha repercussão apenas para o caso concreto individual, sem relevância para a definição do significado e alcance do direito.

Conclusões quanto à verdade dos fatos – questões de fato

Por razões análogas, as conclusões de fato não deveriam ser reformadas salvo se "claramente errôneas," evitando-se a reforma nos casos em que o colegiado simplesmente chegou ao convencimento de que teria decidido de forma diversa, mas em que não foi demonstrado erro claro de julgamento. Em um sistema sobrecarregado, descartar as conclusões de fato razoáveis do julgador de primeiro grau é um desperdício de tempo e energia que o Judiciário não pode se dar ao luxo perpetrar. Enquanto de um lado deslegitima o primeiro grau e sobrecarrega o segundo, em contrapartida muito pouco acresce ao sistema em termos de acerto e justiça.

Quem poderá afirmar com certeza que a verdade dos fatos é aquela encontrada pela turma de desembargadores e não aquela que foi objeto de reforma? Poder-se-ia alegar como fundamento para uma revisão ampla a maior possibilidade de erro dos sobrecarregados juízes de primeiro grau do que um colegiado de juízes mais experientes, no segundo grau? No entanto tal argumento é falho, já que o estímulo à recorribilidade decorrente de uma fácil reversibilidade no segundo grau contribui para que os desembargadores estejam tão ou mais assoberbados que a primeira instância, pressionados a montar equipes com múltiplos assessores a fim de dar conta de volume de trabalho similar ao desempenhado por seis vezes mais juízes

---

(93) CONSELHO NACIONAL DE JUSTIÇA – CNJ. *Priorização de Justiça de primeiro grau é destaque em evento do CNJ*. 06/05/2015. Disponível em <http://www.cnj.jus.br/noticias/cnj/79282-priorizacao-de-justica-de-primeiro-grau-e-destaque-em-evento-do-cnj> (acesso em: 6 dez. 2015).

(94) HERZOG, Peter E.; KARLEN, Delmar Karlen. Attacks on judicial decisions. In *International Encyclopedia of Comparative Law*, Civil Procedure v. 16, § 8.104, 1982.

(95) UNITED STATES COURTS, *Judicial Caseload Indicators*, 2013. Disponível em <http://www.uscourts.gov/statistics-reports/judicial-caseload-indicators-judicial-business-2013> Acesso em: 6 dez. 2015.

(96) UNITED STATES COURTS, *Judicial Business*, 2014. Disponível em: <http://www.uscourts.gov/statistics/table/b-5/judicial-business/2014/09/30> Acesso em: 6 dez. 2015.

na primeira instância.[97] Ademais, a revisão da prova testemunhal em segundo grau fica prejudicada pela não imediação com a testemunha, para fins de avaliação de credibilidade. Assim, uma conclusão de fato deveria ser reformada apenas quando "claramente errônea," sem qualquer conexão racional com a prova dos autos considerada em seu conjunto.

Subsunção dos fatos ao direito – questão mista de direito e de fato

Embora um pouco mais complexa, também poderia ser aplicada ao processo civil brasileiro a sistemática relativa às chamadas questões mistas de direito e de fato, ou seja, a aplicação da regra de direito aos fatos, após estes haverem sido estabelecidos cada qual conforme seu respectivo *standard* de revisão.[98] Tais questões ensejariam a revisão *de novo* (irrestrita, como feita atualmente) quando haja utilidade do debate para a definição do alcance da norma em casos futuros, por exemplo, aferindo se a regra se aplica para um determinado tipo de situação fática. Observe-se que a sedimentação do alcance da norma a partir de sua aplicação aos casos concretos já faz parte da tradição jurídica brasileira, mas ganha especial relevância a partir da introdução de mecanismos de uniformização e vinculação a precedentes, como os previstos na Lei n. 13.015/14 e no novo Código de Processo Civil. Por outro lado, deve ser aplicado o *standard* "claramente errôneo" quando a relevância do debate for restrita ao caso concreto, importando em análise mais casuística e intensivamente dependente das peculiaridades do caso concreto à luz de conceitos legais já pacificados, portanto, sem interesse para fins de unificação de jurisprudência.

Se a aplicação do direito aos fatos fosse sempre revisada pelo *standard* "de novo," reduziria desnecessariamente a possibilidade de valorização de decisões razoáveis do primeiro grau[99] sem vantagens para a unificação do direito. O contrário também é verdadeiro. Usar o *standard* "claramente errôneo" para toda a aplicação do direito aos fatos faria tábula rasa do *standard* "de novo," já que em todos os processos se faz necessária a subsunção dos fatos ao direito. Ademais, a manutenção de decisões conflitantes em questões mistas de direito e fato em assuntos relevantes para a uniformização de jurisprudência comprometeria a própria ideia de uniformização. Assim, em suma, sugere-se que a questão mista de direito e de fato (subsunção dos fatos ao direito) seja revisada pelo *standard* "de novo" quando relevante para a unificação e aclaramento do direito, ou que seja mantida salvo se "claramente errônea" quando depender intensivamente das peculiaridades fáticas do caso concreto, com relevância restrita apenas ao próprio caso.

b. *Possibilidade de aplicação dos* standards *de revisão recursal ao processo civil brasileiro*

Depois de debater a conveniência dos standards que limitam a revisão recursal para tornar o sistema mais racional e eficiente, resta saber se existe algum óbice à sua introdução no processo civil brasileiro. A resposta é negativa. Há ambiente favorável para inovações que atendam aos vetores axiológicos da efetividade e celeridade. A atual lacuna legislativa não impede que a doutrina e jurisprudência desenvolvam uma forma de autolimitação da revisão recursal que traga melhorias ao sistema e, finalmente, inexiste conflito com qualquer princípio legal ou constitucional.

a. *Harmonia com a tendência de reforma do sistema recursal no Brasil, parcialmente inspirada no direito comparado*

No Brasil, há ambiente fértil para a implementação de inovações que promovam a melhoria do processo, especialmente quanto à racionalização dos recursos, que se proliferam em quantidades e espécies excessivas, contribuindo para a morosidade do processo, em detrimento da duração razoável do processo e da própria efetividade da Justiça.

Os últimos vinte anos foram pródigos de alterações legislativas que tentaram limitar a excessiva recorribilidade e unificar a jurisprudência. Por exemplo, em 1995 o art. 557 do CPC 1973 foi alterado para que o relator de um recurso pudesse negar seguimento ao mesmo se "manifestamente inadmissível, improcedente, prejudicado *ou contrário à súmula do respectivo tribunal ou tribunal superior*".[100] Nova alteração do mesmo artigo, em 1998, determinou que o relator negue seguimento a recursos por contrariedade à *jurisprudência dominante* do respectivo tribunal ou Tribunal Superior,[101] bem como autorizando-o

---

(97) Como mencionado acima, desembargadores constituem cerca de 14% da totalidade dos juízes no Brasil. CONSELHO NACIONAL DE JUSTIÇA – CNJ. *Justiça em Números*, p. 32, 2013. Disponível em: <ftp://ftp.cnj.jus.br/Justica_em_Numeros/relatorio_jn2015.zip> Acesso em: 2 nov. 2015.
(98) Ver tópico III.4, acima.
(99) Nos casos intensivamente dependentes das peculiaridades fáticas (*fact-intensive analysis*).
(100) CPC 1973, art. 557, com redação dada pela Lei n. 9.139, de 1995, grifo nosso.
(101) CPC 1973, art. 557, com redação dada pela Lei n. 9.756, de 1998, grifo nosso.

a dar provimento monocraticamente ao recurso se a decisão recorrida contrariar súmula ou jurisprudência dominante do STF ou de outro tribunal superior – mas não do próprio Tribunal Regional ou de Justiça.[102] Em 2004, com a Emenda Constitucional 45 foi introduzida a figura da *súmula vinculante*.[103] A mesma emenda, ainda, introduziu a obrigatoriedade de o recorrente demonstrar a *repercussão geral* do recurso extraordinário, condicionando sua admissibilidade a que a repercussão geral seja reconhecida por ao menos um terço dos Ministros do STF.[104]

Não é diferente a situação no âmbito do processo do trabalho, em que a busca pela celeridade e simplicidade sempre foram preocupação central. Por exemplo, desde 1988, o recurso de revista contra decisão de Tribunal Regional que esteja em acordo com súmula do TST autoriza o ministro relator a negar seguimento ao correspondente recurso.[105] Recentemente, grande parte da disciplina dos recursos de revista foi alterada pela Lei n. 13.015, de 2014, para facilitar a missão do TST de unificação nacional da jurisprudência trabalhista. Em especial, o TST deixa de julgar divergências entre Tribunais Regionais cujas respectivas turmas internamente divergirem entre si, podendo determinar o retorno dos autos ao respectivo Tribunal Regional a fim de que este proceda à uniformização da sua jurisprudência.[106] Adicionalmente, por meio do incidente de resolução de demandas repetitivas, de forma análoga ao que já ocorria no STF e STJ,[107] o TST passa a poder julgar um caso que exemplifica a controvérsia repetitiva, cuja decisão vincula a todos recursos de revista fundados em idêntica questão de direito.[108]

Os exemplos acima retratam algumas das diversas alterações legislativas que buscaram racionalizar os recursos no Brasil, alterações que foram em regra mantidas ou aprofundadas no CPC 2015, que entra em vigor em março de 2016. Tal objetivo de racionalidade na seara recursal também inspirou um rompimento parcial com a tradição romano-germânica do direito brasileiro. Com o novo código, ainda que o Brasil não tenha aderido integralmente ao princípio do *stare decisis*, não é exagero afirmar que tenha se tornado um híbrido entre o *civil law* e o *common law*,[109] dada a proeminência atingida pelos precedentes, com diversas modalidades de decisões vinculantes, bem como instrumentos jurídicos para impor a observância aos mesmos.

Tais reformas ilustram o delicado processo de reforma pelo qual tem passado o sistema judiciário pátrio, para corrigir falhas e se tornar mais eficiente, assim como mostram a abertura do sistema brasileiro para inovações inspiradas no direito comparado (e.g., Exposição de Motivos do CPC 2015, que em diversos momentos menciona a inspiração no direito comparado português, alemão, italiano e inglês).[110] Considerando tais extensas reformas, bem como a progressiva aproximação entre o ordenamento brasileiro e *common law*,[111] não há razões para supor que a utilização dos *standards* de revisão recursal seria incompatível com o direito processual pátrio, seja por sua sistemática de limitação da revisão recursal, seja por sua origem no direito comparado.

---

(102) CPC 1973, art. 557, § 1-A com redação dada pela Lei n. 9.756, de 1998.

(103) CRFB 1988, art. 103-A, introduzido pela EC n. 45/2004. Trata-se do primeiro esboço brasileiro de precedente vinculante, notável desvio da tradição dos países de *civil law*, decorrente da constatação que as reformas processuais até então implementadas ainda estavam longe de lograr a "razoável duração do processo," elevada à estatura de garantia constitucional por força da mesma emenda.

(104) CRFB 1988, art. 102, § 3º, introduzido pela EC n. 45/2004: "No recurso extraordinário o recorrente deverá demonstrar a repercussão geral das questões constitucionais discutidas no caso, nos termos da lei, a fim de que o Tribunal examine a admissão do recurso, somente podendo recusá-lo pela manifestação de dois terços de seus membros." Ver ainda CPC 1973, art. 543-A.

(105) CLT, art. 896, § 5º, na época com redação dada pela Lei n. 7.701, de 1988.

(106) Art. 896, § 4º da CLT: "Ao constatar, de ofício ou mediante provocação de qualquer das partes ou do Ministério Público do Trabalho, a existência de decisões atuais e conflitantes no âmbito do mesmo Tribunal Regional do Trabalho sobre o tema objeto de recurso de revista, o Tribunal Superior do Trabalho determinará o retorno dos autos à Corte de origem, a fim de que proceda à uniformização da jurisprudência." (Redação dada pela Lei n. 13.015, de 2014).

(107) Art. 896-B da CLT: "Aplicam-se ao recurso de revista, no que couber, as normas da Lei n. 5.869, de 11 de janeiro de 1973 (Código de Processo Civil), relativas ao julgamento dos recursos extraordinário e especial repetitivos."

(108) Art. 896-C da CLT: "Quando houver multiplicidade de recursos de revista fundados em idêntica questão de direito, a questão poderá ser afetada à Seção Especializada em Dissídios Individuais ou ao Tribunal Pleno, por decisão da maioria simples de seus membros, mediante requerimento de um dos Ministros que compõem a Seção Especializada, considerando a relevância da matéria ou a existência de entendimentos divergentes entre os Ministros dessa Seção ou das Turmas do Tribunal."

(109) VIEIRA DE MELLO FILHO, Luiz Philippe. *Considerações sobre a Lei n. 13.015/14: uniformização da jurisprudência dos Tribunais Regionais*. Palestra proferida na Escola Judicial do TRT da 4ª Região em 20/08/2015. Arquivada em vídeo na intranet da Escola Judicial, <http://ead.trt4.jus.br/course/view.php?id=1106> (acesso em: out. 2015).

(110) Ver *Exposição de Motivos*, Anteprojeto do Novo Código de Processo Civil, p. 11-33, 2010. Disponível em <http://www.senado.gov.br/senado/novocpc/pdf/anteprojeto.pdf> (último acesso em: 8 dez. 2015).

(111) Não apenas o brasileiro, trata-se de fenômeno mundial, com especial ênfase nos países da União Europeia, onde as cortes comunitárias forçam a convivência entre os dois sistemas.

i. Harmonia com a política nacional de valorização do primeiro grau do Conselho Nacional de Justiça e com as aspirações da Magistratura de primeiro grau

Além da harmonia com a tendência de reforma da lei processual, examinada acima, há também a compatibilidade dos mecanismos de revisão recursal objeto deste ensaio com o vetor axiológico determinado pelo CNJ, por meio da Política Nacional de Atenção Prioritária ao Primeiro Grau de Jurisdição.[112] Reconhecendo que 90% dos processos do país tramitam perante a primeira instância, o CNJ instituiu política permanente visando "iniciativas voltadas ao aperfeiçoamento da qualidade, da celeridade, da eficiência e da efetividade dos serviços judiciários da primeira instância dos tribunais brasileiros."[113]

A mera equalização de orçamento e pessoal entre primeiro e segundo graus, sem que se combatam os desequilíbrios no próprio fluxo do processo, não produzirá os resultados almejados. Uma técnica de julgamento dos recursos que evite a duplicidade de tarefas entre o primeiro e segundo graus é decisiva para otimizar tal fluxo, dando concretude no âmbito processual à política de valorização da primeira instância. Se o segundo grau não precisar repetir o trabalho do primeiro e focar-se na unificação do direito, apenas reformando decisões em matéria fática ou discricionária em caso de erro claro ou arbitrariedade, haveria significativa diminuição da sua sobrecarga. Tal inovação diminuiria as necessidades de recursos humanos no segundo grau e auxiliaria na equalização de pessoal entre primeiro e segundo graus, sem falar das vantagens como o aumento de efetividade e legitimidade das decisões de primeiro grau, conforme debate supra.

A valorização das sentenças de primeiro grau contribui decisivamente para o "aperfeiçoamento da qualidade, da celeridade, da eficiência e da efetividade dos serviços judiciários da primeira instância."[114] Como mencionado supra, além de desestimular e reduzir a recorribilidade contra decisões corretas ou razoáveis em matéria fática ou discricionária, também eleva a respeitabilidade das decisões do juízo de primeiro grau, auxiliando este quanto à celeridade e efetividade de seu trabalho. Havendo maior previsibilidade de que uma razoável decisão será confirmada caso recorrida, tal fato encoraja o cumprimento espontâneo, diminuindo incidentes temerários e malícia processual, bem como desnecessárias anulações e retorno dos autos à origem, situações que conturbam e retardam a prestação jurisdicional. Por exemplo, não é incomum que partes ajam de má fé nos autos na expectativa de que eventual multa por tal malícia seja derrubada em sede recursal. Também não é incomum que partes resistam ao cumprimento de ordens judiciais mesmo quando cominadas *astreintes*, procrastinando propositalmente seu cumprimento na expectativa de cassar a ordem e a multa, retroativamente, em sede recursal.

Em contraste, nos Estados Unidos, um juiz não necessita desperdiçar precioso tempo reiterando ordens ou apreciando escusas frívolas, já que o descumprimento de ordens judiciais e a malícia processual de partes e advogados são punidos severamente por meio do *contempt of court* (prisão ou multas pesadas, bem como encaminhamento de processo disciplinar), punições estas que são reformadas em sede recursal apenas em casos teratológicos. A vantagem de tal rigor, e do prestígio das decisões do primeiro grau, se faz sentir em todo o sistema: as ordens judiciais são cumpridas imediatamente, o processo flui melhor, a busca pela verdade é mais fácil, com ambas as partes respeitando as regras, os advogados agem com grande liberdade e pouca intervenção judicial, até porque existe a certeza da punição em caso de desvios.

Enfim, adotar técnica de julgamento que evite reformas desnecessárias, prestigiando as razoáveis conclusões de fato e decisões discricionárias do juízo de primeiro grau, garante melhorias na celeridade, eficiência e efetividade dos serviços judiciários da primeira instância da Justiça brasileira, como preconiza a Política Nacional de Atenção Prioritária ao Primeiro Grau de Jurisdição do CNJ.

Finalmente, cabe destacar que já existe debate acerca do presente tema no âmbito da Magistratura,

---

(112) CONSELHO NACIONAL DE JUSTIÇA – CNJ. *Resolução 194 de 2014*. Disponível em <http://www.cnj.jus.br/files/atos_administrativos/resoluo-n194-26-05-2014-presidncia.pdf> (acesso em: 8 dez. 2015).

(113) *Idem*. O Conselho Nacional de Justiça instituiu através de tal resolução ao Política Nacional de Atenção Prioritária ao Primeiro Grau de Jurisdição embasado nas seguintes razões: "*CONSIDERANDO que, de acordo com o Relatório Justiça em Números 2013, 90% (noventa por cento) dos processos em tramitação no Judiciário estão nas unidades judiciárias de primeiro grau, ensejando taxa de congestionamento média de 72% (setenta e dois por cento), 26 (vinte e seis) pontos percentuais acima da taxa existente no segundo grau; CONSIDERANDO que a sobrecarga de trabalho e o mau funcionamento da primeira instância estão entre as causas principais da morosidade sistêmica atual; CONSIDERANDO que os Presidentes e Corregedores dos tribunais brasileiros (...) aprovaram compromisso público (...) de aperfeiçoar os serviços judiciários de primeira instância e equalizar os recursos orçamentários, patrimoniais, de tecnologia da informação e de pessoal entre primeiro e segundo graus (...); CONSIDERANDO a necessidade de se adotar medidas efetivas com vistas a atacar as causas do mau funcionamento da primeira instância e alcançar os propósitos da diretriz estabelecida e dos objetivos estratégicos do Poder Judiciário, elencados na Resolução CNJ n. 70, de 18 de março de 2009 (...).*"

(114) *Idem*.

suscitando não apenas o cabimento de mudanças legislativas para institucionalizar o prestígio das decisões razoáveis de primeiro grau, mas também a necessidade de maior conscientização dos operadores do direito quanto às diferenças entre as funções das cortes de primeiro e segundo graus, cabendo a estas últimas a revisão, e não o rejulgamento dos processos.[115] O tema também foi objeto de uma das comissões temáticas[116] do XVI Congresso Nacional dos Magistrados da Justiça do Trabalho (Conamat), em 2012, resultando na aprovação de teses similares aos institutos de *common law* aqui debatidos).[117]

ii. *Inexistência de impedimento legal ou constitucional ao uso de standards restritivos da revisão recursal no processo civil brasileiro*

Não há princípio constitucional expresso ou implícito, nem norma infra constitucional que impeça a adoção de critérios de autolimitação (*self-restraint*) no julgamento de recursos pelos tribunais de segundo grau brasileiros. Examinemos a questão em face da independência funcional dos juízes, do duplo grau de jurisdição, e do texto do Código de Processo Civil que regula os recursos.

Os *standards* de revisão recursal não conflitam com a independência judicial. Como uma das garantias de um regime democrático, a independência judicial visa a proporcionar decisões judiciais livres de pressão, seja da sociedade organizada, a partir de grupos de interesses políticos ou econômicos, ou de outros juízes ou tribunais.[118] No Brasil, a independência judicial está positivada, e.g., no dever de decidir com independência,[119] na imunidade quanto ao conteúdo das decisões,[120] bem como nas garantias constitucionais da vitaliciedade, inamovibilidade e irredutibilidade de subsídio.[121] O estabelecimento de critérios mínimos para a reversibilidade de determinados tipos de decisões não introduz no sistema pressão ou influência indevida sobre o julgador para que decida beneficiando uma parte ou outra, afetando sua independência de decidir, mas apenas limita o corte revisional, racionalizando a distribuição de tarefas entre primeiro e segundo graus. Aliás, todas as reformas da disciplina dos recursos, exemplificadas acima, alteraram a distribuição de poderes entre as instâncias

---

(115) Ver CLAUS, Ben-Hur Silveira; LORENZETTI, Ari Pedro; FIOREZE, Ricardo; ROSSAL, Francisco R. de Araújo; MARTINS-COSTA, Ricardo; AMARAL, Márcio Lima do. A Função Revisora dos Tribunais: A Questão do Método no Julgamento dos Recursos de Natureza Ordinária. *Revista do Tribunal Regional do Trabalho da 14ª Região*, v. 6, p. 161 (2010). Dos mesmos autores ver ainda A Função Revisora dos Tribunais – A Questão da Valorização das Decisões de Primeiro Grau – Uma Proposta de Lege Ferenda: A Sentença Como Primeiro Voto no Colegiado. *Revista do Tribunal Regional do Trabalho da 14ª Região*, v. 6. n. 2, p. 597, jul/dez de 2010; e CLAUS, Ben-Hur Silveira. A Função Revisora dos Tribunais Diante da Sentença Razoável. *Revista do Tribunal Regional do Trabalho da 4ª Região*, n. 40, p. 57, 2012.

(116) Sob o título "Reconfiguração do Processo do Trabalho. Valorização Sistêmica das Decisões do Juiz Originário."

(117) E.g., "VALORIZAÇÃO SISTÊMICA DAS DECISÕES ORIGINÁRIAS. FUNÇÃO REVISORA DOS TRIBUNAIS – Ementa – VALORIZAÇÃO SISTÊMICA DAS DECISÕES ORIGINÁRIAS. FUNÇÃO REVISORA DOS TRIBUNAIS. RESPEITADA A CONVICÇÃO E A INDEPENDÊNCIA DE CADA JULGADOR, OS TRIBUNAIS DO TRABALHO VALORIZARÃO A AVALIAÇÃO DA PROVA ORAL FEITA PELO JUÍZO DE 1º GRAU. A FALTA DE VALORIZAÇÃO SISTÊMICA DAS DECISÕES DO JUIZ ORIGINÁRIO CONTRIBUI DECISIVAMENTE PARA A TAXA DE CONGESTIONAMENTO DOS TRIBUNAIS. O PRINCÍPIO DA IMEDIATIDADE INDUZ À PRESUNÇÃO DE QUE A AVALIAÇÃO DA PROVA ORAL PELO JUIZ DE 1º GRAU É ADEQUADA. DEVERÃO SER ADOTADAS MEDIDAS PARA VALORIZAÇÃO SISTÊMICA DAS DECISÕES DE 1º GRAU." (JOSÉ CARLOS KULZER, AMATRA 10 E AMATRA 4, grifos nossos); "PRINCÍPIO DA BOA-FÉ OBJETIVA NO DIREITO DO TRABALHO – Ementa – PRINCÍPIO DA BOA-FÉ OBJETIVA NO DIREITO DO TRABALHO. 1. O PRINCÍPIO DA BOA-FÉ OBJETIVA (ART. 422 DO CC) TEM PLENA APLICAÇÃO AO DIREITO DO TRABALHO, SERVINDO À RESSIGNIFICAÇÃO DE PROBLEMAS JURÍDICO-LABORAIS TRADICIONALMENTE ASSENTADOS SOBRE BASES CONSERVADORAS OU POSITIVISTAS. 2. UMA VEZ QUE OS PRESSUPOSTOS ANALÍTICOS DA BOA-FÉ OBJETIVA ANALISAM-SE E DESCOBREM-SE CASUISTICAMENTE, À LUZ DAS CIRCUNSTÂNCIAS CONCRETAS DE CADA LITÍGIO, COMO TAMBÉM À VISTA DAS INTERSECÇÕES ENTRE O PRINCÍPIO DA BOA-FÉ E O PRINCÍPIO DA RAZOABILIDADE, *CONVÉM ASSENTAR JURISPRUDÊNCIA NO SENTIDO DE QUE AS DECISÕES QUE EM 1º GRAU DE JURISDIÇÃO CALCADAS NOS PARADIGMAS DA BOA-FÉ OBJETIVA SEJAM MANTIDAS EM 2º GRAU, DESDE QUE RAZOÁVEIS*."(AMATRA 15 e GUILHERME GUIMARÃES FELICIANO, grifos nossos); VALORIZAÇÃO DA SENTENÇA DE 1º GRAU E CONSEQUENTE VALORIZAÇÃO DO PODER JUDICIÁRIO – Ementa – VALORIZAÇÃO DA SENTENÇA DE 1º GRAU E CONSEQUENTE VALORIZAÇÃO DO PODER JUDICIÁRIO. 1. SENTENÇA JUDICIAL DE 1º GRAU; A LÓGICA DO RAZOÁVEL; VALORIZAÇÃO DA SENTENÇA DO JUIZ DE 1º GRAU. 2. *LIMITAÇÃO DA POSSIBILIDADE DE REVISÃO DO 2º GRAU NOS CASOS DE A SENTENÇA ESTAR AMPARADA EM JURISPRUDÊNCIA SUPERIOR (SEJA DO PRÓPRIO TRIBUNAL REVISANDO OU DE TRIBUNAL SUPERIOR AO DO REVISANDO) OU DE ESTAR FUNDAMENTADA DENTRO DA LÓGICA DO RAZOÁVEL*. 3. INEXISTÊNCIA DE SENTENÇA IDEAL. 4. *DESESTÍMULO A RECURSO ESTILO "LOTERIA"*. 5. *A EFETIVA VALORIZAÇÃO DAS DECISÕES ORIGINÁRIAS, INCLUSIVE POR PARTE DE SEUS PARES (JULGADORES DE 2º GRAU), GARANTE MAIOR VALORIZAÇÃO AO PODER JUDICIÁRIO COMO UM TODO*. (RICARDO JAHN e AMATRA 12, grifos nossos). Disponível em < http://amatra10.blogspot.com/p/artigos.html>, último acesso em 09/12/2015.

(118) SOUTO MAIOR, Jorge Luiz; FAVA, Marcos Neves. A Defesa de sua Independência: Um Dever do Magistrado, *Revista de Direito do Trabalho*, v. 123, p. 67, ed. RT, 2006.

(119) Lei Complementar n. 35, de 1979, art. 35. "São deveres do magistrado: I – cumprir e fazer cumprir, com independência, serenidade e exatidão, as disposições legais e atos de ofício;...".

(120) Lei Complementar n. 35, de 1979, art. 41. "Salvo os casos de impropriedade ou excesso de linguagem, o magistrado não pode ser punido ou prejudicado pelas opiniões que manifestar ou pelo teor das decisões que proferir."

(121) CRFB 1988, art. 95.

judiciárias, não se tendo até o momento reconhecido qualquer inconstitucionalidade em tais reformas. O novo Código de Processo Civil, por exemplo, ampliou sobremaneira o rol de decisões vinculantes.[122] Tais reformas eliminaram o poder dos juízos inferiores de ignorarem precedentes e súmulas dos tribunais a ele vinculados,[123] sem que isto implique em ofensa à independência de tais juízos. Do mesmo modo, a introdução dos *standards* de revisão recursal limitaria o poder para reformar, no segundo grau, com o correspondente aumento do valor da decisão *a quo*, que teria maior probabilidade de ser confirmada.

Os *standards* de revisão recursal também não são obstaculizados pelo princípio do duplo grau de jurisdição. Tal princípio simplesmente implica na possibilidade de revisão dos julgados por corte superior, mas não pode ser levado longe demais, sob pena de dar margem a excessiva procrastinação.[124] Ainda que não haja acordo sobre seu status constitucional ou não, doutrina e jurisprudência são unânimes ao reconhecer que não possui caráter absoluto. A legislação pode estabelecer pressupostos de admissibilidade, como o depósito recursal, ou mesmo eliminar certos recursos,[125] e grandes mudanças têm sido feitas obstando recursos contrários a súmula ou certas modalidades de precedente. Assim, não se pode cogitar que os *standards* de revisão recursal conflitem com o princípio do duplo grau de jurisdição, quando tantas outras limitações à recorribilidade já provaram a relatividade de tal princípio. Aliás, os *standards* de revisão nem mesmo limitam a recorribilidade, mas apenas mudam a lógica do julgamento de tais recursos, presumindo o acerto de certos tipos de decisões, diminuindo a probabilidade de reforma.

Finalmente, nada há na legislação que impeça a adoção de critérios mais rígidos para a reforma das decisões de primeiro grau. O *efeito devolutivo*[126] significa apenas que a questão apelada é devolvida ao conhecimento do Judiciário, não impondo que a corte recursal rejulgue a matéria, de forma ampla e irrestrita, como se fosse a primeira a julgá-la, descartando uma decisão razoável do juízo *a quo*. Similarmente, quando o art. 1008 do CPC 2015 (art. 512 do CPC 1973) menciona que "o julgamento proferido pelo tribunal substituirá a decisão impugnada no que tiver sido objeto de recurso," nada refere ao método de julgamento ou grau de deferência à decisão *a quo*. Tal norma apenas indica que a decisão que passa a produzir efeitos é a da corte recursal, não mais a decisão recorrida, mesmo que o tribunal tenha apenas confirmado esta decisão.[127] Assim, tem-se que a cognição ampla e ilimitada da matéria apelada, como se inexistisse a própria decisão recorrida, não emana do texto da lei processual, sendo mera consequência do silêncio do *codex* processual quanto ao método de decisão dos recursos. Assim, *a contrario sensu*, nada na legislação processual impede que se adote método mais rígido de julgamento dos recursos, reformando decisões em matéria fática ou discricionária apenas se ultrapassados os limites debatidos acima.

iii. É necessária alteração legislativa para que se presumam corretas as decisões discricionárias e conclusões de fato do primeiro grau, limitando o corte revisional dos recursos através dos standards "abuso de discricionariedade" e "claramente errôneo"?

Depois de avaliar a utilidade e a possibilidade de uso dos *standards* de revisão recursal no processo civil pátrio, resta perquirir se, para tanto, seria essencial alterar a atual legislação. A resposta é negativa. A introdução de tais institutos pela via legislativa seria desejável, pois implicaria em aplicação imediata e uniforme, trazendo maior segurança jurídica. Entretanto, não é o único caminho viável. Há na doutrina e jurisprudência[128] grande papel a desempenhar, inclusive com apoio no direito comparado.[129]

---

(122) CPC 2015, ar. 927.

(123) A faculdade de decidir contra a jurisprudência pacificada, por mera discordância (aqui não estamos nos referindo à hipótese de situação fática peculiar que distinga o caso concreto do precedente) acarretava que os Tribunais Superiores tivessem de decidir milhares de vezes a mesma questão de direito, sobrecarregando o Judiciário e arrastando os processos por anos.

(124) SCHIAVI, Mauro. *Manual de Direito Processual do Trabalho*. 7. ed. 2014. p. 806.

(125) *Idem*, p. 809.

(126) *Ver supra* notes 7-14 and accompanying text (reviewing effect).

(127) NERY JUNIOR, Nelson; NERY, Rosa Maria de Andrade. *Código de Processo Civil Comentado*, p. 886, 11ª ed., 2010.

(128) Neste último caso, cita-se o exemplo da *disregard doctrine*, ou *lifting the corporate veil*, entre nós conhecida como desconsideração da personalidade jurídica, a qual passou a ser utilizada, de forma incipiente, mesmo antes de sua positivação no art. 28 do Código de Defesa do Consumidor – CDC, em 1990: "O juiz poderá desconsiderar a personalidade jurídica da sociedade quando, em detrimento do consumidor, houver abuso de direito, excesso de poder, infração da lei, fato ou ato ilícito ou violação dos estatutos ou contrato social. A desconsideração também será efetivada quando houver falência, estado de insolvência, encerramento ou inatividade da pessoa jurídica provocados por má administração. ... § 5º Também poderá ser desconsiderada a pessoa jurídica sempre que sua personalidade for, de alguma forma, obstáculo ao ressarcimento de prejuízos causados aos consumidores."

(129) Observe-se que, no âmbito trabalhista, o direito comparado consta expressamente da CLT como critério de integração das normas trabalhistas, conforme art. 8: "As autoridades administrativas e a Justiça do Trabalho, na falta de disposições legais ou contratuais, decidirão, conforme

Como não há impedimento constitucional ou legal que torne os *standards* incompatíveis com nosso ordenamento, nada impede que se construa jurisprudencialmente a autolimitação (*self-restraint*) na revisão recursal, em uma interpretação sistemática do ordenamento, à luz da garantia constitucional da razoável duração do processo.(130) Aos juízes cabe preencher as lacunas do sistema para garantir a força normativa dos princípios constitucionais.(131) O dogma da Revolução Francesa de juiz mera "boca da lei" (*bouche de la lois*) – que deveria apenas aplicar e não interpretar o direito – de há muito se provou impraticável e foi abandonado. Na cultura pós-positivista e neoconstitucionalista do Brasil(132) se espera dos juízes que zelem pela força normativa dos princípios constitucionais, usando-os como uma bússola ao preencher as omissões da lei, para guiar a interpretação da lei, ou mesmo para declarar eventual inconstitucionalidade da lei.(133) Uma análise sistemática da garantia da celeridade, da conveniência de imediatidade entre quem acolhe a prova e quem julga, da especialização do segundo grau na unificação de jurisprudência, bem como todo o exposto acima, autorizam a presunção de que apreciação das provas pelo juiz de primeira instância foi realizada de forma adequada. (134) O mesmo raciocínio vale para as decisões discricionárias, presumindo-se o acerto da autoridade que está mais próxima dos acontecimentos do processo, conhece-os com mais minudência. A legislação processual permite certa margem de discricionariedade ao julgador, ante a impossibilidade de antever todas as situações que podem surgir em um processo. A melhor solução para o juiz pode ser uma, e para o colegiado recursal, outra, desde que ambas estejam situadas dentro da moldura da lei. (135) Permitir que a mera divergência (e não necessariamente erro ou arbitrariedade) provoque a reforma de uma decisão razoável resulta em inaceitável desperdício, violando os princípios da razoável duração do processo, economia processual e eficiência.(136)

Assim, diante da interpretação sistemática do direito processual brasileiro, à luz do direito comparado, decorre a presunção de acerto das conclusões de fato e decisões discricionárias dos juízos de primeiro grau, que por sua vez enseja a manutenção de tais decisões em sede recursal, salvo em caso de serem "claramente errôneas" ou eivadas de abuso de discricionariedade, respectivamente. Tais presunções não dependem de qualquer alteração legislativa.

Ainda que viável, a introdução da limitação da revisão recursal pela via jurisprudencial seria lenta e não-uniforme, já que dependente da difusão de tal debate e do convencimento dos operadores do direto. Tal introdução poderia ocorrer de forma mais célere e uniforme, entretanto, com a utilização das recentes ferramentas de unificação de jurisprudência positivadas na Lei n. 13.015/2014 e no CPC 2015, vinculando aos juízes na respectiva área de jurisdição. Outra solução cogitável seria a inclusão no Regimento de cada Tribunal, ou outra norma que minudencie os procedimentos internos no trâmite dos recursos. Finalmente, uma mudança legislativa, a médio prazo, seria a solução mais desejável, por seu alcance geral e maior tendência a produzir a almejada uniformidade de procedimento, tão necessária à redução da recorribilidade quanto a própria diminuição da reforma das razoáveis decisões de primeiro grau.

V. CONCLUSÃO

Os *standards* de revisão recursal são critérios de julgamento que limitam a excessiva reforma das decisões de primeiro grau em matéria fática ou decisões envolvendo discricionariedade. Trata-se de institutos já bem conhecidos no âmbito do *common law*, que observam uma presunção de acerto quanto às decisões recorridas em tais matérias, afigurando-se como uma possível solução para racionalizar os recursos no direito pátrio, valorizando devidamente as decisões de primeiro grau.

Qualquer mudança de cultura jurídica é difícil, especialmente quando afeta uma tradicional característica do sistema, como a revisão recursal irrestrita

---

o caso, pela jurisprudência, por analogia, por eqüidade e outros princípios e normas gerais de direito, principalmente do direito do trabalho, e, ainda, de acordo com os usos e costumes, *o direito comparado*, mas sempre de maneira que nenhum interesse de classe ou particular prevaleça sobre o interesse público." (grifo nosso).

(130) CRFB art. 5, LXXVIII, incluído pela EC n. 45/2005.

(131) Ver, *e.g.*, BARROSO, Luís Roberto. Here, There, and Everywhere: Human Dignity in Contemporary Law and in the Transnational Discourse. *Boston College International and Comparative Law Review*, v. 35, p. 331, 356, 2012.

(132) Ver BARROSO, Luís Roberto. Neoconstitucionalismo e constitucionalização do Direito. O triunfo tardio do Direito Constitucional no Brasil. *Jus Navigandi*, v. 10, p. 851, 2005, Disponível em <http://jus.com.br/artigos/7547> Acesso em: 16 nov. 2014.

(133) Ver, *e.g.*, BARROSO, Luís Roberto. Here, There, and Everywhere: Human Dignity in Contemporary Law and in the Transnational Discourse. *Boston College International and Comparative Law Review*, v. 35, p. 331, 356, 2012.

(134) Ver *supra* notas 116 e 117.

(135) Ver *supra* notas 83 e 84.

(136) CRFB 1988, art. 37.

nos tribunais de segunda instância. Da maneira como o sistema está formatado atualmente, a ausência de limites à reversibilidade de conclusões de fato ou decisões discricionárias razoáveis permite que estas sejam descartadas pela mera divergência de opinião, ainda que possam ser consideradas legítimas, desde um ponto de vista de sua razoabilidade no caso concreto. Tais decisões são frequentemente ignoradas e substituídas pela decisão que os membros do colegiado teriam prolatado se fossem os juízes originários – assemelhando-se uma nova sentença, ao invés de uma revisão da sentença *a quo*, quase como se o Tribunal estivesse a operar como instância originária. Ainda que a sentença seja um ato decorrente do poder de império estatal, exarado por um agente político membro de um dos poderes da República, os tribunais não lhe têm observado com a devida presunção de legalidade e acerto, predicados que se reconhecem a um ato administrativo possui – uma nítida subversão de valores. A liberalidade com que se descartam razoáveis decisões de primeiro grau que envolvem conclusões de fato ou o exercício de discricionariedade judicial, no entanto, têm consequências danosas para o sistema judiciário brasileiro.

A elevada reversibilidade dos julgados de primeiro grau encoraja a recorribilidade, mesmo sob argumentos triviais ou frívolos, tornando o processo mais longo e o número de recursos mais elevado. Além disso, transfere o poder de decisão para os tribunais, que não estão nas melhores condições de avaliar a credibilidade de testemunhas e para discernir a necessidade de aplicação de penalidades processuais, peculiaridades das quais a primeira instância está mais próxima.

A abertura do sistema para tentativas lotéricas de reforma de decisões razoáveis retira destas parte do poder de coerção estatal, e.g., pela elevada chance de impunidade em face de uma penalidade por malícia processual aplicada no primeiro grau. Da mesma forma, a fácil reversibilidade de conclusões de fato razoáveis encoraja recursos desnecessariamente, dando uma segunda chance a quem já teve um julgamento tecnicamente correto, desperdiçando tempo do Judiciário que poderia ser dedicado à concretização da garantia constitucional da razoável duração do processo.

A repetição desnecessária do trabalho do primeiro grau em sede recursal é um luxo a que não pode se dedicar o sobrecarregado Judiciário brasileiro, de cuja morosidade o jurisdicionado corretamente reclama. Impõe-se, assim, o rompimento do paradigma da fácil reversibilidade de decisões em matéria de fato ou envolvendo discricionariedade judicial.

Os *standards* de revisão recursal resolvem tais problemas, promovendo a eficiência do sistema com uma divisão equilibrada de tarefas entre primeiro e segundo graus, valorizando as conclusões de fato e decisões discricionárias do juízo de primeiro grau. Os *standards* de revisão recursal conferem diferentes níveis de deferência à decisão recorrida conforme o tipo de matéria. Uma questão de direito é revisada "de novo" (no sentido de nova análise, sem limitações), sem que a decisão recorrida receba especial deferência ou presunção de acerto, até porque uma função precípua do segundo grau é justamente a unificação do direito. As conclusões de fato, entretanto, são reformadas apenas se "claramente errônea" (*clearly erroneous*), não bastando a discordância de opinião entre a corte revisora e o juízo *a quo* se a conclusão deste também está razoavelmente amparada pela prova. Ou seja, uma conclusão quanto a verdade dos fatos é "claramente errônea" apenas se o conjunto da prova leva a corte revisora à firme convicção de que o juízo *a quo* errou. Já a qualificação jurídica dos fatos à vista do direito (questão mista de direito e de fato) é analisada *de novo*, salvo quando tal qualificação dependa muito das especificidades de cada caso concreto, sem uma maior relevância para o aclaramento ou unificação do direito, hipótese em que a questão mista mais se aproxima da questão pura de fato, ensejando a revisão pelo *standard* "claramente errôneo". Finalmente, decisões envolvendo discricionariedade, notadamente em matéria de direito processual, são reformadas apenas quando houver "abuso de discricionariedade" (*abuse of discretion*), quando claramente arbitrária, fugindo à razoabilidade.

Em que pese desejável a introdução de tais institutos pela via legislativa, que traria aplicação imediata e uniforme, com maior segurança jurídica, tal não é o único caminho viável, podendo também ser firmada jurisprudencialmente a adoção de tais critérios de julgamento, inclusive com apoio no direito comparado, ou mesmo ser regulada por normas internas dos tribunais. Inexistem normas legais ou constitucionais que impeçam o uso de critérios de julgamento que restrinjam a reversibilidade de alguns tipos de decisões de primeiro grau. Antes pelo contrário, tais *standards* se coadunam com os esforços de reforma da lei processual brasileira, que nas últimas duas décadas têm se centrado na redução da excessiva recorribilidade e na unificação da jurisprudência, reformas estas que possuem grande inspiração no direito comparado. Finalmente, a ideia de introduzir critérios que evitem a excessiva reversibilidade das decisões de primeiro grau dão concretude aos cânones da Política Nacional de Atenção Prioritária ao Primeiro Grau de Jurisdição, já que auxiliariam no avanço da "qualidade, da celeridade, da eficiência e da efetividade dos serviços judiciários da primeira instância dos tribunais brasileiros," conforme preconiza o art. 1º da Resolução 194 de 2014 do CNJ.

VI. REFERÊNCIAS BIBLIOGRÁFICA

BARRAL, Welber; MACHADO, Rafael Bicca. Civil Procedure and Arbitration. In: *Introduction to Brazilian Law*, p. 183, 2011.

BARROSO, Luís Roberto. Here, There, and Everywhere: Human Dignity in Contemporary Law and in the Transnational Discourse. *Boston College International and Comparative Law Review*, v. 35, p. 331, 356, 2012.

_____. Neoconstitucionalismo e constitucionalização do Direito. O triunfo tardio do Direito Constitucional no Brasil. *Jus Navigandi*, v. 10, p. 851, 2005, Disponível em <http://jus.com.br/artigos/7547> Acesso em: 16 nov. 2014.

CALLEROS, Charles Richard. Title VII and Rule 52(a): Standards of Appellate Review in Disparate Treatment Cases-Limiting the Reach of *Pullman-Standard v. Swint*. *Tulane Law Review*, v. 58, p. 403 (1983).

CAPPELLETTI, Mauro. *Proceso, Ideologias e Sociedade*, 1973.

CARVALHO FILHO, José dos Santos. *Manual de Direito Administrativo*. 13. ed. 2005.

CASEY, Kevin; CAMARA, Jade; WRIGHT, Nancy. Standards of Appellate Review in the Federal Circuit: Substance and Semantics. *Federal Circuit Bar Journal*, v. 11, p. 279, 2002.

CHILDRESS, Steven Alan. Standards of Review Primer: Federal Civil Appeals. *Federal Rules Decisions*, v. 229, p. 267, 2005.

CLAUS, Ben-Hur Silveira. A Função Revisora dos Tribunais Diante da Sentença Razoável. *Revista do Tribunal Regional do Trabalho da 4ª Região*, n. 40, p. 57, 2012. Disponível em: <http://siabi.trt4.jus.br/biblioteca/acervo/Doutrina/artigos/Revista_Eletronica/2012/Revista%20Eletr%C3%B4nica%20%20n.%20132_2012.pdf>.

CLAUS, Ben-Hur Silveira; LORENZETTI, Ari Pedro; FIOREZE, Ricardo; ROSSAL, Francisco R. de Araújo; MARTINS-COSTA, Ricardo; AMARAL, Márcio Lima do. A Função Revisora dos Tribunais: A Questão do Método no Julgamento dos Recursos de Natureza Ordinária. In: *Revista do Tribunal Regional do Trabalho da 14ª Região*, v. 6, n. 1, p. 161, 2010. Disponível em: <http://legado.trt14.jus.br/Documentos/Revista_TRT14_2010_n1.pdf>.

_____A Função Revisora dos Tribunais – A Questão da Valorização das Decisões de Primeiro Grau – Uma Proposta de Lege Ferenda: A Sentença Como Primeiro Voto no Colegiado. *Revista do Tribunal Regional do Trabalho da 14ª Região*, v. 6. n. 2, p. 597, jul./dez. de 2010.

CONSELHO NACIONAL DE JUSTIÇA – CNJ. *Justiça em Números*, p. 32, 2013. Disponível em: <ftp://ftp.cnj.jus.br/Justica_em_Numeros/relatorio_jn2015.zip> Acesso em: 2 nov. 2015.

_____. *Priorização de Justiça de primeiro grau é destaque em evento do CNJ.* 06/05/2015. Disponível em <http://www.cnj.jus.br/noticias/cnj/79282-priorizacao-de-justica-de-primeiro-grau-e-destaque-em-evento-do-cnj> (acesso em: 6 dez. 2015).

_____. *Resolução 194 de 2014*. Disponível em <http://www.cnj.jus.br/files/atos_administrativos/resoluo-n194-26-05-2014-presidncia.pdf> (acesso em: 8 dez. 2015).

FRAGA, Ricardo Carvalho; VARGAS, Luiz Alberto de. *Fatos e Jurisprudência*: Reflexões Iniciais. In: *Revista Jus Navigandi*, Teresina, ano 9, n. 541, 30 dez. 2004. Disponível em: <http://jus.com.br/artigos/6119> e <http://www.lavargas.com.br/fatos.html>.

GODBOLD, John C. Twenty Pages and Twenty Minutes: Effective Advocacy on Appeal. *Southwestern Law Journal*, v. 30, p. 801, 1976.

HERZOG, Peter E.; KARLEN, Delmar Karlen. Attacks on judicial decisions. *In International Encyclopedia of Comparative Law*, Civil Procedure v. 16, § 8.87, 1982.

LEITE, Carlos Henrique Bezerra. *Curso de Direito Processual do Trabalho*. 3. ed. 2005.

MERRYMAN, John Henry; PEREZ-PERDOMO, Rogelio. *The Civil Law Tradition*. 3. ed. 2007.

NERY JUNIOR, Nelson; NERY, Rosa Maria de Andrade. *Código de Processo Civil Comentado*. 11. ed. 2010.

PETERS, Amanda. The Meaning, Measure, and Misuse of Standards of Review. *Lewis & Clark Law Review*, v. 13, p. 233, 2009.

ROSENN, Keith S. Brazil. *Legal Systems of the World: a Political, Social, and Cultural Encyclopedia*, v. 1, p. 191, 2002.

_____. Civil Procedure in Brazil, *American Journal of Comparative Law*, v. 34, p. 487, 1986.

SANTOS, Moacir Amaral. *Primeiras Linhas de Direito Processual Civil*. v. 3, 7. ed. 1984.

SARGENT, Walter H. The Meaning of Standard of Review. In: *Appellate Practice in Federal and State Courts*, § 3.01, 2014.

SCHIAVI, Mauro. *Manual de Direito Processual do Trabalho*. 7. ed. 2014.

SOUTO MAIOR, Jorge Luiz; FAVA, Marcos Neves. A Defesa de sua Independência: Um Dever do Magistrado, *Revista de Direito do Trabalho*, v. 123, p. 67, ed. RT, 2006.

UNITED STATES COURTS. *Judicial Business*, 2014, disponível em <http://www.uscourts.gov/statistics/table/b-5/judicial-business/2014/09/30> Acesso em: 6 dez. 2015.

_____. *Judicial Caseload Indicators*, 2013, disponível em <http://www.uscourts.gov/statistics-reports/judicial-caseload-indicators-judicial-business-2013> Acesso em: 6 dez. 2015.

VIEIRA DE MELLO FILHO, Luiz Philippe. *Considerações sobre a Lei n. 13.015/14: uniformização da jurisprudência dos Tribunais Regionais*. Palestra proferida na Escola Judicial do TRT da 4ª Região em 20/08/2015. Arquivada em vídeo na intranet da Escola Judicial, <http://ead.trt4.jus.br/course/view.php?id=1106> (acesso em: out. 2015).

Capítulo VI
Boa fé objetiva:
o novo olhar para o dever de veracidade

A Função Revisora dos Tribunais na Perspectiva da Boa-fé Processual Objetiva: O Dever Jurídico de Veracidade no Processo

EVANDRO LUÍS URNAU

Juiz do Trabalho do TRT da 4ª Região. Especialista em Direito do Trabalho e Processo do Trabalho pela IMED-Passo Fundo e pela UNIDERP-LFG. Professor convidado da Pós-graduação de Direito Material e Processual do Trabalho na IMED. Professor convidado da Pós-graduação de Direito Material e Processual do Trabalho na UPF.

INTRODUÇÃO

Em uma época de grande discussão envolvendo a produtividade do Poder Judiciário e a enorme quantidade de processos novos e pendentes de solução, cada vez mais forte é a sensação de impotência para quem atua com o Direito em juízo.

Ao invés de enfrentar possíveis soluções ao congestionamento processual, trago à baila outra questão que, a meu ver, está diretamente ligada à quantidade de processos: o comportamento das partes e advogados.

Esta rápida pesquisa tem por fito iniciar (ou reiniciar) o debate envolvendo o limite entre o direito à ampla defesa e ao contraditório e o dever de lealdade processual e veracidade.

Com efeito, a maior parte dos processos que tramitam atualmente não atinem à interpretação do Direito ou à aplicação do Direito à controvérsia das pessoas. A esmagadora maioria das causas envolve divergência de fatos, onde uma parte afirma que algo aconteceu e a outra nega ou diz que o fato é diferente. Nesse antagonismo, invariavelmente a conclusão que chegamos é que alguém está mentindo para se beneficiar.

A função ideológica do Poder Judiciário foi perdida. Esse Poder não aplica mais o direito à controvérsia jurídica. Assumiu um papel de detetive para descobrir a verdade.

Fazendo par à beligerância crescente da sociedade, também temos um sem-número de novos advogados todos os anos, que buscam seu espaço no mercado de trabalho e, não raras vezes, abdicam da ética profissional em busca de lucratividade.

Nesse contexto, buscarei traçar a linha divisória entre a ampla defesa – direito de ação e a honestidade--lealdade processual.

DEVER DE VERACIDADE E DIREITO DE MENTIR

Não é recente a controvérsia envolvendo a existência ou não de um direito de mentir ou um dever de honestidade.

No trabalho preparatório do atual código de processo italiano, Ricca Barberis (*apud* COUTURE, 1951, p. 241) sustentou a desnecessidade de inserir no texto qualquer dever de lealdade, de probidade ou de veracidade.

COUTURE informa que:

> La opinión oficial de la *Confederación Fascista de los Trabajadores de Establecimientos de Crédito y Seguro*, hizo llegar al Gobierno un punto de vista muy particular. "Si bien es cierto – dice – que el defensor en el ejercicio de su misión debe cuidarse de no alterar la verdad de los hechos, no se puede admitir el principio en el sentido de que no sea conservado a las partes el derecho de exponer las cosas del modo que parezca más útil al fin de su defensa" (p. 241 e 242).

Em outras palavras, a posição de então era no sentido de que a lealdade era desejável, mas que não se podia proibir, *a priori*, o direito de expor os fatos de acordo com o interesse da parte.

Calamandrei, citado por ANDRADE (2007, p. 25), refere que há um direito de mentir porque a lei determinou. E há um dever de mentir, pois isso facilita a vida em sociedade e evita conflitos.

Todavia, se voltarmos um pouco no tempo até a época do êxodo narrado pela bíblia, logo percebemos que uma das regras enviadas por Deus era justamente dizer a verdade (Não dirás falso testemunho contra o teu próximo. Êxodo 20:16). Essa era uma regra de conduta que devia ser observada por todos.

Aristóteles (1991), em Ética a Nicômaco, já relacionava o dever de seguir a verdade à própria noção de moral.

O dever de honestidade, assim, existe como um dos valores básicos das sociedades desde a antiguidade.

Nas nossas relações privadas, o moralmente aceito e juridicamente certo é agir com verdade e honestidade. Admitir que uma pessoa exponha os fatos conforme melhor atenda aos seus interesses não pode ter o mesmo significado de alterar a verdade dos fatos para obter vantagens.

No âmbito processual a conclusão merece ser a mesma, pois não seria possível se falar em justiça sem subentender que a sentença está sendo baseada na verdade.

Em que pese a jurisprudência criminal brasileira, com fundamento no artigo 5º, inciso LXIII, da CF/88, entender que, se há um direito ao silêncio, também há o direito à mentira, não há negar que a verdade que exige e subentende uma sentença não é apenas aquela que decorre das provas produzidas ou não produzidas em juízo. Exige um comportamento leal das partes em torno dos fatos que efetivamente ocorreram.

COUTURE lembra que "El proceso tiene cierta nota necesaria, cierta inherencia de verdad, porque el proceso es la realización de la justicia y ninguna justicia se puede apoyar en la mentira" (p. 249).

Desenvolvendo o princípio da lealdade, PEYRANO e BARBERIO escrevem:

> Sin entrar en mayores disquisiciones y profundidad sobre los distintos componentes de lo que se ha denominado de moralidad, lo cierto es que con principio de moralidad o sin él, la sentencia con que concluya un proceso pondrá fin al conflicto, sí, pero no podria hablarse de una decisión justa si a ella se ha arribado como consecuencia de un proceso de fines torcidos, fraudulentos, de actitudes indecorosas, donde han imperado las argucias, las trampas y abusos, por encima del principio de igualdad y de la verdad jurídica objetiva (p. 731).

Complementando a importância da conduta das partes, COUTURE, com propriedade, expõe sua opinião sobre a verdade:

> A nuestro modo de ver, el deber de decir la verdad existe, porque es un deber de conducta humana. Pero lo que el proceso requiere no es solamente la verdad formal; requiere la lealtad, el juego limpio y no el subterfugio (1951, p. 253).

A honestidade e a veracidade são, portanto, deveres de qualquer pessoa em sociedade, sejam nas relações particulares, seja na atuação em juízo.

LIMITE NA EXPOSIÇÃO DOS FATOS E A CARACTERIZAÇÃO DA LITIGÂNCIA DE MÁ-FÉ

Quando falamos em dever de honestidade e de veracidade, vinculamos ambos os valores, imediatamente, à integridade moral do ser humano.

Mas esta mesma natureza humana possui um sem-número de atuações inconscientes, que agem ora para satisfazer nossos desejos, ora para promover nossa autodefesa e ora para ambos. Na proteção de qualquer parte de nosso plexo de direitos ou na obtenção da satisfação do prazer (como a vitória em um processo judicial, por exemplo), agiremos equilibrando os desejos insaciáveis do *id* e a severidade repressiva do superego.

Na seara da verdade, cada um tenderá a construir os fatos da forma que mais lhe favoreça, sem que isso possa ser considerado uma mentira.

Em um abalroamento de veículos em um cruzamento em forma de rótula, por exemplo, ambos os motoristas podem sustentar e acreditar que o outro é quem não deu e deveria dar a preferência. Independentemente do que realmente aconteceu, se ambos realmente acreditarem na versão que contam nenhum poderá ser considerado mentiroso.

De acordo com o art. 14 do CPC, as partes têm o dever de agir com lealdade e boa fé, bem como expor os fatos conforme a verdade.

Ao comentar o dever de veracidade do Direito Processual Civil brasileiro, NERY JUNIOR ensina que "a verdade de que trata a norma é de índole subjetiva, sendo suficiente para a observância do princípio, que a parte acredite naquilo que afirma" (p. 255).

Assim, ao se afirmar um fato em juízo acreditando que ele seja verdadeiro, não haverá má fé. Ao contrário, ao negar fato existente, afirmar fato inexistente ou descrevê-los sem correspondência exata com a realidade sabendo da falsidade das declarações, caracterizada estará a má fé.

O professor THEODORO JÚNIOR, sobre a mentira, vaticina:

> A infração do dever de veracidade, nessa perspectiva, é punida sempre que, <u>maliciosamente</u>, a parte falseia a verdade para confundir o adver-

sário ou iludir o juiz da causa, seja na descrição manipulada dos fatos fundamentais do pedido (objeto do processo), seja na inovação deformada de citações doutrinárias e jurisprudenciais, seja mesmo na deturpação de depoimentos ou documentos dos autos, a exemplo do que se prevê no art. 34, XIV, do Estatuto da OAB (Lei n. 8.906/1994) (p. 35).

Em uma reclamação trabalhista, exemplificando, quando o empregador afirma que toda a jornada está anotada no ponto acreditando que isso ocorreu, não haveria má fé mesmo se a prova indicar de forma diferente. Em sentido oposto, o empregador que comprovada e costumeiramente adultera as anotações de jornada, sua defesa que negar este fato seria em má fé.

A caracterização da má fé exigiria, assim, a investigação da subjetividade da parte.

Todavia, em sentido contrário, o professor DIDIER JR. defende que:

> Não existe *princípio da boa-fé subjetiva*. O inciso II do artigo 14 do CPC brasileiro não está relacionado à boa fé subjetiva, à intenção do sujeito do processo: trata-se de norma que impõe condutas em conformidade com a boa fé *objetivamente* considerada, independentemente da existência de boas ou más intenções (p. 46).

Essa divergência de opiniões funda-se especialmente na alteração do Código de Processo Civil ocorrida em 1980.

A redação original do art. 17 do CPC trazia, nos incisos II e III, a palavra "intencionalmente", vinculando a litigância de má fé à intenção da parte.

Originalmente o dispositivo estava assim redigido:

> Art. 17. Reputa-se litigante de má fé aquele que:
> I – desconhecer;
> II – alterar <u>intencionalmente</u> a verdade dos fatos;
> III – omitir <u>intencionalmente</u> fatos essenciais ao julgamento da causa;
> IV – usar do processo com o <u>intuito</u> de conseguir objetivo ilegal;
> V – opuser resistência injustificada ao andamento do processo;
> VI – proceder de modo temerário em qualquer incidente ou ato do processo;
> VII – provocar incidentes manifestamente infundados.- deduzir pretensão ou defesa, cuja falta de fundamento não possa razoavelmente

A interpretação gramatical do referido preceito legal levava à consideração da vontade e da intenção da parte para se caracterizar a má-fé.

Ocorre que a Lei n. 6.771/1980 extraiu a palavra intencionalmente do art. 17 do diploma processual:

> Art. 17. Reputa-se litigante de má-fé aquele que:
> I – deduzir pretensão ou defesa contra texto expresso de lei ou fato incontroverso;
> II – alterar a verdade dos fatos;
> III – usar do processo para conseguir objetivo ilegal;
> IV – opuser resistência injustificada ao andamento do processo;
> V – proceder de modo temerário em qualquer incidente ou ato do processo;
> VI – provocar incidentes manifestamente infundados.
> VII – interpuser recurso com <u>intuito</u> manifestamente protelatório.

O próprio NERY JÚNIOR, ao falar especificamente sobre a alteração da verdade dos fatos, dá o seguinte conceito:

> **Alterar a verdade dos fatos**. Consiste em afirmar fato inexistente, negar fato existente ou dar versão mentirosa para fato verdadeiro. A Lei 6.771/80 retirou o elemento subjetivo "intencionalmente" desta norma, de sorte que não mais se exige a intenção, o dolo de alterar a verdade dos fatos para caracterizar a litigância de má-fé. Basta a culpa ou erro inescusável (p. 263).

A dedução lógica é que a alteração legislativa de 1980 não pode ser ignorada, caracterizando-se a má fé independentemente da intenção da parte. A prática das condutas elencadas no artigo 17 do CPC tipificam litigância de má fé mesmo se a ação decorreu de culpa ou erro inescusável.

A ressalva deve ser feita, todavia, em relação ao inciso VII do artigo 17 do CPC, em que não foi subtraído o termo "intuito", mantendo-se, assim, a conexão com a intenção da parte.

O propósito de protelar o processo, assim, deve ser ao menos inferido da conduta da parte, não podendo a má fé, nesse caso, ser caracterizada pelo simples agir, mesmo que tenha como consequência a proteção da solução da lide.

OS PAPÉIS DO JUIZ E DO TRIBUNAL

A discussão teórica do dever de veracidade, dos limites na narração dos fatos e da lealdade objetivamente considerada possui tons filosóficos. O discurso moral envolvendo o ideal da verdade é de difícil oposição.

Ao dar concretude prática a estes valores morais, especialmente no Poder Judiciário, a visão de unidade entre direito e moral acaba ganhando contorno diferente na exata medida do limite que cada magistrado dá à liberdade das partes na exposição dos fatos.

Quanto mais o magistrado aproximar o direito da moral menor será sua tolerância com a mentira (ou usando um eufemismo: desvirtuamento da verdade). Ao contrário, quanto mais o magistrado separar o direito da moral, priorizando a efetividade da ampla (e irrestrita) defesa, maior a indulgência em relação às narrativas fáticas incompatíveis com a realidade.

Essas diferentes formas de conduta ganham especial relevo em lides em que a divergência é predominantemente fática, como no caso das reclamatórias trabalhistas.

No Direito do Trabalho, a hipossuficiência do trabalhador perante o seu empregador abre as portas para as mais variadas tentativas de desvirtuar formalmente a realidade para diminuir encargos trabalhistas e tributários. Para a proteção do trabalhador, o Princípio da Primazia da Realidade ignora as provas meramente formais quando em desacordo com a verdade.

Este mesmo Princípio que protege, também dá margem para os abusos de trabalhadores que, muitas vezes protegidos pela justiça gratuita, narram fatos em divergência com a verdade para obter vantagens financeiras.

Nestes dois extremos revelam-se diferentes decisões judiciais, ora repelindo as narrativas falsas e ora as admitindo.

O professor Araken de Assis já referiu que "o dever de veracidade no processo civil não difere do comportamento que a ordem jurídica impõe aos sujeitos de direito na esfera privada. Só a conduta humana correta e veraz pode ser estimada conforme ao direito" (2010, p. 391).

Não obstante, a jurisprudência comumente entende que a má-fé "para ser decretada, necessita de prova inequívoca acerca da existência do dolo de agir maliciosamente, dada a presunção da boa fé na relação processual" (TRT4. Processo 0001189-21.2012.5.04.0401 RO. Rel. Alexandre Corrêa Da Cruz. J. 23.04.2015). A circunstância se repete no TST, que decide que "A caracterização da litigância de má fé pressupõe dolo da parte, que deve restar cabalmente evidenciado nos autos. Não se pode presumir o intuito da parte de prejudicar a parte ex adversa" (RR – 82000-67.2007.5.15.0067 Data de Julgamento: 06.10.2010, Relator Ministro: Lelio Bentes Corrêa, 1ª Turma, Data de Publicação: DEJT 15.10.2010).

O dever de veracidade e de lealdade, como já mencionado, transborda do comportamento processual. É uma norma de relacionamento social vigente desde a antiguidade.

Quando alguém deliberadamente não expõe os fatos conforme a verdade está a violar um dever legal e moral com a sociedade. A intenção de prejudicar a outra parte ou de obter alguma vantagem ilícita é intrínseca à própria conduta da pessoa que minta. Não é nem razoável imaginar que alguém que mente deliberadamente em um processo judicial não tenha a intenção de prejudicar o adversário.

Ainda sobre a época de surgimento do CPC de 1973, Araken de Assis conta que "ecoava o diagnóstico: o número expressivo de processos agasalhava lides temerárias e a conduta das partes longe se encontrava da retidão" (2010, p. 14).

O mesmo fenômeno se repete atualmente. Cada vez mais processos ajuizados, tornando extremamente dificultosa a prestação da justiça. Mais difícil ainda está de separar o joio do trigo, a verdade da mentira, a pretensão e defesa legítimas da aventura jurídica e resistência injustificada.

Nesse cenário de multiplicação de demandas infundadas, a jurisprudência tem um papel cada vez mais importante. Esse papel extrapola a simples consolidação de entendimentos jurídicos e abarca, também, uma posição firme contra abusos do direito de ação.

O próprio STF tem ressaltado a importância da atuação dos tribunais no combate à litigância de má-fé:

> O EXERCÍCIO ABUSIVO DO DIREITO DE RECORRER E A LITIGÂNCIA DE MÁ FÉ. – O ordenamento jurídico brasileiro repele práticas incompatíveis com o postulado ético-jurídico da lealdade processual. O processo não pode ser manipulado para viabilizar o abuso de direito, pois essa é uma ideia que se revela frontalmente contrária ao dever de probidade que se impõe à observância das partes. O litigante de má fé – trate-se de parte pública ou de parte privada – deve ter a sua conduta sumariamente repelida pela atuação jurisdicional dos juízes e dos tribunais, que não podem tolerar o abuso processual como prática descaracterizadora da essência ética do processo (RE n. 434.227, Relator Ministro Sepúlveda Pertence, DJ de 3.12.04).

A prática jurisdicional possui inúmeros exemplos de ações e defesas envolvendo falsas afirmações. Há, inclusive, recursos contra fatos incontroversos.

Tomemos como exemplo uma ação trabalhista de um bancário contra um banco. Nessa ação hipotética o trabalhador sustenta que trabalhava rotineiramente dez horas por dia para atingir as metas e sem poder registrar corretamente o horário. Em contraponto, o réu sustenta que a jornada era de seis horas e integralmente anotada no ponto.

A situação possui versões antagônicas sobre os fatos. Uma das partes está mentindo.

Do mesmo modo que a ação não pode servir para uma tentativa de enriquecimento fundado em fatos inexistentes, também não pode ser utilizada para sonegar direitos de forma maliciosa. A verdade é o mínimo que se pode (e se deve) exigir de uma pessoa civilizada.

Comprovada a falsidade, a conduta repressiva do juiz de primeira instância (aplicando as sanções processuais à parte mentirosa), deve ser respaldada pelo Tribunal, sob pena de estimular ações e defesas infundadas e postergar a resolução dos conflitos.

CONCLUSÃO

Inegavelmente a sociedade vive uma crise ética. O sistema capitalista estimula a obtenção de riqueza, sem se preocupar com valores morais, como o da verdade e o da justiça, por exemplo.

O Poder Judiciário novamente surge como balizador e poderá, por duas decisões, incentivar ou dissuadir condutas moralmente corretas.

A litigância de má fé pela alteração da verdade dos fatos não exige a investigação da intenção da parte. Basta que ela saiba que a afirmação é inverídica, pois a mentira pressupõe o interesse em obter vantagem indevida em detrimento do adversário.

As decisões de primeiro grau caminham para uma maior severidade na identificação e punição de partes que alteram a verdade dos fatos. Os Tribunais, ao compreenderem que o Princípio da Proteção e o da Ampla Defesa não autorizam abusos nos direitos de ação e de defesa, devem reforçar a punição às partes que priorizam a obtenção de dinheiro em prejuízo da ética mínima que deve ser mantida na relação processual.

A negligência dos Tribunais com os abusos acarretará um incremento no número de ações e defesas infundadas, prejudicando a já delicada situação do congestionamento de processos judiciais.

Sem compromisso com a verdade, não há sequer falar em justiça. E sem justiça não há porque existir um Poder Judiciário.

REFERÊNCIAS

ARISTÓTELES. *Ética a Nicômaco*. Os pensadores. v. 2. Seleção de textos de José Américo Motta Pessanha. 4. ed. São Paulo: Nova Cultural, 1991.

ASSIS, Araken. Dever de Veracidade das partes no Processo Civil. *Revista Jurídica* (Porto Alegre, 1953). V 391, p. 11-25, 2010.

COUTURE, Eduardo J. *Estudios de Derecho Procesal Civil*. Tomo III. Buenos Aires: Ediar, 1951.

DIDIER JR, Fredie. *Curso de Direito Processual Civil*. Teoria Geral do Processo e Processo de Conhecimento. 1 vol. 11. ed. Salvador: Juspodivm, 2009, p. 46. Grifei).

MENDES, Gilmar Ferreira; BRANCO, Paulo Gustavo Gonet. *Custo de Direito Constitucional*. 7. ed. rev. e atual. São Paulo: Saraiva, 2012.

NEGRÃO, Theotonio. *Código de Processo Civil e Legislação Processual em Vigor*. 41. ed. São Paulo: Saraiva, 2009.

NERY JUNIOR, Nelson. *Código de Processo Civil Comentado e legislação extravagante*. 13. ed. rev., ampl. e atual. São Paulo: Revista dos Tribunais, 2013.

PEYRANO, Jorge Walter. BARBERIO, Sergio. SOLÁ, Marcela Garcia. *Principios Procesales*. 1. ed. Santa Fe: Rubinzal Culzoni, 2011.

PIRES, Cláudio Soares. Litigante de Má-fé (Reclamante Pobre na Forma da Lei). *Jornal Trabalhista*. Ano XII. N. 605. Brasília: Consulex, 1996, p. 527.

THEODORO JÚNIOR, Humberto. *Código de Processo Civil Anotado*.16. ed. Rio de Janeiro: Forense, 2012.

_____. *Curso de Direito Processual Civil*. Vol. 1. 41 ed. Rio de Janeiro: Forense.

Capítulo VII
A valorização das decisões de primeiro grau – algumas propostas

A Valorização da Sentença de Primeiro Grau de Jurisdição

Jorge Luiz Souto Maior
Professor livre-docente do Departamento de Direito do Trabalho e da Seguridade Social da Faculdade de Direito da USP. Juiz do trabalho.

Há uma contradição quase invencível entre a teoria e prática no processo. Em teoria se diz que a sentença "é o momento culminante do processo"[1]. Mas, na prática, instituiu-se entre advogados e juízes a idéia de que a sentença é um ato que se deve proferir o quanto antes, mesmo sem muitos cuidados técnicos, para que se possa, o mais rápido possível, atingir o duplo grau de jurisdição. Não é incomum ouvir advogados dizendo: "quero que o juiz profira logo a sentença, qualquer que seja, para que eu possa recorrer". E mesmo assim chegam a se expressar alguns juízes: "é melhor uma sentença qualquer do que uma sentença que demore, pois a parte vai recorrer mesmo...". Além disso, com sentenças rápidas atinge-se o ideal, que até parece ser o objetivo único da Justiça, da melhora dos dados estatísticos.

É evidente que justiça que tarda não é mais que uma injustiça manifesta, já dizia Rui Barbosa. No entanto, disso não se extrai a conclusão de que proferir com rapidez uma sentença, sem avaliação de conteúdo, seja melhor para o jurisdicionado do que uma sentença que não é logo publicada.

Não se está dizendo que a celeridade não deva ser buscada e que, assim, toda demora está perdoada. A celeridade é, com toda certeza, um grande alvo da prestação jurisdicional. O que se está dizendo é que em nome da celeridade não se pode, como se tem verificado na prática, transformar a sentença em mero ato de passagem sem qualquer caráter de comando jurisdicional.

Mesmo do ponto de vista prático, uma sentença bem elaborada tem sua razão de ser, pois: elimina discussões na fase de liquidação; pode ser aceita pelas partes; fornece elementos sólidos para eventual posicionamento do Tribunal sobre as questões debatidas; regula, com maior correspondência, a realidade social, da qual está mais próxima.

A sentença, portanto, como reconhecido na teoria, não é um ato inútil ou menos importante.

O desprezo pela relevância da sentença, ademais, conduz ao cúmulo de se esquecer que se trata da decisão de um juiz, a quem fora conferido, constitucionalmente, o poder jurisdicional. Nesta perspectiva, passa-se a considerar a sentença como nada além do que a mera opinião de um juiz sobre um determinado assunto, que nenhum efeito obrigacional gera para as partes. E olha que não se trata de um problema ligado a um possível preconceito com relação aos juízes de instâncias inferiores, vez que o fenômeno se reproduz, igualmente, quando o primeiro grau de jurisdição se produz junto a instâncias superiores. Com efeito, recentemente, em fevereiro de 2009, o Presidente do Tribunal Regional do Trabalho da 15ª Região, Luís Carlos Cândido Martins Sotero da Silva, proferiu decisão em dissídio coletivo, determinando a suspensão das dispensas de 4.200 empregados da empresa EMBRAER e a reação da empresa foi dizer, publicamente, sem o menor constrangimento, que a decisão não significava a reintegração e que iria interpor recurso da decisão (a qual, a bem da verdade, não era uma sentença e sim uma decisão liminar).

Não se está, igualmente, negando a importância do duplo grau de jurisdição e mesmo o direito da parte de não concordar com o conteúdo da sentença. O destaque é dado ao fato de que o exercício do direito ao duplo grau não é suficiente para negar à sentença a natureza de ato jurisdicional.

---
[1] Cândido Rangel Dinamarco. *Instituições de Direito Processual Civil*. Vol. III. São Paulo: Malheiros Editores, 2002. p. 194.

A possibilidade do recurso fez impregnar no meio jurídico a idéia equivocada de que uma sentença e nada é a mesma coisa. Chega-se a achar um absurdo que uma sentença possa ser executada antes de sobre ela se manifestar o Tribunal.

Ora, é evidente que uma sentença pode ser reformada, mas isso não quer dizer que o provimento jurisdicional já dado, por um juiz constitucionalmente habilitado para fazê-lo, não tenha qualquer valor.

Neste contexto, a prática ao negar a relevância da sentença impulsiona o advogado a requerer que o juiz profira logo uma sentença qualquer e favorecer a que o juiz se engaje na conveniência de proferir uma sentença com tal característica, acreditando que seu ato pouco importa às partes.

É essencial deixar claro, também, que não se está abominando a simplicidade. Não se está afirmando que a sentença deve ser, necessariamente, profunda em todos os seus aspectos. Tudo depende do caso posto a discussão. Há casos muito simples, que não exigem maiores delongas. Mas, há, por certo, casos extremamente complexos, que exigem longo tempo para reflexão a fim de se chegar a uma conclusão a partir dos fundamentos jurídicos correspondentes.

Dentro de uma lógica que impõe a celeridade a qualquer custo, atendendo até mesmo a expectativa das partes neste sentido, acabam sendo deixadas de lado as necessárias avaliações dos pontos controvertidos para se chegar a fórmulas que beiram a algo parecido como: "Improcedente o pedido porque não restou provado o fato."; "Procedente o pedido na forma trazida na inicial por seus próprios e jurídicos fundamentos."; "Procedente (ou improcedente), adotando-se como fundamento de decidir as razões do laudo pericial de fls."

O processo, desenvolvido sem preocupação metódica, pressionado pelos dados estatísticos, acaba se transformando em reduto de enigmas, dos quais se valem juízes, autores (reclamantes) e réus (reclamadas). Muitas sentenças, por exemplo, concluem que "o fato restou provado nos termos da audiência de fls.", muitas iniciais dizem que o reclamante não recebeu vários de seus direitos e mesmo diante da apresentação dos recibos nos autos continuam dizendo a mesma coisa, enquanto as defesas aduzem que os direitos foram pagos "conforme documentação anexada aos autos", mas sem fazer qualquer demonstração ou indicarem a qual documento, especificamente, se referem.

Assim, muitas vezes o processo parece um jogo de cartas fechadas, muitas guardadas nas mangas, no qual o reclamante finge que pede, a reclamada finge que contesta e o juiz finge que julga.

Vide, abaixo, dois exemplos da forma enigmática como alguns processos se desenvolvem:

ACÓRDÃO
PROCESSO TRT/15ª N. 01323-2006-129-15-00-2
RECURSO ORDINÁRIO
RECORRENTE: PEDRO FERNANDES JÚNIOR
RECORRIDO: SADIA S/A
ORIGEM: VARA DO TRABALHO DE CAMPINAS – 10ª.

Inconformado com a r. decisão de fls. 338/343, que julgou parcialmente procedentes os pedidos formulados na petição inicial, recorre o reclamante pelas razões apresentadas às fls. 351/359, pleiteando a reforma da sentença de primeiro grau.

Contra-razões da reclamada às fls. 364/377.

É o relatório.

VOTO

Presentes os pressupostos recursais, conheço.

I- Estabilidade – Convenção Coletiva.

Segundo o reclamante, a cláusula 14ª da Convenção Coletiva, juntada às fls. 80 e vigente até 30 de junho de 2006, garantia-lhe estabilidade no emprego até a aquisição do direito à aposentadoria, mas a sentença negou-lhe tal direito sob o argumento de que não fora cumprida a formalidade de comunicação à reclamada de que o reclamante estava nesta condição.

Aduz o reclamante que apesar de ter dito em depoimento pessoal que não apresentou à reclamada o documento referente a tal condição, fez a comunicação verbalmente, fato este não contestado pela reclamada.

O reclamante pleiteia, então, a reforma da sentença, para o fim de receber os salários do período havido entre sua dispensa e a data em que adquiriu o direito à aposentadoria, além da multa prevista na mesma Convenção.

A reclamada, por sua vez, reitera o argumento da sentença no sentido da ausência do cumprimento da formalidade da comunicação por escrito e entrega de documentação comprobatória do tempo de serviço.

Milita em favor do reclamante, inegavelmente, o fato de ter trabalhado para a reclamada desde novembro de 1981, sendo totalmente improvável que a reclamada não tivesse conhecimento de toda vida profissional do reclamante.

A respeito a reclamada diz que não poderia saber o exato dia em que cada um de seus 49.000 empregados vai se aposentar.

O argumento da reclamada tenta apenas impressionar pelos números, mas não tem o menor sentido, afinal ela bem sabe a que horas que cada um de seus 49.000 empregados chega para trabalhar, a que horas sai, os dias em que não vem trabalhar etc.

A reclamada, ainda, tenta fazer crer que como o reclamante já tinha direito à aposentadoria proporcional não estava abrangido pela proteção da norma coletiva. Ora, a reclamada pelo argumento da interpretação mais favorável diminui o direito do trabalhador. Há de se concordar com a reclamada – e é importante que sua posição neste sentido seja registrada para consideração em outros feitos – que a cláusula se aplica aos empregados em vias de aposentadoria proporcional, mas isso não exclui a aplicação da mesma cláusula aos empregados em vias de aposentadoria integral. Como diz a reclamada, a norma não determina a qual aposentadoria se refere e, assim, pela aplicação da interpretação mais favorável – efetivamente mais favorável – deve ser aplicada às duas situações.

Há, no entanto, certos aspectos em desfavor do reclamante. Primeiramente, o reclamante bem que poderia ter instruído a presente reclamação com a tal comprovação de seu tempo de serviço, adquirida junto ao INSS, já que a cessação do vínculo se deu em janeiro de 2006 e a reclamação foi proposta em julho do mesmo ano. Em segundo lugar, em momento algum o reclamante diz com precisão qual seria o seu tempo de serviço, conforme consta das cópias de anotações de contratos de trabalho em Carteira Profissional juntadas com a inicial.

As ditas anotações nas duas CTPSs do reclamante revelam que o reclamante teve vários contratos de trabalho a partir de 01 de janeiro de 1970. O primeiro, de 62 meses e 28 dias; o segundo, 33 meses e 23 dias; o terceiro, 20 meses; o quarto, 11 meses e 17 dias; o quinto, o com a reclamada, 24 anos, um mês (300 meses) e 16 dias.

Tem-se, assim, um total de 426 meses e 84 dias de trabalho, ou melhor, 428 meses e 24 dias, o que representa, 35 anos, 6 meses e 24 dias.

Pois bem, formalidades à parte – que no fundo pouco importam – o que se percebe é que o reclamante, efetivamente, não apresentou em momento algum o documento que diz respeito ao seu tempo de serviço porque de fato não tinha direito à pretensão formulada.

Mas, não é somente de um caso de improcedência que se trata. Sua postura perante o Judiciário, tentando induzir o juízo a erro, é imperdoável. Ora, diante dos argumentos bem conectados, estava prestes a julgar procedente a pretensão do reclamante, até que fui conferir o tempo e serviço anotado na CTPS do reclamante – o que nem mesmo a reclamada se deu ao trabalho de fazer, vale frisar. Eis, então, a surpresa: o reclamante, quando da cessação do vínculo, já havia completado o tempo mínimo para a aposentadoria integral e segundo sua versão, posta na inicial, estaria há cerca de três/quatro meses do evento.

Inegavelmente, o reclamante agiu de má fé.

Assim, nego provimento ao recurso, ainda que por outro fundamento, e condeno o reclamante a pagar à reclamada multa de 1% sobre o valor da causa.

(...)

III- Redução Salarial – Supressão de Comissões.

Diga-se, inicialmente, que não há prescrição, pois a prescrição durante o curso da relação de emprego é sempre parcial, renovando-se a violação a cada mês em que há repercussão da alegada ilegalidade. Assim, prescrevem apenas as parcelas atingidas pelo lapso qüinqüenal, conforme fixado em sentença.

Conforme discriminado no recurso, fls. 354, houve, monetariamente, redução salarial a partir de fevereiro de 2005.

O reclamante, no entanto, não esclarece a questão. Aliás, não esclarece sequer porque apresenta redução a partir de fevereiro de 2005, sendo que na inicial fundamenta sua pretensão em evento ocorrido em outubro de 2003.

Ademais, no item do recurso enumera também a "supressão de comissões", mas nada fala a respeito, sendo que na inicial, a pretensão tem fundamento em fato supostamente ocorrido em 2001 (sem sequer um determinação mais precisa).

Só por este motivo o recurso do reclamante não merece ser provido. Mas, não é só isso.

Novamente, o reclamante tenta induzir o juízo a erro. A sua discriminação de fls. 354, além de estar alheia aos demais elementos dos autos, por si próprios apresentados, ainda está em total dissonância com a prova documental produzida.

O reclamante apresenta valores de salários inverídicos. Com efeito, diz que em fevereiro de 2005 foi salário foi de R$ 2.605,36, mas o recibo de pagamento do mês em questão, fls. 67, demonstra que o salário foi de R$ 3.502,42. E assim se deu nos demais meses. É que o reclamante, sintomaticamente, se esqueceu de indicar os valores dos respectivos adiantamentos quinzenais...

Renova-se, assim, a consideração de que o reclamante litiga de má fé. Por mais este ato, majora-se a pena aplicada, condenando o reclamante a pagar à reclamada indenização equivalente a 10% do valor total da condenação dirigida à reclamada.

(...)

V- Verbas Rescisórias.

O reclamante diz que a reclamada não considerou o valor de R$ 5.251,86, sua maior remuneração, recebida em setembro de 2005, como base de cálculo das verbas rescisórias.

A reclamada, em defesa, fls. 123, parece fingir que não entendeu a pretensão do reclamante, e limita-se a dizer que "as verbas rescisórias foram quitadas" quando da rescisão contratual, tendo o valor correspondente sido depositado em conta-corrente do reclamante e tendo havido homologação do termo rescisório.

A sentença, por sua vez, adverte para o fato de que o aviso prévio indenizado foi pago com base no valor de R$ 5.757,11, superior ao mencionado pelo reclamante. Não percebe, no entanto, que as demais parcelas, saldo salarial, férias vencidas, férias proporcionais, 13º. Salário proporcional foram pagos a partir do base mencionada no campo 21, qual seja, R$ 2.991,06.

O reclamante, em recurso, limita-se a dizer que o juízo não considerou as demais parcelas, mas não se dá ao trabalho de esclarecer a questão.

A reclamada, por sua vez, reitera: "as verbas rescisórias foram pagas corretamente".

Efetivamente, parece que as partes não estão dispostas a se manifestar com clareza nestes autos.

Vamos lá, então.

O que é preciso saber é se a norma do artigo 477, da CLT, se aplica ao presente caso e qual a sua extensão.

Diz o referido dispositivo: "Art. 477 – É assegurado a todo empregado, não existindo prazo estipulado para a terminação do respectivo contrato, e quando não haja ele dado motivo para cessação das relações de trabalho, o direto de haver do empregador uma indenização, paga na base da maior remuneração que tenha percebido na mesma empresa."

Esta indenização diz respeito aos contratos não abrangidos pelo FGTS, conforme preconiza o art. 478: "A indenização devida pela rescisão de contrato por prazo indeterminado será de 1 (um) mês de remuneração por ano de serviço efetivo, ou por ano e fração igual ou superior a 6 (seis) meses."

Prevê, ainda, o § 4º, do art. 478: "Para os empregados que trabalhem a comissão ou que tenham direito a percentagens, a indenização será calculada pela média das comissões ou percentagens percebidas nos últimos 12 (doze) meses de serviço."

Esta indenização, como se sabe, foi alterada pela Lei n. 5.107/66, fixando-se ao empregador, conforme opção feita, a obrigatoriedade do depósito de 8% em conta-vinculada do FGTS (que representa o valor de um salário por ano), além de uma multa de 10% sobre os valores depositados no caso de cessação imotivada do contrato de trabalho. Posteriormente, o regime do FGTS tornou-se obrigatório e a multa de 10% foi majorada para 40%, nos termos da Lei n. 8.036/90.

Não se há falar, portanto, em aplicação do art. 477, da CLT, para fins de cálculo da indenização pela cessação do contrato de trabalho, sendo que a indenização de 40% do FGTS já acompanha, naturalmente, as variações salariais.

Não há, portanto, nenhuma diferença devida a tais títulos.

No que diz respeito ao aviso prévio indenizado, às férias vencidas e proporcionais, e ao 13º. salário proporcional, também devidos na rescisão, devem ser verificadas as regras específicas.

Quanto ao 13º. salário, prevê o art. 3º., da Lei n. 4.090/62, que "Ocorrendo rescisão, sem justa causa, do contrato de trabalho, o empregado receberá a gratificação devida nos termos dos parágrafos 1º e 2º do art. 1º desta Lei, calculada sobre a remuneração do mês da rescisão".

Prevêem os dispositivos em questão:

"Art. 1º – No mês de dezembro de cada ano, a todo empregado será paga, pelo empregador, uma gratificação salarial, independentemente da remuneração a que fizer jus.

§ 1º – A gratificação corresponderá a 1/12 avos da remuneração devida em dezembro, por mês de serviço, do ano correspondente.

§ 2º – A fração igual ou superior a 15 (quinze) dias de trabalho será havida como mês integral para os efeitos do parágrafo anterior.

§ 3º – A gratificação será proporcional:

I – na extinção dos contratos a prazo, entre estes incluídos os de safra, ainda que a relação de emprego haja findado antes de dezembro; e

II – na cessação da relação de emprego resultante da aposentadoria do trabalhador, ainda que verificada antes de dezembro."

O Decreto 57.155, de 03/11/1965, que regulamentou a lei, no entanto, estabeleceu, com justiça, que:

"Para os empregados que recebem salário variável a qualquer título, a gratificação será calculada na base de 1/11 (um onze avos) da soma das importâncias variáveis devidas nos meses trabalhados até novembro de cada ano. A esta gratificação se somará a que corresponder à parte do salário contratual fixo".

Parágrafo único: Até o dia 10 de janeiro de cada ano, computada a parcela do mês de dezembro, o cálculo da gratificação será revisto para 1/12 (um doze avos) do total devido no ano anterior, processando-se a correção do valor da respectiva gratificação com o pagamento das possíveis diferenças".

Assim, o valor devido a título de 13º. salário, por ocasião da rescisão, será proporcional ao tempo de serviço no último ano, contado sempre a partir de 1º. de janeiro, sendo o valor fixado a partir do montante do último salário, por ser, pressupostamente, o maior, ou com base na média do valor pago nos salários do mesmo período.

No caso em questão, o salário de setembro de 2005 não exerce influência sobre o 13º salário proporcional devido em virtude de cessação de vínculo empregatício no ano seguinte, pois se integrara ao cálculo do 13º salário devido em 2005.

A cessação do vínculo, ademais, se deu em 02 de janeiro, não atingido qualquer proporcionalidade em 2006, tanto que não houve pagamento correspondente (vide campo 32). Improcede.

Houve, é verdade, pagamento de 2/12 anos de 13º salário proporcional, pagos sob a base de uma "indenização", no importe de R$ 710,26. Supõe-se, portanto, que o valor pago levou em consideração a integração do aviso prévio indenizado ao contrato de trabalho e se o fez na proporcionalidade de 02 meses é porque, então, o valor de R$ 5.757,11, pago a título de aviso prévio indenizado, referiu-se a dois meses de trabalho. E é exatamente isso o que se deu, pois o reclamante, nos termos da cláusula 21ª do acordo judicial, Processo n. TRT/SP 20210200400002005, fls. 81, tinha direito a 60 dias de aviso prévio.

Assim, ao contrário do afirmado em sentença, a reclamada não considerou o valor de R$ 5.757,11 como base para cálculo das verbas rescisórias, nem mesmo do aviso prévio indenizado. A base fora mesmo R$ 2.991,06 e se a base fora essa 60 dias de aviso prévio dariam R$ 5.982,12 e não R$ 5.757,11 e o 13º salário proporcional, pela integração do aviso prévio indenizado, R$ 997,02 e não R$ 710,02.

Neste aspecto, ademais, vale indagar: por que a base fora esta de R$ 2.991,06? Ora, o cálculo do aviso prévio tem regra específica. Com efeito, dispõe o artigo o § 1º do art. 487 da CLT que "a falta do aviso prévio por parte do empregador dá ao empregado o direito aos salários correspondentes ao prazo do aviso, garantida sempre a integração desse período no seu tempo de serviço", sendo que "em se tratando de salário pago na base de tarefa, o cálculo, para os efeitos dos parágrafos anteriores, será feito de acordo com a média dos últimos 12 (doze) meses de serviço" (§ 3º).

Está claro, portanto, que o mero valor da maior remuneração, como alude o reclamante, não é base de cálculo do aviso prévio indenizado, mas não basta à reclamada, para negar a pretensão do reclamante, dizer que o valor das verbas rescisórias foi corretamente pago. Nos termos da discriminação feita pela própria reclamada às fls. 375, a média dos últimos 12 meses foi de R$ 4.218,68. Aliás, o Termo de Rescisão denuncia que a média foi, em verdade, de R$ 4.261,58 (conforme se verifica no campo 33 das férias vencidas).

Assim, o valor do aviso prévio indenizado deveria ter sido, concretamente, de R$ 8.523,16 e o valor do 13º. salário proporcional, pela integração do aviso prévio ao tempo de serviço, R$ 1.420,52.

Devidas, portanto, as diferenças conseqüentes.

No que diz respeito às férias (vencidas e proporcionais), a regra é a do § 3º, do art. 142, da CLT: "Quando o salário for pago por percentagem, comissão ou viagem, apurar-se-á a média percebida pelo empregado nos 12 (doze) meses que precederem à concessão das férias".

Mas, como já dito, a reclamada considerou, efetivamente, a média dos últimos doze meses para efeito do pagamento da parcela em questão, não havendo qualquer diferença a ser paga, pois a base de cálculo pretendida pelo reclamante não tem amparo jurídico.

Não prospera o recurso neste aspecto.

CONCLUSÃO

Pelo exposto, resolvo conhecer do recurso apresentado pelo reclamante, e no mérito, dar-lhe parcial provimento para o fim de julgar parcialmente procedentes os pedidos formulados pelo reclamante, condenando a reclamada a pagar-lhe indenização equivalente ao valor do veículo furtado, nos termos do item "d" do pedido, sem o acréscimo de outros valores, com juros e correção monetária, na forma da lei; horas extras e reflexos; e diferenças referentes a aviso prévio indenizado e 13º salário proporcional, nos termos da fundamentação supra.

Não obstante, declaro o reclamante litigante de má-fé, impondo-lhe o pagamento à reclamada de multa de 1% sobre o valor da causa e indenização de 10% sobre o valor total da condenação direcionada à reclamada.

Custas, em reversão, pela reclamada, no importe de R$ 1.000,00, calculadas sobre R$ 50.000,00, valor arbitrado à condenação.

JORGE LUIZ SOUTO MAIOR
Juiz Relator

ACÓRDÃO

PROCESSO TRT/15ª N. 03187-2005-130-15-00-4 RO
RECURSO ORDINÁRIO
RECORRENTE: GISDELIA MAGALHÃES DUQUE
RECORRIDA: AUTO ESCOLA LÍDER LTDA.
ORIGEM: VARA DO TRABALHO DE CAMPINAS – 11ª.

Inconformada com a r. decisão de fls. 347/351, que julgou parcialmente procedentes os pedidos formulados, recorre a reclamante, pelas razões apresentadas às fls. 355/358, pleiteando a reforma da sentença de primeiro grau.

Contra-razões da reclamada às fls. 366/368.

É o relatório.

VOTO

Presentes os pressupostos recursais, conheço.

(...)

b) Horas extras

A reclamante alegou que extrapolava sua jornada diária em quatro horas diárias. Juntou aos autos o livro de controle de aulas práticas (fls. 33/127) que demonstra que ficava à disposição da reclamada das 7h00 às 18h50. O depoimento da testemunha da reclamante confirma a jornada descrita no referido livro (fl. 263).

A reclamada alegou, em sua defesa, que a reclamante desenvolvia jornada variável de trabalho, "de acordo com o número de aulas agendadas", dentro do intervalo compreendido entre 7h00 e 19h00; que as horas extras, observando a duração de 50 minutos das aulas, foram pagas corretamente; que a reclamante não tinha jornada fixa, dependendo do número de aulas agendadas em cada dia; que a reclamante não ficava à disposição da reclamada.

A r. sentença (fl. 348) entendeu que a reclamante deveria ter discriminado quais eram as horas extras e em que dias foram realizadas; que deveria ter indicado o número de horas devidas; que a reclamante não discutiu o critério de avaliação das horas excedentes, de nada servindo a informação (da testemunha) de que ficava à disposição da empregadora durante todo o período; que não cabe ao julgador analisar os documentos dos autos a fim de procurar diferenças devidas em favor da autora, pois esse encargo cumpre à parte.

Não se pode concordar com o juízo de primeiro grau de que não cabe ao juízo ficar analisando os documentos dos autos a fim de procurar diferenças. Mas, se tal proposição fosse verdadeira, pela mesma lógica poder-se-ia dizer que não cabe ao juiz ficar avaliando os documentos dos autos para afirmar se todas as horas trabalhadas foram efetivamente pagas. O que se está dizendo, concretamente, é que o juízo de primeiro grau não examinou a documentação para encontrar diferenças, mas, por outro lado, acabou dizendo, sem o mesmo exame, que as horas trabalhadas foram completamente pagas. Bem verdade que foi o reclamante quem pediu diferenças, mas a reclamada, por sua vez, disse que as horas foram todas pagas. Nem um, nem outro, se deu ao trabalho de demonstrar a veracidade de suas alegações. A questão, portanto, é: a quem competia tal prova?

É evidente que a prova competia à reclamada, pois esta não juntou ao autos, como devido, os respectivos controles de jornada. Limitou-se a dizer que a reclamante "não tinha jornada fixa de trabalho" e que a reclamante nunca trabalhou durante todo o horário de seus funcionamento, das 7 às 19h. Mas, não trouxe controle de jornada, não se manifestou, expressamente, sobre a documentação juntada pela reclamante às fls. 33/127 (controle de aulas práticas) nem disse, afinal, qual teria sido a jornada cumprida pela reclamante. A própria reclamada juntou aos autos escalas de aulas a partir de fls. 166, mas nada disse sobre as efetivas horas trabalhadas pela reclamante diariamente.

A reclamada tentou se valer da inércia, para impor uma dificuldade processual à reclamante. Mas, competia, por óbvio, à reclamada a demonstração clara das horas efetivamente trabalhadas pela reclamante, até porque tinha essa informação, na medida em que pagava à reclamante, mensalmente, algumas horas extras, conforme se verifica às fls. 245/251.

Cumpre destacar, ademais, que, juridicamente falando, não tem sentido a tese da reclamada de que só se poderiam integrar à jornada de trabalho as horas em que a reclamante ministrava aulas, pois o tempo à disposição do empregador incorpora-se à jornada de trabalho, conforme prevê o art. 4º., da CLT. Neste aspecto, ademais, os documentos juntados aos autos revelam que a reclamada dava aulas em horários variados, sem uma periodicidade precisa. Às vezes dava aulas a partir das 7h., indo até às 17h. e 50', fls. 168/174, sendo que no sábado ia até às 13h. e 50'. Outras vezes ia até mais tarde, 18h. e 50' (fls. 179/182), ou mesmo até às 19h. (fls. 184/188). Em alguns poucos dias, conforme os documentos juntados pela reclamada, fls. 166, 191, 227 e 244, a reclamante iniciou mais tarde, às 14h., e, em uma ocasião às 10h. (fls. 175). Em alguns dias ministrou poucas aulas, conforme fls. 187 e, sobretudo, mais para o final da prestação de serviços (fls. 238/244), sendo que em alguns dias ministrou apenas uma aula pela manhã, fls. 194, 221, 215, embora tenha trabalhado 19h.

Quanto ao intervalo muitas foram as ocasiões em que o alegado, pela reclamada, tempo de duas horas de fato não existiu. Na maioria dos dias, conforme consta dos documentos em questão, o tempo do intervalo, entre uma aula e outra (e não que tenha sido efetivamente cumprido), foi de 1h. e 10', conforme fls. 167, 168, 169, 170, 172, 177, 179, 180, 181, 182, 190, 197, 211, 214, 217, 219, 222, 223, 225, 226, 228, 229, 231, 232, 234, 235 e 237, sendo que em alguns dias não houve qualquer intervalo: fls. 174; 175 e 176.

O intervalo de duas horas entre uma aula foi consignado nos documentos de fls. 184, 185, 186, 188, 189, 192, 193, 195, 196, 198, 199, 202, 204, 205, 206, 207, 210, 213, 216, 220, 239, 241, 242, 243.

O que se percebe, facilmente, é que a reclamada não podia, concretamente, valer-se das horas em que não estava dando aulas como tempo livre, para satisfação de interesses pessoais, de forma regular. Estava, portanto, de fato, ligada ao trabalho que exercia para a reclamada, no horário das 7 às 18h. e 50' (nos limites do pedido), de segunda à sexta-feira, com uma hora de intervalo para refeição e descanso, e das 7h. às 13h, nos sábados (nestes dias o trabalho não era tão extenso quanto nos demais dias), tendo livres os domingos.

Assim, considerando o horário em questão, reformo a sentença e condeno a reclamada a pagar à reclamante as horas extra pelo trabalho exercido além da 8ª. hora diária e 44ª semanal, com adicional de 50%, e reflexos pretendidos.

CONCLUSÃO

Pelo exposto, resolvo conhecer do recurso apresentado e, no mérito, dar-lhe provimento, para o fim de afastar a contradita que fora imposta à testemunha da reclamante e para condenar a reclamada a pagar à reclamante horas extras e reflexos, nos termos supra.

Elevo o valor arbitrado à condenação para R$ 10.000,00

JORGE LUIZ SOUTO MAIOR
Juiz Relator

A sentença, ademais, tenho essa ilusão, pode estabelecer os padrões de conduta na sociedade à qual se direciona mais diretamente. Quando se faz vistas grossas ao cumprimento da lei, a sociedade age de acordo com esse padrão; quando, ao contrário, há rigor no respeito à lei, os vínculos sociais assim se direcionam, mesmo que as sentenças, como se sabe, estejam sujeitas a recurso e possam ser, efetivamente, reformadas.

A uma sentença rápida, que passe por cima das complexidades dos autos, deve-se preferir uma que demore, mas que traga os fundamentos e as análises que o caso requeira.

O mais intrigante desse efeito prático que despreza a relevância da sentença é que tanto a teoria doutrinária quanto os próprios dispositivos legais não a autorizam. Em muitas situações a ineficácia processual é debitada à ausência de uma lei que se direcione neste sentido. Mas, na hipótese do tema em exame a ineficácia se produz ao arrepio da lei e da doutrina.

A recente reforma processual veio, exatamente, para ativar a idéia que já seria exigível: a da relevância judicial da sentença.

A valorização da sentença é um dos pontos mais evidentes da reforma, apesar de estar sofrendo sérios ataques advindos de uma certa formação jurídica retrógrada e de uma prática jurisdicional desvirtuada, que partem do pressuposto de que a produção de resultados concretos por via do processo é algo excepcional, sendo natural o desencadeamento infindável de atos que encontram sua lógica no mundo virtual dos debates que se produzem nas lides. Na cabeça de muitos a palavra processo, que se lê, "pro-ce-sso" (exatamente desse jeito, bem lentamente e de forma empolada), expressa uma idéia que se satisfaz em si mesma, ou seja, o processo tem sentido a partir de sua própria formalidade, na sobreposição estática de seus institutos, gerando meandros e caminhos preferencialmente obscuros.

Aliás, é dentro desse sentido que se chega ao cúmulo de dizer que as partes não estão obrigadas a falar a verdade. Enquanto a sociedade professa a noção de que a mentira é moralmente condenável[2]; que o ser ético não mente, há uma concordância, na prática do processo, que a mentira da parte é algo natural. É evidente que não pode ser assim. Se a lei atribui à testemunha a obrigação de dizer a verdade, sob pena de cometimento de crime de falso testemunho e nada diz sobre o depoimento da parte, não significa que a mentira, moralmente condenável em todos os arranjos sociais, não o seja também no processo. A parte pode não responder a processo criminal pela mentira, mas nem por isso está livre para tripudiar sobre a justiça e a parte contrária invertendo a verdade dos fatos, como ademais preconiza, expressamente, o art. 17, inciso II, do CPC.

Neste sentido específico, ademais, cumpre ir além da mera litigância de má-fé, pois em vários outros ordenamentos o ato de mentir às autoridades constitui grave ilícito, como se verificou no famoso caso, nos Estados Unidos, da corredora Marion Jones.

Voltando ao aspecto da sentença, deve-se, ainda, ter atenção para o fato de que a Lei n. 11.232/2005 redefiniu a sentença como sendo o "ato do juiz que implica alguma das situações previstas nos arts. 267 e 269 desta Lei" (§ 1º, do art. 162), ou seja, a sentença extingue o processo sem resolução de mérito (art. 267) ou traz a resolução do mérito, sobretudo acolhendo ou rejeitando o pedido do autor (art. 269).

O legislador abandonou, portanto, a ideia antes fixada nos mesmos dispositivos de que a sentença é o ato que põe fim ao processo mesmo quando acolhido o pedido do autor. Nos termos anteriores, tomando-se como análise apenas esse aspecto literal da lei, podia-

---

(2) Essa condenação da mentira nem mesmo ao "malandro" passou despercebida, conforme preconiza Bezerra da Silva em sua melodia, Malandro não Vacila:

"Já falei pra você, que malandro não vacila
Já falei pra você, que malandro não vacila
Malandro não cai, nem escorrega
Malandro não dorme nem cochila
Malandro não carrega embrulho
E também não entra em fila
É mas um bom malandro
Ele tem hora pra falar gíria
Só fala verdade, não fala mentira
Você pode acreditar
Eu conheço uma pá de otário
Metido a malandro que anda gingando
Crente que tá abafando, e só aprendeu a falar:
Como é que é? Como é que tá?"

-se concluir que quando o juiz dizia que o autor tinha razão, completo estava o seu dever jurisdicional.

Para reforçar a intenção de alterar essa compreensão, o legislador alterou também o art. 463 do CPC. Antes estava dito: "Ao publicar a sentença de mérito, o juiz cumpre e acaba o ofício jurisdicional, só podendo alterá-la:" Agora, o mesmo texto legal assim se enuncia: "**Publicada a sentença, o juiz só poderá alterá-la:**"

Por conseguinte, de forma inegável, no caso de declaração da procedência do pedido não há encerramento do ofício jurisdicional pela mera publicação da decisão. O provimento jurisdicional somente se completa entregando-se ao autor, se acolhido o seu pedido, o bem da vida pretendido.

O atual Capítulo X, do CPC, traz a inequívoca expressão, "Do Cumprimento da Sentença", demonstrando que o provimento jurisdicional ainda não se encerrou com a declaração da procedência do pedido.

O interessante é que essa alteração, que conduz à inevitável conclusão de que a execução é apenas uma fase complementar, necessária, do denominado "processo de conhecimento", não se trata, verdadeiramente, de uma grande inovação, embora o legislador acredite nisso e muitos autores a neguem veementemente, considerando que a alteração literal de um ou dois artigos da lei não tem a força de modificar toda a ciência processual que lhes precedem.

O fato é que a CLT há muito já tratava do cumprimento da sentença como mera fase do processo, conforme se pode apreender dos dispositivos abaixo:

> Art. 832. Da decisão deverão constar o nome das partes, o resumo do pedido e da defesa, a apreciação das provas, os fundamentos da decisão e a respectiva conclusão.
>
> § 1º Quando a decisão concluir pela procedência do pedido, determinará o prazo e as condições para o seu cumprimento.
>
> Art. 878. A execução poderá ser promovida por qualquer interessado, ou *ex officio* pelo próprio Juiz ou Presidente ou Tribunal competente, nos termos do artigo anterior.

Por interpretação destes dispositivos, já se podia compreender que a execução trabalhista nada mais é que uma fase do processo de conhecimento[3].

Aliás, encarando-se a execução como fase do processo de conhecimento, a ação que dá enseja à formação do processo não se trata meramente de uma ação condenatória, pois que o provimento jurisdicional não se limita a declarar o direito e proferir um comando condenatório para a satisfação do direito declarado.

Concretamente vai-se além, ou seja, o provimento jurisdicional tanto profere o comando referido quanto se estende aos atos necessários à satisfação do crédito, ou seja, atinge a própria execução. Ou seja, "a atividade jurisdicional não se limita a declarar o direito, deve, igualmente, fornecer meios para que o direito declarado seja, efetivamente, respeitado"[4].

A ação, assim, não é mera ação condenatória, mas ação executiva *lato sensu*, uma ação que já comporta condenação e satisfação do direito e na qual, como esclarece Luiz Guilherme Marinoni, "não existe condenação ou ordem. Como disse Pontes de Miranda, na ação executiva quer-se mais: quer-se o ato do juiz, fazendo não o que devia ser feito pelo juiz como juiz, mas sim o que a parte deveria ter feito"[5].

Em outras palavras, a prestação jurisdicional não mais se satisfaz, como sempre deveria ter sido, com a declaração do direito. A verdadeira prestação jurisdicional busca a concretização, na realidade, do direito declarado e somente quando atinge este objetivo é que ela se completa.

Mas, claro, não se pode negar o benefício trazido pela alteração do Código de Processo Civil, vez que deixa claro que a execução do título executivo judicial, para pagamento de quantia certa, é mera fase do processo, tornando desnecessária a citação pessoal do executado.

Por conseqüência, o art. 880 da CLT, que determina que o juiz mande expedir "mandado de citação ao executado" merece uma leitura atualizada, para que seja dispensada a citação pessoal do executado, bastando sua intimação, por carta registrada, no endereço constante dos autos, para que pague a dívida constante do título, no prazo de 48 horas (o CPC estabelece 15 dias, mas este prazo para a lógica do processo do trabalho é excessivo e, ademais, o artigo 880 é claro neste aspecto), sob pena de se efetivar a imediata penhora sobre seus bens, ou mesmo a intimação do advogado constituído nos autos (§ 1º, do art. 475-J, do CPC).

Vale destacar, ainda, que diante da previsão da própria CLT de que a execução se realizava *ex officio*,

---

(3) Teoria Geral da Execução, in *Execução Trabalhista*: visão atual, obra coletiva, coordenada por Roberto Norris. Rio de Janeiro: Editora Forense, 2001. p. 33-38.

(4) Jorge Luiz Souto Maior, Teoria Geral da Execução, in *Execução Trabalhista*: visão atual, obra coletiva, coordenada por Roberto Norris. Rio de Janeiro: Editora Forense, 2001. p. 32.

(5) Observações sobre a tutela antecipatória no direito processual civil. *Revista Trabalho & Doutrina*, n. 8, mar./1996, p.116.

para "cumprimento" do título executivo judicial, a determinação para que se realizasse a *citação* do executado somente pode ser atribuída a um cochilo do legislador, pois que tal regra era incompatível com o procedimento que ele próprio criara. Veja-se, por exemplo, o absurdo de, por aplicação cega do artigo 880, se determinar a citação pessoal do reclamado que descumpre acordo firmado em audiência. Citar é dar ciência quanto à existência de uma demanda judicial. Qual a razão de se dar ciência ao executado quanto à existência de uma dívida que ele próprio assumiu perante um juiz e nas condições que foram livremente fixadas pelas próprias partes?

Assim, já há algum tempo, recusava-me a aplicar a regra do art. 880, da CLT, para acordos não cumpridos. Mas, para que a formalidade, renascida das cinzas, não fosse utilizada como meio de se obstar a efetividade do processo, dava um jeito de "enganar" a forma, fazendo constar na ata de audiência a seguinte expressão: "No caso de descumprimento do acordo fica a reclamada desde já citada para o pagamento do valor inadimplido, nos termos dos arts. 876, 878 e 880 da CLT." Isto implica que, uma vez descumprido o acordo, o próximo passo no processo é a imediata realização da penhora *on line*, já incluindo a parcela inadimplida, com respectiva multa e o valor correspondente à antecipação das parcelas vincendas. No caso, sequer a intimação para pagamento é necessária.

A relevância da sentença reconhecida pelo legislador no processo do trabalho pode ser constatada também em outros dispositivos. Recorde-se, com efeito, que o recurso ordinário possui apenas efeito devolutivo (art. 899 da CLT), isto é, a interposição do recurso não suspende a eficácia imediata da sentença e nesta, quando declarada a procedência do pedido, o juiz pode determinar o prazo e as condições para o seu cumprimento (§ 1º, do art. 832, da CLT).

A sentença, portanto, possui eficácia para produzir resultados na realidade, não dependendo para tanto de ser confirmada por um acórdão do segundo grau de jurisdição. A parte que não concordar com a sentença poderá, por certo, recorrer da sentença, mas não poderá, simplesmente, fingir que não pende sobre si um comando jurisdicional em um determinado sentido, que tanto pode ter natureza condenatória, implicando no início imediato da execução, quanto pode se apresentar com natureza mandamental, motivando a imposição de multas e demais providências necessárias para que se torne efetiva. Alguma obrigação de fazer, ou mesmo de pagar, que tenha sido fixada na sentença como forma de concretização de algum valor relativo à preservação da dignidade humana deve ser imediatamente efetivada.

O direito ao duplo grau, por óbvio, não suplanta a idéia do processo como direito fundamental à consagração dos direitos humanos, o que, ademais, está expresso, claramente, nos dispositivos legais supramencionados.

Mesmo que não seja o caso de efetivação imediata da sentença, por referir-se esta apenas a questões patrimoniais (e esta avaliação deve ser feita em cada caso pelo juiz, evidentemente), é importante não perder de vista que eventual manutenção da sentença por decisão do Tribunal em grau de recurso ordinário não suprime a sentença, ou seja, não a substitui, ainda que a produção da coisa julgada, para efeito de contagem do prazo para ação rescisória, por exemplo, seja postergada para tal momento.

A decisão do Tribunal, que confirma a sentença, não tem o efeito de fazer letra morta da sentença, muito bem ao contrário. A confirmação é a demonstração de que a sentença proferida estava plenamente de acordo com a ordem jurídica e que, portanto, a insurgência da parte, ainda que dentro de seu direito de recorrer, foi juridicamente injustificada.

Assim, todas as cominações contidas na sentença para o caso de não cumprimento imediato de seus comandos são válidas e devem ser consideradas desde o momento em que a sentença foi proferida. Esta, aliás, é a ilação que se extrai da regra do atual art. 475-J do CPC: "Caso o devedor, condenado ao pagamento de quantia certa ou já fixada em liquidação, não o efetue no prazo de quinze dias, o montante da condenação será acrescido de multa no percentual de dez por cento e, a requerimento do credor e observado o disposto no art. 614, inciso II, desta Lei, expedir-se-á mandado de penhora e avaliação."

Tal dispositivo tem plena aplicabilidade no processo do trabalho, pois se o objetivo de todo processo é o da melhoria contínua da prestação jurisdicional, não se pode utilizar o argumento de que há previsão sobre determinado assunto na CLT para rechaçar algum avanço que tenha havido neste sentido no processo civil, sob pena de se negar a própria intenção do legislador ao fixar os critérios da aplicação subsidiária do processo civil. Notoriamente, o que se pretendeu (daí o aspecto teleológico da questão) foi impedir que a irrefletida e irrestrita aplicação das normas do processo civil evitasse a maior efetividade da prestação jurisdicional trabalhista que se buscava com a criação de um procedimento próprio na CLT (mais célere, mais simples, mais acessível). Trata-se, portanto, de uma regra de proteção, que se justifica historicamente. Não se pode, por óbvio, usar a regra de proteção do sistema como óbice ao seu avanço. Do contrário, pode-se ter por efeito um processo civil mais efetivo que o processo do trabalho, o que é inconcebível, já que o crédito trabalhista merece tratamento privilegiado no ordenamento jurídico como um todo.

Em suma, quando há alguma alteração no processo civil o seu reflexo na esfera trabalhista só pode ser benéfico, tanto no prisma do processo do trabalho quanto do direito do trabalho, dado o caráter instrumental da ciência processual.

Dito em outras palavras, mais claras e diretas: quando alguém diz que foram formuladas mudanças no Código de Processo Civil, o processualista trabalhista deve indagar: – alguma das inovações traz benefício à efetividade do processo do trabalho, para fins de melhor fazer valer os direitos trabalhistas? Se a resposta for negativa, ou até o contrário, que representa a criação de uma formalidade capaz de gerar algum óbice a este propósito, deve-se concluir, sem medo de se estar errado: – então, não é preciso nem dizer quais foram as tais alterações!

Essa discussão a respeito da aplicação desse dispositivo no processo do trabalho inebria, entontece ainda mais porque parte do pressuposto da inserção do dispositivo no procedimento da execução. Ocorre que o dispositivo em questão está inserido no Capítulo, "Do Cumprimento da Sentença", e neste contexto sua verdadeira função é a de reforçar o princípio de que o cumprimento espontâneo da sentença é uma obrigação da parte e não uma faculdade. A multa em questão incide, pois, a partir do instante em que a parte, intimada da sentença, não a cumpre espontaneamente.

O direito de recorrer não é abalado, por óbvio, e pode ser exercido normalmente, mas uma vez mantida a sentença deve a parte, que não obteve a reforma da sentença, pagar pela demora que sua iniciativa gerou para a eficácia do ordenamento jurídico, assim como pelo descumprimento das obrigações que foram fixadas na sentença.

Neste sentido, pelas mesmas razões, vez que possuem idêntico propósito, as cominações impostas à parte, por aplicação do § 1º, do art. 832, da CLT, são devidas nos casos de manutenção da sentença desde a sua publicação, afinal, como demonstrado, a sentença é comando jurisdicional, proferido por um juiz, a quem se atribuiu, constitucionalmente, o poder de fazer valer o direito, e não mera opinião ou parecer jurídico que nenhum efeito obrigacional produz perante as partes do processo.

São Paulo, 08 de março de 2009.

A Função Revisora dos Tribunais – A Questão da Valorização das Decisões de Primeiro Grau – Uma Proposta de *Lege Ferenda*: A Sentença como Primeiro Voto no Colegiado[*]

Ben-Hur Silveira Claus
Juiz Titular da Vara do Trabalho de Carazinho-RS (4ª Região)

Ari Pedro Lorenzetti
Juiz Titular da 2ª Vara do Trabalho de Rio Verde-GO (18ª Região)

Ricardo Fioreze
Juiz Titular da Vara do Trabalho de Encantado-RS (4ª Região)

Francisco Rossal de Araújo
Juiz Titular da 16ª Vara do Trabalho de Porto Alegre-RS (4ª Região)

Ricardo Martins Costa
Juiz Titular da 2ª Vara do Trabalho de Gramado-RS (4ª Região)

Márcio Lima do Amaral
Juiz do Trabalho Substituto-RS (4ª Região)

> *"À medida que descemos na escala hierárquica, reduz-se a legitimidade dos magistrados e avolumam-se os recursos, até atingirmos a jurisdição de primeiro grau, que o sistema literalmente destruiu, sufocando-a com uma infernal cadeia recursal que lhe retira a própria ilusão, de que ela poderia alimentar-se, de dispor de algum poder decisório. A legitimidade da jurisdição de grau inferior diminui na medida em que aumentam os recursos"*
> (OVÍDIO A. BAPTISTA DA SILVA)

I – INTRODUÇÃO

Dando prosseguimento à discussão acerca da função revisora dos tribunais e das suas relações com a efetividade da justiça e com a legitimação institucional da jurisdição de primeiro grau, o presente capítulo tem por objetivo examinar as diversas formas de valorização das decisões de primeiro grau de jurisdição e apresentar para o debate uma proposta original para realizar essa valorização da sentença.

Tem progredido a formação de consenso entre os operadores jurídicos em torno do entendimento de que enquanto não houver uma clara política judiciária e legislativa de prestígio às decisões de primeiro grau de jurisdição, devemos renunciar à ilusão da efetividade da jurisdição. A necessidade da valorização das decisões de primeiro grau de jurisdição, uma vez assumida como um objetivo a ser criteriosamente perseguido, tem provocado ricas reflexões acerca do *modo* de se alcançar tal desiderato. Há vários modos de valorizar a jurisdição de primeiro grau. Em síntese, trata-se de conferir maior eficácia à decisão originária, o que constitui, talvez, a maneira mais produtiva de efetivar a garantia constitucional da duração razoável do processo (CF, art. 5º, LXXVIII). Para MARCOS NEVES FAVA, a atual cultural da recorribilidade excessiva alimenta a utilização abusiva de recursos, isso porque "... *o congelamento da sentença de primeiro grau*, até julgamento definitivo pelo Tribunal Regional do Trabalho, traduz-se em *convite* ao recalcitrante, para que recorra, mesmo, obtendo, com isto, farto tempo de *não pagar*."[1]

---

[*] O presente artigo foi publicado na Revista do Tribunal Regional do Trabalho da 14ª Região, Porto Velho, v. 6. n. 2, jul/dez de 2010, p. 597 e ss.
[1] Marcos Neves Fava. *Execução trabalhista efetiva*. São Paulo: LTr, 2009. p. 167.

II – A ELIMINAÇÃO DE RECURSO DA SENTENÇA NA HISTÓRIA

Por vezes, a valorização da sentença é pensada de forma mais aguda, como ocorre quando o modo de sua apresentação é a própria supressão do recurso, realidade histórica vivida, por exemplo, no direito romano clássico, de acordo com a pesquisa de OVÍDIO A. BAPTISTA DA SILVA.[2] Nessa época, não havia recurso da sentença do juiz; o contraditório e o direito de defesa eram exercidos em única instância.

No âmbito do direito estrangeiro, essa foi a solução defendida por MAURO CAPPELLETTI por ocasião da reforma que o processo civil italiano estava por realizar na década de 1970, no que diz respeito à matéria de fato. Na ocasião, o ilustre jurista propunha que na reforma do CPC italiano de 1942 se eliminasse a possibilidade de recurso para a matéria de fato; o recurso da sentença limitar-se-ia a erros de direito – substancial e processual. O professor da Universidade de Florença estava a sustentar que se preservasse a possibilidade de recurso apenas para matéria jurídica em sentido estrito, não mais se facultando às partes recorrer da matéria de fato, cujo exame ficaria então restrito ao primeiro grau de jurisdição.

Nada obstante tenha assinalado a necessidade da realização de um criterioso julgamento pelo juízo de primeiro grau, MAURO CAPPELLETTI defendia a eliminação da apelação, que era a modalidade de recurso de natureza ordinária que possibilitava às partes recorrer da sentença quanto à matéria de fato. A possibilidade de recurso deveria, no seu entender, ficar circunscrita ao recurso de cassação civil,[3] que era a modalidade de recurso de natureza extraordinária do sistema italiano destinado ao reexame da matéria jurídica em sentido estrito (portanto, excluído o reexame da matéria de fato). Ao comentar a reforma processual em curso em seu país à época, CAPPELLETTI ponderava: "Bastante mejor es tratar de tener, como en los sistemas anglosajones y en tantos otros, un cuidado juicio de primer grado, *final* en lo que concierne a las cuestiones de hecho, y abierto solamente a una impugnación por *errores de derecho*, sustancial y procesal, antes que a un verdadero y propio re-examen del mérito de la causa."[4]

A supressão de recurso em matéria de fato também foi defendida por magistrados do trabalho integrantes da 15ª Região. Ao formular proposta de reforma do direito processual do trabalho brasileiro no ano de 2010, os referidos magistrados postularam que "... o recurso ordinário seja cabível no que se refere a questões de direito, ou seja, não atingindo as matérias fáticas".[5]

Por sua vez, registra MOREIRA ALVES que, em alguns sistemas jurídicos ocidentais, existem "notáveis restrições de talhe diverso à atividade cognitiva do juízo recursal. Merece realce a propensão a limitar às questões de direito – ainda que não em termos absolutos – a cognição da segunda instância. Assim, por exemplo, em Portugal, só em casos raros pode o órgão julgador da apelação modificar o pronunciamento do tribunal inferior em matéria de fato (Código de Processo Civil, art. 712, n. 1). Os ordenamentos anglo-saxônicos são igualmente refratários, em larga medida, à possibilidade de uma revisão *ex novo* das *quaestiones facti* no julgamento do *appeal*, notadamente no que tange à prova testemunhal, e acima de tudo quando se trata de um veredicto de júri – hipótese ainda frequente nos Estados Unidos, se bem que cada vez menos na Inglaterra, onde o *trial by jury* tende a desaparecer no campo civil. Análoga orientação repercute alhures em importante setor da doutrina, que de algum tempo para cá vem preconizando o regime da instância única para as questões de fato; a tese insere-se no forte movimento de idéias ordenado à maior valorização do procedimento e da decisão de primeiro grau...".[6]

No México, não se admite recurso em matéria trabalhista, conforme pesquisa de ANTÔNIO ÁLVARES DA SILVA.[7]

---

(2) Ovídio A. Baptista da Silva. *Processo e ideologia – o paradigma racionalista*. Rio de Janeiro: Editora Forense, 2004. p. 239-40: "O sentido burocrático, inerente à idéia de recurso, revela-se muito claro quando consideramos que, no direito romano clássico, não havia recursos. Embora este fenômeno tenha muito pouco a ver com a cultura moderna, a comparação é útil para dar-nos uma idéia do grau de legitimidade de que gozam os juízes dos escalões inferiores, medida pela extensão do sistema recursal. No ponto mais elevado da escala, encontra-se uma magistratura altamente legitimada, contra a qual o sistema político abre mão dos recursos. À medida que descemos na escala hierárquica, reduz-se a legitimidade dos magistrados e avolumam-se os recursos, até atingirmos a jurisdição de primeiro grau, que o sistema literalmente destruiu, sufocando-a com uma infernal cadeia recursal que lhe retira a própria ilusão, de que ela poderia alimentar-se, de dispor de algum poder decisório. A legitimidade da jurisdição de grau inferior diminui na medida em que aumentam os recursos." Pesquisa sobre o tema no direito comparado é encontrada na obra de José Carlos Matos Peixoto, *Recurso extraordinário*, Editora Freitas Bastos, Rio de Janeiro, 1937, conforme indica Antônio Álvares da Silva, na sua obra *Execução provisória trabalhista depois da reforma do CPC*. São Paulo: LTr, 2007. p. 24. José Carlos Matos Peixoto refuta a ideia de que o recurso seja um verdadeiro direito natural, demonstrando que há povos que admitiram e outros que não admitiram recursos.

(3) Mauro Cappelletti. *Proceso, ideologías e sociedad*. Buenos Aires: Ediciones Jurídicas Europa-América, 1973. p. 281/282.

(4) Obra citada, p. 279/280 (grifos no original).

(5) Guilherme Guimarães Feliciano (coord.). *Fênix: por um novo processo do trabalho*. São Paulo: LTr, 2010. p. 88.

(6) José Carlos Moreira Alves. *Comentários ao Código de Processo Civil*. v. 5, 7. ed. Rio de Janeiro: Forense, 1998. p. 404-5.

(7) Antônio Álvares da Silva. *Execução provisória trabalhista depois da reforma do CPC*. São Paulo: LTr, 2007. p. 36: "A legislação de outros países vai mais adiante ainda. Em vez de prever, em proveito do empregado efetivo devolutivo, não admitem nenhum recurso, como é o caso da

III – A ELIMINAÇÃO DE RECURSO DA SENTENÇA NO DIREITO TRABALHISTA BRASILEIRO

A eliminação de recurso é solução defendida entre nós pelo jurista LUIZ DE PINHO PEDREIRA DA SILVA.

Entrevistado pela Associação Nacional dos Magistrados do Trabalho – Anamatra, o magistrado aposentado e professor sustenta que a eliminação de recursos é necessária para desafogar a Justiça do Trabalho, esclarecendo seu ponto de vista da seguinte forma: "Sou até partidário da instância única, porque um jurista argentino amigo meu, a meu convite, fez certa vez aqui, na Justiça do Trabalho, uma conferência sobre a instância única e dizia: 'Ah, porque a primeira instância pode errar. Muitas vezes, a primeira instância acerta e quem erra é a segunda.' Então, o que interessa é uma solução rápida e imediata, se possível, do processo."[8]

No direito processual do trabalho brasileiro, essa forma aguda de valorização da sentença foi adotada pelo legislador no procedimento sumário instituído pela Lei n. 5.584/1970, procedimento no qual se eliminou recurso da sentença nas causas de até dois (2) salários mínimos, excepcionada apenas a rara hipótese de violação à Constituição (art. 2º, § 4º).[9] A eliminação de recurso da sentença foi proposta também no projeto de lei que instituiu o procedimento sumaríssimo trabalhista, aplicável às causas no valor de até quarenta (40) salários mínimos. Não tivesse sido vetado o projeto de lei nesse aspecto, a sentença proferida no procedimento sumaríssimo não comportaria recurso, salvo nas estritas hipóteses de: a) violação literal da lei; b) contrariedade à súmula de jurisprudência uniforme do TST; c) ou violação direta da Constituição da República.[10] O que aumentaria ainda mais a efetividade do procedimento sumaríssimo. Uma das propostas formuladas por FRANCISCO ANTONIO DE OLIVEIRA, para conferir maior efetividade à jurisdição, é a de elevar-se para 60 salários mínimos o limite do valor da causa para o procedimento sumaríssimo e de aumentar-se a alçada especial de 2 para 40 salários mínimos.[11]

Após mencionar os fundamentos adotados pelos autores contrários ao duplo grau de jurisdição, CINTRA, GRINOVER e DINAMARCO argumentam que, não obstante as inconveniências apontadas pelos opositores, "é sempre mais conveniente dar ao vencido uma oportunidade para o reexame da sentença com a qual não se conformou. Os tribunais de segundo grau, formados em geral por juízes mais experientes e constituindo-se em órgãos colegiados, oferecem maior segurança; e está psicologicamente demonstrado que o juiz de primeiro grau se cerca de maiores cuidados no julgamento quando sabe que sua decisão poderá ser revista pelos tribunais da jurisdição superior".[12] Ainda podem ser encontrados na doutrina outras justificativas para a existência do duplo grau de jurisdição, como a purificação da sentença, escoimando-a de erros.[13]

Tais argumentos, no entanto, conforme demonstra MANOEL ANTONIO TEIXEIRA FILHO, não resistem a uma análise mais atenta, principalmente em matéria trabalhista. Segundo esse autor, se fosse levada em conta a insatisfação do vencido, dever-se-ia oferecer ao recorrido, em caso de inversão da sucumbência, novo recurso ordinário, a fim de aliviar seu inconformismo psicológico. No que tange ao propa-

---

Lei Federal del Trabajo mexicana, art. 848: 'Las resoluciones de las Juntas no admiten ningún recurso. Las Juntas no pueden revocar sus resoluciones. Las partes pueden exigir la responsabilidad en que incurran los miembros de la Junta'."

(8) *Revista da Anamatra*, Ano XVII, n. 55, 2º. Semestre de 2008, p. 57 – excerto da entrevista – Luiz de Pinho Pedreira da Silva é juiz do trabalho aposentado e professor da pós-graduação em Direito da Universidade Federal da Bahia.

(9) Lei n. 5.584/70, "Art. 2º. Nos dissídios individuais, proposta a conciliação, e não havendo acordo, o Presidente da Junta, ou o Juiz, antes de passar à instrução da causa, fixar-lhe-á o valor para a determinação da alçada se este for indeterminado no pedido.

...

§ 3º Quando o valor fixado para a causa, na forma deste artigo, não exceder de 2 (duas) vezes o salário mínimo vigente na sede do Juízo, será dispensável o resumo dos depoimentos, devendo constar da Ata a conclusão da Junta quanto à matéria de fato.

§ 4º Salvo se versarem sobre matéria constitucional, nenhum recurso caberá das sentenças proferidas nos dissídios da alçada a que se refere o parágrafo anterior, considerado, para esse fim, o valor do salário mínimo à data do ajuizamento da ação (red. Lei 7.402/85)."

(10) O inciso I do § 1º do art. 895 da CLT previa a eliminação de recurso ordinário da sentença proferida no procedimento sumaríssimo, salvo nas estritas hipóteses de violação literal da lei, contrariedade à súmula de jurisprudência uniforme do TST ou violação direta da Constituição da República. O referido preceito foi objeto de veto do Chefe do Poder Executivo, veto não derrubado pelo Congresso Nacional.

(11) Francisco Antonio de Oliveira, *Execução na Justiça do Trabalho*, 6ª. edição, Editora RT, São Paulo, 2007, p. 108: "Para que se dê verdadeira eficácia à sentença proferida no rito sumaríssimo celetista, é necessário que se eleve para sessenta salários mínimos o valor paramétrico e que se dê uma alçada especial de quarenta salários mínimos, valorizando a decisão primária e evitando que as jurisdições ad quem se assoberbem de recursos, em sua grande maioria protelatórios."

(12) Antonio Carlos de Araújo Cintra, Ada Pellegrini Grinover e Cândido R. Dinamarco. *Teoria geral do processo*. 10 ed. Editora Malheiros, 1994. p. 75.

(13) TEIXEIRA FILHO, Manoel Antonio. *Sistema dos recursos trabalhistas*. 10. ed. São Paulo: LTr, 2003. p. 62.

lado aperfeiçoamento das decisões de primeiro grau, lembra o jurista paranaense que há casos em que "um mau acórdão substitui uma boa sentença", conforme já observara Ulpiano: "ninguém ignora o quão necessário e frequente é o uso da apelação, porque, sem dúvida, corrige a iniquidade ou a injustiça dos julgadores, embora, às vezes, reforme para pior sentenças que foram bem proferidas, porquanto o julgar por último não é razão para julgar melhor".[14]

Relativamente à composição dos juízos revisores, convém não olvidar que os órgãos de primeiro grau da Justiça do Trabalho já foram colegiados. E não se pode afirmar que tenha havido perda de qualidade das sentenças em consequência da extinção da representação classista. No que respeita "à alegação (ou suposição) de possuírem os juízes dos graus superiores maior conhecimento jurídico das questões suscitadas na ação e apreciadas na sentença, não se há, *venia permissa*, como reconhecer-lhe eficácia plena, vez que pressupõe serem o saber e a cultura jurídicos produtos do tempo, da prática reiterada, da vivência", o que não é exato. Além disso, lembra o mesmo autor que há magistrados nos tribunais com menos experiência do que os juízes de primeiro grau, por serem escolhidos entre Advogados e membros do Ministério Público. Acrescenta o jurista paranaense que supor maior conhecimento nos membros dos tribunais importaria transformar os juízes de primeiro grau em *aprendices para resolver mal los assuntos*, de modo a ser imprescindível a existência de órgãos superiores, incumbidos de *corregir los errores de aquellos*, na precisa observação de *Tomas Jofré*. De outra parte, sustentar que "sabendo que a sua sentença poderá ser apreciada pelo órgão da jurisdição superior, via interposição do recurso", o juiz "tratará de elaborá-la com maior atenção e zelo, é insinuar, *data venia*, que os magistrados de primeiro grau são pessoas irresponsáveis e que requerem, por este motivo, uma vigilância por parte dos órgãos da jurisdição superior". Assim, embora o jurista citado não se poste ao lado dos que defendem a completa eliminação dos recursos, discorda da amplitude com que são franqueadas as vias recursais em matéria trabalhista.[15]

Convém lembrar, ademais, que hoje não há dúvidas quanto ao cabimento da ação rescisória no âmbito trabalhista, havendo, inclusive, previsão expressa na CLT a respeito (art. 836)[16]. E as hipóteses em que se admite a rescisão da sentença são suficientemente amplas para corrigir eventuais vícios que maculam de forma grave a decisão transitada em julgado. Diante disso, dada a abrangência da ação rescisória, na legislação atual, a parte prejudicada sempre terá um meio de evitar prejuízos mais graves decorrentes de eventuais equívocos verificados nas sentenças, sem que a supressão do recurso ordinário represente um risco irreversível de se acobertar uma injustiça. Afora isso, existem decisões cujos vícios podem ser invocados a qualquer tempo, independentemente do manejo da ação rescisória, como é o caso da falta ou nulidade da citação para o processo no qual aquelas foram proferidas (CPC, art. 475-L, I).

IV – A EXECUÇÃO DEFINITIVA DA SENTENÇA NA PENDÊNCIA DE RECURSO

Autorizar a execução definitiva da sentença na pendência de recurso é outra forma de valorizar a decisão de primeiro grau de jurisdição. Um exemplo é encontrado na ação de cumprimento da sentença normativa (CLT, art. 872, parágrafo único). A Lei n. 4.725/1965 permite a execução definitiva das vantagens reconhecidas independentemente do trânsito em julgado da sentença normativa. Tal conclusão decorre da previsão legal que declara irrepetíveis as vantagens recebidas pelo empregado por força da execução da sentença proferida na ação de cumprimento da sentença normativa (art. 6º, § 3º),[17] conforme o magistério de VALENTIN CARRION: "O recurso tem efeito só devolutivo e a execução é definitiva, posto que o provimento do recurso não importa na restituição das vantagens (L. 4.725, art. 6º, § 3º)."[18] E a Súmula 246

---

(14) "Appellandi usus quam sit frequens quanque necessarius, nemo est qui nesciat; quippe cum iniquitatem judicantium, vel imperitiam corrigat, licet nonnumquam bene latas sententias in pejus reformat; neque enim utique melius pronuntiat, qui novissimus sententiam laturus est" (Digesto, Livro XLIX, Fragmento 1º, "De appellationibus et relationibus").

(15) TEIXEIRA FILHO, Manoel Antonio. *Sistema dos recursos trabalhistas*. 10 ed. São Paulo: LTr, 2003. p. 63. No sentido de determinada restrição à recorribilidade no processo do trabalho, observa o autor que "é de sugerir-se que, de *lege ferenda*, procure-se restringir a possibilidade de interposição de recursos das decisões proferidas pelos órgãos da Justiça do Trabalho, tendo em vista que a atual amplitude, com que isso ocorre, se manifesta atentatória à necessidade indeclinável de rápida formação da coisa julgada; a existência de um terceiro grau de jurisdição, mesmo com as apontadas dificuldades de acesso ao TST, pela revista, contribui, longe de dúvida, para a frustração desse anseio de celeridade na constituição da *res judicata* material" (p. 59).

(16) Embora, atualmente, isso nos pareça natural, não podemos ignorar que o ingresso da ação rescisória no âmbito da Justiça do Trabalho foi precedido de intensos debates até se firmar como corrente vitoriosa na jurisprudência (súmula 144 do TST) e doutrina.

(17) Lei n. 4.725/65, "Art. 6º. Os recursos das decisões proferidas nos dissídios coletivos terão efeito meramente devolutivo.... § 3º O provimento do recurso não importará na restituição dos salários e vantagens pagos, em execução do julgado."

(18) Valentin Carrion. *Comentários à Consolidação das Leis do Trabalho*. 34. ed. São Paulo: Saraiva, 2009. p. 717.

do TST, embora não o diga de forma explícita, sugere o caráter definitivo da execução da sentença proferida na ação de cumprimento, ao assentar que "É dispensável o trânsito em julgado da sentença normativa para propositura da ação de cumprimento", harmonizando-se com a mencionada previsão legislativa (Lei n. 4.725/1965, art. 6º, § 3º) e com a doutrina citada.

V – A EXECUÇÃO PROVISÓRIA DA SENTENÇA NA PENDÊNCIA DE RECURSO

Permitir a execução provisória da sentença na pendência de recurso é uma forma mais tênue de valorizar a decisão de primeiro grau, porém importante. Essa é a regra no processo do trabalho (CLT, art. 899, *caput*),[19] diversamente do que ocorre no processo civil, em que o duplo efeito é a regra (CPC, art. 520, primeira parte).[20]

A execução provisória vai até a penhora.[21] Contudo, pode haver o pagamento do exequente nas hipóteses previstas no art. 475-O, III, § 2º, I e II, do CPC, aplicável subsidiariamente ao processo do trabalho (CLT, art. 769), independentemente de prestação de caução, conforme preconiza ANTÔNIO ÁLVARES DA SILVA.[22]

Previstas em lei, essas formas de valorização de sentença foram todas objeto de estudo da doutrina. Seu inventário é útil quando se apresenta uma nova forma de pensar a valorização da sentença, pois permite o cotejo e o exame crítico da novidade proposta.

VI – A SENTENÇA COMO PRIMEIRO VOTO NO COLEGIADO

Uma forma original de valorização da sentença foi concebida pelo desembargador do trabalho JOÃO ALFREDO BORGES ANTUNES DE MIRANDA, do TRT da 4ª Região – Rio Grande do Sul. O magistrado propõe que a sentença constitua o primeiro voto no colegiado. A Turma julgadora do recurso atuaria com apenas dois (2) magistrados do 2º grau de jurisdição – um relator e um revisor. Considerando que a sentença constituiria o primeiro voto, o relator proferiria o segundo voto. O revisor proferiria o terceiro voto. O primeiro voto já estaria pré-constituído; seria a sentença, que então passaria a compor formalmente a votação relativa ao julgamento do recurso no órgão colegiado recursal.

Explicando melhor: além de ser a solução adotada em primeiro grau, a sentença figuraria como o primeiro voto no âmbito do órgão colegiado recursal – mas não haveria a sustentação da sentença pelo juiz prolator na sessão de julgamento do recurso. Do ponto de vista funcional, não haveria qualquer alteração: o juiz de primeiro grau permaneceria atuando na Vara do Trabalho. Portanto, o juiz não integraria a Turma julgadora. Contudo, a sentença integraria a votação pela qual seria deliberado o resultado adotado pela Turma no julgamento do recurso no segundo grau de jurisdição. Como a sentença constituiria o primeiro voto no órgão colegiado, o julgamento do recurso interposto começaria com o escore de um a zero em favor da solução adotada pela decisão de primeiro grau.

Sendo o primeiro voto representado pela sentença, a Turma julgadora funcionaria com apenas dois (2) magistrados – o relator e o revisor.[23]

Caso o relator acompanhasse a sentença (o primeiro voto), a solução adotada em primeiro grau prevaleceria. Nessa hipótese, o revisor poderia acompanhar o relator ou votar vencido. Na primeira hipótese, seria negado provimento ao recurso por unanimidade. Na segunda hipótese, seria negado provimento ao recurso por maioria de votos, vencido o revisor.

Se o relator divergisse da sentença (o primeiro voto), o revisor desempataria o julgamento, adotando a solução da sentença ou, então, acompanharia a

---

(19) CLT, "Art. 899. Os recursos serão interpostos por simples petição e terão efeito meramente devolutivo, salvo as exceções previstas neste Título, permitida a execução provisória até a sentença."

(20) CPC, "Art. 520. A apelação será recebida em seu efeito devolutivo e suspensivo. Será, no entanto, recebida só no efeito devolutivo, quando interposta de sentença que: I – homologar a divisão ou demarcação; II – ..."

(21) Penhora *aperfeiçoada* pelo julgamento dos embargos que visem à declaração de sua insubsistência, na consagrada dicção de Wagner D. Giglio. *Direito processual do trabalho*. 16. ed. São Paulo: Editora Saraiva, 2007. p. 539. O que inclui também a apreciação do respectivo agravo de petição (CLT, art. 897, *a*) e, se for o caso, também a apreciação do respectivo recurso de revista eventualmente cabível diante de ofensa direta e literal da Constituição Federal (CLT, art. 896, § 2º).

(22) Antônio Álvares da Silva. *Execução provisória trabalhista depois da reforma do CPC*. São Paulo: Editora LTr, 2007. p. 63. Para o autor, a aplicação subsidiária do art. 475-O, III, § 2º, I e II, do CPC ao processo do trabalho permite ao juiz realizar "a execução provisória, com prestação jurisdicional definitiva" (p. 106), ou seja, permite realizar o pagamento do credor, independentemente de prestação de caução, nas hipóteses previstas no incisos I e II do § 2º do inciso III do art. 475-O do CPC.

(23) A maior virtude da proposta radica na entronização formal da sentença na própria votação a ser realizada por ocasião do julgamento dos recursos de natureza ordinária. A entronização proposta é feita pela atribuição à sentença da condição de primeiro voto na Turma julgadora. Essa virtude maior da proposta não deve ser desmerecida sob a simplista alegação de que a proposta foi inspirada pela busca de um objetivo menor de mero aumento da produtividade nos tribunais, ainda que esse efeito secundário possa se produzir eventualmente com a adoção da proposta, na medida que a Turma julgadora deixaria de atuar com 3 magistrados, passando a funcionar com 2 julgadores.

divergência do relator, ficando vencido o voto representado pela sentença.

Trata-se de uma original proposta *de lege ferenda*. Como tal, enfrentará natural resistência no primeiro momento, porquanto propõe uma alteração do paradigma adotado atualmente no exercício da função revisora, modelo que hoje se caracteriza pela *não participação direta* da sentença na composição dos votos no órgão colegiado do tribunal. Contudo, a proposta hospeda uma virtude notável em termos de valorização da decisão de primeiro grau: o criativo mecanismo concebido pela original proposta impede que a sentença seja desconhecida pelo tribunal. A virtude da proposição radica no fato de que, na fórmula sugerida, a sentença já não pode mais ser simplesmente olvidada pelo segundo grau de jurisdição, pois que lhe é reconhecida a condição jurídica de primeiro voto no julgamento do recurso no âmbito do órgão colegiado, ou seja, a fórmula proposta implica a participação *direta* da sentença na composição da votação pela qual se julga o recurso interposto, o que assegura uma produtiva integração dialética da sentença na construção dialógica da decisão de segundo grau de jurisdição.

Embora a sentença deva ser sempre o ponto de partida no julgamento de qualquer recurso de natureza ordinária, o que deve implicar a correspondente *participação indireta* da sentença no julgamento do recurso, é sabido que, no atual formato de votação adotado no órgão colegiado por ocasião do julgamento do recurso, na prática, algumas vezes a sentença é simplesmente ignorada pelo tribunal. Esse fenômeno ocorre quando o relator, ao invés de *apenas revisar* a decisão de primeiro grau, por meio do acórdão, profere uma *nova sentença*, como se o tribunal fosse o primeiro destinatário da litiscontestação e da instrução processual.[24] Ainda que tal método de julgamento do recurso não seja tecnicamente adequado, porquanto a função de julgar a causa compete ao juiz, enquanto a função do tribunal consiste em realizar *apenas a revisão* do julgado nos limites da matéria devolvida pelo recurso interposto, não é incomum a prática de, nos tribunais, *per saltum*, proferir-se uma *nova sentença*, ao invés de proceder-se apenas à revisão do julgado de primeiro grau – desconhecendo-se, na prática, a sentença. Quando isso ocorre, não se tem sequer a *participação indireta* da sentença no julgamento do recurso; tem-se uma nova sentença – um julgamento da causa *ex novo*.

Parafraseando CALAMANDREI[25], na sua célebre síntese acerca da estrutura e do conteúdo da sentença normativa, ter-se-ia aqui uma decisão com corpo de acórdão, mas com alma de sentença.

VII – O FENÔMENO DO PRÉVIO ECLIPSE DA SENTENÇA PELO ACÓRDÃO

Em casos extremos, a utilização desse método de julgamento no exercício da função revisora dos tribunais produz um efeito tão aniquilador da decisão de primeiro grau que permitiria a sugestão de que pareceria tratar-se de hipótese de processo da competência originária dos tribunais – a sentença desaparece do horizonte do relator sem deixar rastro, de modo que então o relator estaria autorizado a realizar o "primeiro" exame da causa desde o início. Examinaria a litiscontestação, a prova produzida, o direito aplicável e concluiria por determinada solução – tal qual age o juiz de primeiro grau no exercício de seu ofício jurisdicional.[26]

Ao assim proceder, o relator substitui-se ao juiz natural, geralmente sem aperceber-se desta *fungibilidade inconsciente*. Desloca-se no tempo e no espaço, para assumir a condição do juiz originário.[27] Esse deslocamento é dúplice: a) o relator desloca-se no tempo – tenta transportar-se ao momento em que se formou a litiscontestação e ao momento em que se realizou a instrução da causa; b) o relator desloca-se no espaço – tenta transportar-se do 2º grau de jurisdição, para imaginar-se no 1º grau de jurisdição; em ambos os casos, para cogitar como comportar-se-ia se estivesse naquele outro momento e naquele outro lugar. É o que temos chamado de o método da trans-

---

(24) Não se pode olvidar a tradicional observação doutrinária de que o juiz encontra-se em posição mais privilegiada para fazer a cognição dos fatos do que os membros do colegiado recursal. Conforme observam *Sérgio Gilberto Porto e Daniel Ustárroz*, "Se, por um lado, acredita-se que a decisão judicial possa apresentar um erro, por outro, não se pode concluir que as decisões colegiadas ou proferidas em grau de revisão estão isentas das mesmas críticas. Ao contrário, todas as decisões contam com a possibilidade de vício na apreciação dos fatos e do direito do caso. E mais, na grande maioria dos casos, é o juiz da primeira instância que está mais próximo das partes e dos demais sujeitos do processo, o que lhe permite melhor percepção da realidade judicial (o contato direto com os litigantes, as testemunhas, a confiança no perito, o debate judicial etc.). Com os sucessivos rejulgamentos, vão se diluindo – quando não aniquilando – as vantagens dessa imediação, da oralidade, etc." (*Manual dos recursos cíveis*. Porto Alegre: Livraria do Advogado, 2007. p. 35).

(25) Calamandrei afirmava que a sentença normativa tem corpo de sentença e alma de lei.

(26) Isso o relator pode e terá que fazer quando a estiver *a julgar ações* da competência originária do tribunal; mas não deve fazer quando estiver *a julgar recursos*. São duas tarefas distintas – ainda que possa não parecer. O juiz com competência originária julga a ação. O juiz com competência recursal julga o recurso.

(27) Luiz Alberto de Vargas e Ricardo Carvalho Fraga, *Fatos e jurisprudência – reflexões iniciais*, publicado no sítio <www.uol.com.br/lavargas>.

migração do relator, sob inspiração do ensaio precursor escrito sobre a matéria por LUIZ ALBERTO DE VARGAS e RICARDO CARVALHO FRAGA.[28] A utilização desse método de julgamento no exercício da função revisora dos tribunais tende a produzir o fenômeno do *prévio* eclipse da sentença pelo acórdão.

Para falar sobre esse fenômeno, é útil recorrer à previsão do art. 512 do CPC. O referido preceito estabelece que "O julgamento proferido pelo tribunal substituirá a sentença ou a decisão recorrida no que tiver sido objeto de recurso." Trata-se de previsão legal clássica. Seu conteúdo é auto-evidente, porquanto a substituição da sentença pelo acórdão constitui o resultado cronológico da superveniência do acórdão à sentença. A substituição da sentença pelo acórdão é um dado posterior ao julgamento do recurso e não um antecedente metodológico prévio para o julgamento do recurso.

Quando, porém, o relator utiliza-se do método da transmigração, na prática está subvertendo, de certa forma, a clássica previsão do art. 512 do CPC, já que a substituição da sentença pelo acórdão deixaria de ser o natural resultado cronológico da superveniência do acórdão à sentença, no âmbito de um julgamento dialético no qual os fundamentos da sentença são cotejados com os fundamentos do recurso, para converter-se no antecedente metodológico da *prévia* substituição da sentença pelo acórdão, de modo a auto-liberar-se o relator para proferir uma nova sentença, a sentença ideal do relator do método da transmigração – o que constitui o fenômeno do *prévio* eclipse da sentença pelo acórdão. Em suma, pois, a substituição de que trata o art. 512 do CPC diz respeito aos efeitos do acórdão, e não ao método para sua elaboração. Diante disso, a norma em questão não autoriza a conclusão de que o órgão revisor deva repetir o mesmo iter percorrido pelo julgador originário, visto que o acórdão só tomará o lugar da sentença assim que for proferido, se for o caso.[29]

Diante disso, a atividade cognitiva realizada pelo órgão *revisor* coincide com o objeto da cognição exercida pelo órgão *a quo* apenas do ponto de vista qualitativo, uma vez que, sob o aspecto procedimental, os métodos não se confundem. Conforme já ressaltado anteriormente, no exercício da função revisora, a sentença é o ponto de partida, não podendo ser simplesmente ignorada pelo órgão *ad quem*.

O relator do método da transmigração, no entanto, tende a substituir a sentença já existente nos autos, ainda que razoável, por outra, que ele considera ser a "ideal". Em outras palavras, tende a elaborar uma sentença diversa da anterior, pois que não se encontra na mesma situação hermenêutica do juiz – e é natural que assim seja: um outro sujeito estará numa outra situação hermenêutica. Essa é uma contingência da natureza hermenêutica da aplicação do direito – a aplicação do direito implica sempre discricionariedade, conforme insistentemente tem observado OVÍDIO A. BAPTISTA DA SILVA.[30] É que para decidir o magistrado terá que, antes, decidir-se, o que implica fazer escolhas – valorar, sopesar e optar criteriosamente em face das peculiaridades do caso concreto e do sistema normativo. E a situação hermenêutica em que está situado o intérprete terá sempre determinada influência na escolha de uma das soluções legítimas autorizadas diante da situação concreta em face da plasticidade da moldura da norma jurídica aplicável.

O resultado da aplicação do método da transmigração do relator no julgamento dos recursos de natureza ordinária é preocupante, pois implica o virtual incremento no número de reforma das sentenças, com manifesto prejuízo à efetividade da jurisdição e ao processo institucional de legitimação da magistratura de 1º grau.

VIII – AS VIRTUDES DA PROPOSTA DA SENTENÇA COMO PRIMEIRO VOTO

A original proposta do magistrado João Alfredo Borges Antunes de Miranda de atribuir-se à sentença a condição de primeiro voto no colegiado tem como primeira virtude neutralizar os efeitos negativos decorrentes do fenômeno do *prévio* eclipse da sentença pelo acórdão.

As virtudes da proposta ganham maior densidade quando o operador jurídico atenta para o fundamen-

---
(28) *Idem, ibidem.*

(29) Embora o art. 512 do CPC não distinga, é evidente que, nos casos em que o tribunal acolhe a alegação recursal de que houve *error in procedendo* e anula a sentença, não se pode dizer que o acórdão em questão substitua a decisão cassada (José Carlos Moreira Alves, *Comentários ao Código de Processo Civil.* v. 5. 7. ed. Rio de Janeiro: Editora Forense, 1998. p. 266). E o mesmo ocorre quando o tribunal não conhece do recurso (*Idem*, p. 391) ou dá provimento a recurso contra sentença meramente terminativa.

(30) Ovídio A. Baptista da Silva. *Processo e ideologia – o paradigma racionalista.* Rio de Janeiro: Editora Forense, 2004. p. 114: "Somente poderá *decidir* quem puder *optar* entre duas ou mais alternativas igualmente válidas e legítimas. Como dissera Carnelutti, para que o juiz decida é necessário, antes, *decidir-se*. Isto, dizia ele, faz com que a decisão seja posta além do juízo, enquanto 'eleição de quem antes julgara'. Como a exclusiva missão de nossos juízes é descobrir a 'vontade da lei', fica subentendido que eles não têm a mais mínima possibilidade *discricionária* de opção entre duas ou mais alternativas que o sistema reconheça como legítimas. Logo, nossos juízes apenas julgam, sem poder decisório. O ponto culminante da crise paradigmática encontra-se aqui. Sem compreensão hermenêutica que supere o *dogmatismo*, não haverá solução. E isto supõe *discricionariedade*."

to exposto pelo referido magistrado, para justificar a ideia de que a sentença deveria ser o primeiro voto no colegiado. O desembargador JOÃO ALFREDO BORGES ANTUNES DE MIRANDA argumenta que não é razoável que todo o laborioso trabalho realizado pelo Estado para solucionar a lide no primeiro grau de jurisdição, sintetizado na sentença proferida pelo magistrado que teve a imediação da audiência, possa ser eventualmente desconhecido por ocasião do julgamento do recurso interposto contra aquela sentença, resultado prático que a atual forma de funcionamento do colegiado pode acarretar. Para ele, a decisão do tribunal deve ser integrativa, no sentido de ser o fruto de uma composição entre a decisão de primeiro grau e o trabalho de revisão realizado pelo colegiado, composição representada pela expressão dos três votos respectivos: a sentença enquanto primeiro voto; o voto do relator e o voto do revisor. Ao invés de um acórdão desconstrutivo da sentença como pode ocorrer no formato atual da votação no colegiado, a proposta da sentença como primeiro voto no colegiado deve assegurar um acórdão construtivo da jurisdição compartilhada entre 1º e 2º graus.

Merece detida reflexão o argumento de que o juízo de primeiro grau é o órgão estatal de base ao qual a sociedade delegou a incumbência de resolver pacificamente os conflitos de interesses, aportando-lhe legitimidade constitucional para fazê-lo, além de fornecer recursos humanos e materiais consideráveis para tal incumbência, de modo que não é aceitável uma concepção que conduza à própria desconsideração, ainda que de forma indireta, de todo o oneroso arcabouço institucional de base estruturado pela ordem jurídica para produzir a solução pacífica dos conflitos de interesse na sociedade. Essa desconsideração faz-se presente quando a sentença não é valorizada. É certo que o Estado é um ente permeado por diversas contradições. Mas isso não deve impedir uma racionalidade mínima: quando o tribunal desconsidera a sentença, o Estado está a desconsiderar-se a si próprio.

É bem verdade que não se espera que a sentença seja desconhecida pelo relator, e essa expectativa é de ser alimentada com ânimo positivo, em face do criterioso julgamento que incumbe ao tribunal no legítimo exercício de sua função revisora, de modo que, na atual modalidade de composição da votação no órgão colegiado, sempre se espera que a sentença de fato integre o julgamento do recurso *de forma indireta*.

Contudo, a proposta de ter-se a sentença como o primeiro voto no colegiado neutralizaria a eventual influência da utilização daquele criticado método de julgamento no exercício da função revisora do tribunal, pois que então a sentença participaria organicamente da própria concepção da decisão de 2º grau *de forma direta*.

Todavia, o conteúdo mais importante dessa proposta está na valorização da própria jurisdição, na medida em que a atividade judicante de primeiro grau, realizada junto à comunidade jurisdicionada, é elevada a um patamar de reconhecimento capaz de reforçar a autoridade judicial mais próxima ao conflito de interesses, o que facilita a percepção da cidadania acerca da concreta operatividade do Estado Democrático de Direito no cotidiano dos cidadãos; estimula o respeito à ordem constitucional e pode inibir a violência. Numa sociedade marcada por severa desigualdade social, sociedade em que são consideráveis os recursos públicos destinados à estrutura judiciária, as decisões de primeiro grau de jurisdição estão a merecer um patamar superior de reconhecimento das partes, do Estado e da Sociedade, de modo a inverter-se uma determinada lógica segundo a qual o primeiro grau de jurisdição constituiria mera etapa de passagem do processo.

IX – CONCLUSÃO

O exame crítico da função revisora dos tribunais e de suas relações com a efetividade da justiça e com a legitimação institucional da jurisdição de primeiro grau atrai o tema correlato da necessidade de valorização das sentenças.

Enquanto não houver uma clara política judiciária e legislativa de valorização das decisões de primeiro grau, podemos renunciar à ilusão da efetividade da jurisdição, nada obstante a promessa constitucional da duração razoável do processo.

A necessidade de valorização das sentenças, uma vez assumida enquanto objetivo a ser criteriosamente perseguido, tem provocado ricas reflexões acerca do modo de se alcançar tal desiderato.

Por vezes, a valorização das decisões de primeiro grau apresenta-se sob a forma da própria eliminação de recurso. Às vezes, assume a forma da execução definitiva da sentença na pendência de recurso. Noutras oportunidades, tal valorização vem sob a forma de autorização legislativa para realizar-se a execução provisória da sentença pendente de recurso.

A inovadora proposta do desembargador do trabalho JOÃO ALFREDO BORGES ANTUNES DE MIRANDA, de atribuir-se à sentença a condição de primeiro voto no julgamento do órgão colegiado recursal, tem a virtude de valorizar a decisão de primeiro grau de forma efetiva, porquanto a reforma da sentença dependeria da unanimidade dos julgadores de 2º grau no sentido da reforma. Ao mesmo tempo, a proposta tem a virtude de estimular a Turma julgadora a proceder à *simples revisão do julgado*, contribuindo para abandonar-se a prática de se proferir uma *nova sentença* por ocasião do julgamento do recurso de natureza ordinária, de modo a sublinhar a distinção de método que há de ser resgatada entre a função do juiz de primeiro grau e a função da Turma Revisora: o juiz julga a ação; o tribunal julga o recurso.

Trata-se de uma original proposta *de lege ferenda*. Como tal, enfrentará natural resistência no primeiro momento, porquanto propõe uma alteração do paradigma adotado atualmente no exercício da função revisora, modelo que hoje se caracteriza pela *não participação direta* da sentença na composição dos votos no órgão colegiado do tribunal. Contudo, a proposta hospeda uma virtude notável em termos de valorização da decisão de primeiro grau: o criativo mecanismo concebido pela original proposta impede que a sentença seja desconhecida pelo tribunal. A virtude da proposição radica no fato de que, na fórmula sugerida, a sentença já não pode mais ser simplesmente olvidada pelo segundo grau de jurisdição, pois que lhe é reconhecida a condição jurídica de primeiro voto no julgamento do recurso no âmbito do órgão colegiado, ou seja, a fórmula proposta implica a participação *direta* da sentença na composição da votação pela qual se julga o recurso interposto, o que assegura uma produtiva integração dialética da sentença na construção dialógica da decisão de segundo grau de jurisdição.

A original ideia do desembargador do trabalho JOÃO ALFREDO BORGES ANTUNES DE MIRANDA constitui uma proposta de valorização da sentença ao mesmo tempo simples e inovadora, que merece reflexão criteriosa de todos aqueles que se empenham pela valorização da jurisdição e pela efetividade das decisões judiciais – uma criteriosa reflexão capaz de suspender preconceitos, como idealizara DESCARTES.

REFERÊNCIAS BIBLIOGRÁFICAS

ALVES, José Carlos Moreira. *Comentários ao Código de Processo Civil*. v. 5. 7. ed. Rio de Janeiro: Forense, 1998.

BAPTISTA DA SILVA, Ovídio A. *Processo e ideologia – o paradigma racionalista*, Rio de Janeiro: Forense, 2004.

CAPPELLETTI, Mauro. *Proceso, ideologias e sociedad*. Buenos Aires: Ediciones Jurídicas Europa-América, 1973.

CINTRA, Antonio Carlos Araújo; GRINOVER, Ada Pellegrini e DINAMARCO, Cândido R. *Teoria geral do processo*. 10. ed. Editora Malheiros, 1994.

FAVA, Marcos Neves. *Execução trabalhista efetiva*. São Paulo: LTr, 2009.

FELICIANO, Guilherme Guimarães. *Fênix: por um novo processo do trabalho*. São Paulo: LTr, 2010.

GIGLIO, Wagner D. *Direito processual do trabalho*. 16. ed. São Paulo: Saraiva, 2007.

PORTO, Sérgio Gilberto. USTÁRROZ, Daniel. *Manual dos recursos cíveis*. Porto Alegre: Livraria do Advogado, 2007.

REVISTA DA ANAMATRA, ano XVII, n. 55, 2º Semestre de 2008.

SILVA, Antônio Álvares da. *Execução provisória trabalhista depois da reforma do CPC*. São Paulo: LTr, 2007.

TEIXEIRA FILHO, Manoel Antonio. *Sistema dos recursos trabalhistas*. 10 ed. São Paulo: LTr, 2003.

VARGAS, Luiz Alberto de e FRAGA, Ricardo Carvalho, *Fatos e jurisprudência – reflexões iniciais*, publicado no sítio <www.uol.br/lavargas>.

Capítulo VIII
A perspectiva do CPC de 2015

As Funções dos Tribunais no Novo Código de Processo Civil

Elaine Harzheim Macedo

Doutora e Mestre em Direito, Especialista em direito processual civil, Professora na Graduação e o Programa de Pós-Graduação em Direito junto à PUCRS. Desembargadora aposentada do Tribunal de Justiça do Rio Grande do Sul. Ex-Presidente do Tribunal Regional Eleitoral do Rio Grande do Sul. Membro do Instituto dos Advogados do Rio Grande do Sul e da Associação Brasileira de Direito Processual Constitucional. Presidente do IGADE – Instituto Gaúcho de Direito Eleitoral. Advogada. E-mail: <elaine@fhm.adv.br>.

1. INTRODUÇÃO

Por mais de quatro décadas o processo civil brasileiro – com sua flagrante influência sobre outras áreas como o processo trabalhista e o processo judicial eleitoral – vigorou como um processo voltado para a declaração da vontade da lei nos conflitos submetidos à resolução pelo Poder Judiciário. Muitas as reações, embora nem sempre tão eficazes, foram ao longo do tempo sendo construídas, especialmente após a Constituição republicana de 1988, gerando, por vezes, interpretações mais compatíveis com as novas exigências quanto à função constitucional da jurisdição, de concretização e efetivação dos direitos fundamentais e da ordem jurídica enquanto voltados para o cidadão, seu único e real destinatário, ou, por outras, alterações legislativas, especialmente no que diz com a sentença e o seu cumprimento, aproximando mais o processo da vida, dos conflitos e do direito material, num caminho de substancialização do processo.

Romper com o paradigma da ordinariedade, denunciado à exaustão por Ovídio A. Baptista da Silva[1] como consequência do racionalismo e da escolha da verdade e da segurança jurídica como (únicos) valores a conduzir o Direito, proscrevendo os juízos de verossimilhança e a razoabilidade do campo das decisões, exigiu e persiste exigindo um trabalho árduo, que não encontra apenas nos textos normativos o caminho para que essa revolução produza resultados autênticos e reais, pois o Direito é essencialmente um produto cultural[2].

Nesse espectro, os tribunais locais, a quem o sistema normativo atribuiu a função revisional, ínsita à jurisdição por força do princípio do duplo grau de jurisdição, assim identificados os tribunais estaduais, os tribunais regionais federais, eleitorais e do trabalho, passaram a exercer um papel de reexame das decisões proferidas pelos juízos de primeiro grau, tornando-se relevante o estudo do procedimento recursal e dos limites de atuação desses tribunais, pena de a jurisdição de primeiro grau ser reduzida a um rito de passagem[3], sem qualquer correspondência à ordem constitucional que arrola entre os órgãos do Poder Judiciário os juízes de primeiro grau (art. 92, CR). Se esse tema já ganhava importância na legislação até então vigente, mais ainda neste momento histórico com o advento de um novo Código de Processo Civil.

Por outro lado, os tribunais superiores, com previsão, constituição e competências garantidas na Constituição, exercendo funções de direito estrito, ao longo dos anos enfrentaram uma demanda que provocou um desvio de suas respectivas finalidades, transformando-se em tribunais de revisão de terceiro ou quarto grau de jurisdição, produzindo no mínimo um duplo efeito negativo: a concentração das decisões, que ao fim e ao cabo compõem conflitos individuais, nas instâncias superiores, inviabilizando, pelos

---

(1) SILVA, Ovídio Araújo Baptista da. Epistemologia das ciências culturais. Porto Alegre: Verbo Jurídico, 2009. p. 79-80.
(2) Remete-se o leitor para FALZEA, Angelo. *Sistema Culturale e Sistema Giuridico. In: Ricerche di Teoria Generale del Diritto e di Dogmatica Giuridica*. Milano: Giuffrè, 1999.
(3) O desprezo pela jurisdição de primeiro grau veio denunciado em CAPPELLETTI, Mauro. Dictamen iconoclastico sobre la reforma del proceso civil italiano", *in* Proceso ideologia y sociedade, Buenos Aires, 1974.

fantásticos números de recursos que a elas chegam, a prestação efetiva e tempestiva que a ordem constitucional garante, voltando-se contra os próprios tribunais superiores; por força dessa concentração e da instauração de um terceiro ou quarto grau de jurisdição, a desvalorização das instâncias locais, que passam a perder sua identidade no sistema judicial, com absoluta submissão aos comandos dos tribunais superiores. O fenômeno, por certo também influenciado pela segurança jurídica, igualmente foi apontado por Ovídio A. Baptista da Silva, nos seguintes termos:

> A revisão de nosso sistema recursal que, a nosso ver, tornou-se um imperativo inadiável no atual processo civil brasileiro, tanto para as instâncias ordinárias quanto para os tribunais de direito estrito, exige que se tenha presente que as Cortes Supremas não são infalíveis e cometem igualmente injustiças, como os homens e suas organizações políticas e sociais haverão de cometê-las sempre.

E prossegue, depois de concluir que a nossa capacidade de pensar a justiça está fundamentalmente comprometida com a ideia da concreta possibilidade da injustiça:

> Se é assim, qual a razão para a busca do "justo absoluto", que contribui para tornar o procedimento civil um calvário, já que ninguém poderá assegurar que o resultado final será necessariamente mais perfeito ou mais justo do que o anterior? Na verdade, uma longa tradição, exacerbada pelo Código de 1973, "viciou-nos" em recursos, sendo indispensável que passemos por um processo de "desintoxicação", para afinal recuperar o autêntico sentido de remédio excepcional que o instituto deve preservar; abandonando o caminho, hoje amparado e estimulado pelo sistema, que o transformou em expediente natural, a ser livremente – sem qualquer ônus adicional – utilizado pelo sucumbente[4].

Mas esse panorama, que não pode ser ignorado, não esgota o rumo que se faz necessário tomar, seja para resgatar a função revisional dos tribunais sem desprestigiamento das instâncias singulares de primeiro grau, seja para compreender melhor as funções dos tribunais superiores, adequando-as à efetiva necessidade jurisdicional, fazendo-se também imprescindível um enfrentamento às profundas modificações sociais, econômicas e culturais que a sociedade contemporânea vivencia, para evitar um novo afastamento do processo em relação ao cotidiano, o que se reflete nos conflitos de interesses, que passaram nas últimas décadas a ganhar dimensões distintas.

A partir desses temas destacados, pretende-se abordar o novo Código de Processo Civil, Lei n. 13.105, de 16.03.2015, analisando-se os avanços e recuos que o texto pode produzir.

2. OS CONFLITOS DE INTERESSE NA PÓS-MODERNIDADE

Não se pode negar que os conflitos de interesse que justificam a existência do processo são conflitos que têm sua origem no cotidiano, nos fatos da vida. Por mais que a doutrina processual caminhe na abstração dos conflitos, depositando a solução de todos os impasses na lei, estabelecendo o chamado "fetiche da lei" – consequência do paradigma da racionalidade – o ponto de partida é sempre os fatos que envolvem os sujeitos de direito. Por isso, admitir o Direito e, mais precisamente, o Direito Processual como uma ciência humana e cultural, comprometida com a compreensão e a explicação e não com a busca da verdade, é fazer a diferença, caminhando-se para um novo paradigma de processo e jurisdição.

O mundo fenomênico nos apresenta, na diversidade e pluralidade de situações, classes de conflitos que podem ser identificados a partir de um enfoque mínimo, assentado na ideia de pessoa[5], o que encontra fundamento no art. 1º da Constituição de 1988 e na dignidade da pessoa humana. Está se falando dos conflitos individuais, conflitos coletivos e conflitos repetitivos.

No âmbito dos conflitos individuais concentra-se toda a experiência do Direito e do processo dos dois últimos milênios, voltados para a sua composição, sendo a ciência do Direito Processual Civil responsável pela criação de inúmeros conceitos, institutos, categorias, sistemas, tais como ação e processo, competência, partes e sujeitos, litisconsórcio e intervenção de terceiros, sistema probatório, procedimento, sentença, recursos, coisa julgada, entre outros. Por mais vasta que no passado remoto e presente tenha sido a produção desses instrumentos, ainda a comunidade destinatária da composição do conflito e a comunidade jurídica permanecem em ampla discussão sobre a construção de espaços, rumos e mecanismos para o seu aperfeiçoamento. Não é à toa que no Bra-

---

(4) SILVA, Ovídio Antonio Baptista da. A função dos tribunais superiores, in *A reforma do Poder Judiciário*, MACHADO, Fábio Cardoso e MACHADO, Rafael Bicca (coord.). São Paulo: Quartier Latin, 2006. p. 474-475.

(5) MACEDO, Elaine Harzheim e MACEDO, Fernanda dos Santos. O direito processual civil e a pós-modernidade: *Revista de Processo*, Vol. 204, São Paulo: Revista dos Tribunais, 2012. p. 351-367.

sil – o que também pode ser identificado em outros territórios nacionais – recentemente foi editado um novo Código de Processo Civil.

Nos anos oitenta (século XX) um novo conflito no âmbito do Direito Processual Civil (com reflexos em outras áreas, como a do Direito do Trabalho e do Direito Eleitoral), surgiu: o conflito coletivo. Ainda presente nesse conflito a pessoa humana: os direitos que de regra são tutelados pela via do processo coletivo compreendem uma coletividade de pessoas, mas são elas, ao fim e ao cabo, destinatárias da tutela concedida, de sorte que a dimensão da pessoa humana é distinta. O primeiro conflito coletivo que a modernidade do século XX reconheceu foi no âmbito do Direito do Trabalho – reconhecidamente com um direito social –, quando se fez necessário criar uma ação e procedimento próprios, quais sejam, os dissídios coletivos, para tutelar uma determinada comunidade de pessoas beneficiárias de tais direitos trabalhistas. Seguiram-se inúmeras outras situações, que clamaram do poder público atenção legislativa: meio ambiente, direito do consumidor, direitos do idoso, da criança e adolescente, do torcedor, apenas para citar alguns. O processo também restou atingido por esta onda de novos direitos, tendo por titulares uma coletividade de pessoas, aí citando-se alguns dos estatutos normativos voltados à tutela desses direitos coletivos, tais como a Ação Popular, com fundamento constitucional e regulada pela Lei n. 4.717/1965; a Ação Civil Pública – de longe o instituto mais relevante e determinante dos direitos coletivos – regulada pela Lei n. 7.347/1985; o CDC, que contribuiu significativamente para a classificação dos direitos coletivos, instituído pela Lei n. 8.078/1990, entre outros. Ao que importa a este trabalho, impõe-se afirmar que o principal traço do conflito coletivo é a identificação dos direitos a serem tutelados como direitos transindividuais ou metaindividuais. A percepção da pessoa não se dá por sua individualidade, mas pela coletividade a que integra, a exigir, portanto, regramentos próprios, divorciando-se do processo civil subjetivo individual.

O terceiro grupo é de ocorrência mais recente, entre os anos noventa do século passado e o primeiro decêndio do século XXI. Trata-se dos direitos individuais homogêneos, que recebeu da legislação processual reformadora do Código de 1973 pontual e sucessivas mudanças, procurando adequar a realidade institucional do Poder Judiciário e de seus órgãos aos mecanismos processuais de composição desses conflitos, quando o caminho inverso seria mais adequado: criar mecanismos processuais e ajustar as instituições e os órgãos a esses mecanismos. De qualquer sorte, o problema não foi resolvido e o fenômeno da repetitividade das demandas, que passaram a ser identificadas com ações pseudoindividuais, são as principais responsáveis pelo incrível número de nove dígitos de processos tramitando no território brasileiro, no ano de 2015.

Tais fatos não podem ser olvidados ou minimizados pelos poderes constituídos e pela comunidade jurídica, que devem sobre eles se debruçar e trabalhar para a superação da crise no processo, que para além da tempestividade e da efetividade da tutela judicial também se assenta no fenômeno da numerosidade dos processos.

3. O NOVO CÓDIGO DE PROCESSO CIVIL E OS TRIBUNAIS

O Código de Processo Civil de 2015 foi organizado a partir de uma nova proposta organizacional. Dividido em duas partes, a primeira, denominada de Parte Geral, tratando das normas processuais civis, com destaque para as normas fundamentais do processo, de regras de teoria geral do processo, das tutelas provisórias e da formação, suspensão e extinção do processo; a segunda, denominada de Parte Especial, constituída de três livros, o primeiro voltado para regular o processo de conhecimento pelo rito comum, o cumprimento da sentença e os procedimentos especiais; o segundo voltado para o processo de execução com fulcro em títulos executivos extrajudiciais; e o terceiro, que mais interessa a este trabalho, regendo os processos nos tribunais e dos meios de impugnação das decisões judiciais, estabelecendo funções e competências das instâncias coletivas, ou, em outras palavras, da jurisdição a ser exercida pelos tribunais pátrios.

No âmbito dos tribunais, a jurisdição poderá se dar por meio de ações e incidentes processuais, compreendidos como *processos* de sua competência originária, ou por meio de impugnação das decisões judiciais, mais especificamente os recursos, podendo esses serem classificados como recursos ordinários (voltados ao reexame da decisão atacada) ou recursos extravagantes (de competência dos tribunais superiores, isto é, Supremo Tribunal Federal ou Superior Tribunal de Justiça), compreendendo o recurso extraordinário para discutir a questão constitucional qualificada pela repercussão geral, e o recurso especial para o enfrentamento da questão federal, com vistas à unicidade do direito federal.

Nesse sentido, o Título I deste Livro III comporta dois capítulos iniciais, que passam a ser objeto de discussão neste trabalho, o primeiro cuidando das disposições gerais e o segundo da ordem dos processos nos tribunais.

3.1. Disposições gerais

O art. 926 dispõe que "os tribunais devem uniformizar sua jurisprudência e mantê-la estável, íntegra e coerente", regra que por excelência está mais voltada aos tribunais superiores, responsáveis maiores pela unicidade da ordem jurídica, ainda que também se possa aplicar essa função de uniformização, estabilidade, integridade e coerência das decisões judiciais aos tribunais locais, sempre que estes forem provocados em demandas repetitivas, em julgamentos que se esgotam na esfera estadual de questões constitucionais estaduais ou ainda naquelas que, fundadas na Constituição da República, não se revestindo de repercussão geral, não logram alcançar as portas do Supremo Tribunal Federal. Contudo, este dispositivo tem que ser compreendido em consonância com a função dos recursos ordinários, tais como a apelação e o agravo de instrumento, onde a função precípua dos tribunais locais é decidir o caso concreto, reexaminando a decisão impugnada, pelos argumentos fáticos e/ou jurídicos que a sustentaram. E, ao atender esta função própria dos órgãos responsáveis pelo duplo grau de jurisdição, a concretude do caso pode escapar ao manto da pretendida unicidade do direito.

A súmula ainda é o instrumento processual indicado pelo legislador processual para a estabilização da jurisprudência, conforme os parágrafos do artigo analisado, mas que passa a revestir-se de uma força vinculante maior, como adiante se verá.

Nesse sentido, o art. 927, que tem como destinatário os juízes, assim compreendidos os de primeiro grau de jurisdição, e os tribunais locais, estabelece que tais órgãos devam observar as orientações do Supremo Tribunal Federal, ou, conforme o caso, do Superior Tribunal de Justiça, quando oriundas de súmulas vinculantes ou não, de decisões proferidas em incidente de assunção de competência ou de resolução de demandas repetitivas, bem como a orientação de plenário ou de órgão especial aos quais estiverem vinculados. Ou seja, os comandos uniformizadores ganham uma verticalidade, que atua dos tribunais superiores aos tribunais locais, impondo-se a sua observação a todas as instâncias.

Trata-se de dispositivo que está harmonizado com os precedentes vinculativos que o novo estatuto constrói como forma de garantir a higidez e a aderência aos pronunciamentos judiciais proferidos pelas instâncias extravagantes.

A transformação dos tribunais superiores em tribunais de vértice[6], é uma das marcas mais definidoras do novo CPC. Desenha-se uma função normativa a ser atribuída ao Poder Judiciário, especialmente mediante a edição de súmulas vinculantes e do julgamento em sede de repercussão geral no recurso extraordinário, ambos os casos com previsão constitucional, ao que se agregam, agora, as decisões proferidas em sede do incidente de resolução de demandas repetitivas, incidente de assunção de competência e decisões proferidas em sede de recursos repetitivos, cujas orientações (precedentes), não seguidas pelas demais instâncias judiciais, dão ensejo à propositura da ação de reclamação (art. 988).

Por outro lado, as decisões a serem proferidas com a observação dos precedentes vinculantes devem ser fundamentadas à luz do que dispõem o art. 10, CPC/2015, preservando o devido contraditório substancial, e o § 1º do art. 489, CPC/2015, que exige a fundamentação específica, definindo quais as razões que levam o órgão julgador a aplicar, no caso concreto, a orientação do precedente eleito, não podendo se limitar a sua mera citação ou referência.

Nos §§ 2º, 3º e 4º do art. 927 ora em comento contempla-se a alteração de tese jurídica adotada em enunciado de súmula ou em julgamento de casos repetitivos, considerando para tanto as decisões proferidas em sede de incidente de resolução de demandas repetitivas ou de recursos especiais ou extraordinários, na forma do subsequente art. 928, prevendo para tanto a exigência de ser precedido este novo pronunciamento não só de publicidade, mas de participação de todos os interessados, preservando-se no procedimento de revisão os requisitos que a lei processual também estabelece para o julgamento em que a orientação originalmente se firmou. É o respeito ao processo democrático e participativo, sem embargo de resguardar expressamente eventual modulação no tempo dos efeitos da alteração, em nome da segurança jurídica e do interesse social.

Por derradeiro, para não deixar *in albis,* o parágrafo único do art. 928 não deixa dúvidas que o julgamento de casos repetitivos tanto pode ter por objeto questão de direito material, como de direito processual.

Trata-se, de qualquer sorte, de um conjunto de regras comprometidas com um novo paradigma de atuação do Poder Judiciário, em especial quando das decisões proferidas pelos tribunais superiores, mas que também alcançam as instâncias locais, sensíveis a uma realidade que precisa ser superada: nas últimas duas décadas o Poder Judiciário e o jurisdicionado

---

(6) MITIDIERO, Daniel. Cortes *Superiores* e Cortes *Supremas*: do controle à interpretação, da jurisprudência ao precedente. 2. ed. São Paulo: Revista dos Tribunais, 2015.

defrontaram-se com uma nova realidade, a presença do conflito repetitivo, conforme antes noticiado, resultado de uma sociedade de massa, o que tem elevado o número de processos em tramitação no país a cifras de 9 dígitos, o que não pode mais ser enfrentado exclusivamente à luz do processo subjetivo individual. Até que ponto as soluções propostas – mais adiante abordadas – encontrarão êxito, é indagação que permanece, pelo menos por ora, sem resposta.

3.2. Da ordem dos processos no tribunal

No capítulo que cuida da ordem dos processos nos tribunais reúnem-se regras que dizem com o procedimento a ser adotado nos feitos de competência dos tribunais, de forma genérica. Embora tais disposições estejam vocacionadas para tratar dos processos nos tribunais locais, há disposições comuns que também podem ser aplicadas aos procedimentos nos tribunais superiores, embora nas instâncias extravagantes a tendência, na questão procedimental, é a adoção das regras dispostas nos seus respectivos regimentos internos, a exemplo do que expressamente dispõe o art. 1.036 do novo Código de Processo Civil, sem embargo do tratamento específico ministrado aos recursos de sua competência, conforme arts. 1.027 a 1.044.

Sob essa perspectiva, abordar-se-ão as disposições deste capítulo com vistas aos processos e recursos que tramitam nos tribunais locais.

O comando inaugurador deste capítulo, art. 929, impõe a simultaneidade entre a entrada dos autos na secretaria do tribunal responsável pela distribuição dos processos e o respectivo registro no protocolo, sem prejuízo, conforme parágrafo único, de o tribunal, mediante delegação a ofícios de justiça de primeiro grau, descentralizar os serviços de protocolo, o que atende o próprio acesso à instância recursal, considerando a dimensão geográfica de nossas unidades federativas e das regiões correspondentes aos tribunais federais.

O sorteio de distribuição, no tribunal, segue a mesma regra que no primeiro grau: sorteio eletrônico, publicidade e critério de alternatividade, assegurando uma distribuição equânime entre os órgãos fracionários e impedindo que a parte escolha o seu juízo.

Mantém-se, por outro lado, o que é da tradição na distribuição de feitos em juízes ou juízos de igual competência, o critério da prevenção: o primeiro recurso protocolado torna prevento o relator para o qual foi distribuído para os futuros recursos que dizem com o mesmo processo ou processos conexos.

A lei processual insiste em fixar prazos judiciais, a exemplo do art. 931, prevendo o prazo de 30 (trinta) dias entre a distribuição e a devolução dos autos com o relatório à secretaria. Sabe-se que tais prazos, que nenhum reflexo provoca sobre a validade da atividade processual (o ato judicial ou o ato praticado pelos auxiliares da justiça intempestivos não resta afetado por nenhuma nulidade), no máximo poderão ensejar, no caso de descumprimento, cobrança de cunho administrativo. Registra-se a expressão *no máximo* porque conhecida a situação de fato de sobrecarga de processos, resultando no fenômeno da numerosidade de processos[7]. É o fetiche da lei, como se todas as mazelas pudessem ser resolvidas via legislativa.

Os poderes do relator, que já no Código de 1973, por força de reformas legislativas, ganharam espaço no processo (art. 557 do CPC/1973), foram ampliados, conforme art. 932. Ao relator cabe: conduzir o processo e assumir toda e qualquer decisão interlocutória, tais como juízo de admissibilidade do recurso (agora exclusivamente de competência do tribunal *ad quem*, conforme art. art. 1.009, § 3º, c/c art. 1.011, ambos do CPC/2015), definir os efeitos em que é recebido o recurso e decidir sobre tutelas provisórias, determinar diligências e providências probatórias, quando for o caso; dar provimento ou negar provimento liminarmente sempre que a decisão recorrida ou o recurso, respectivamente, for contrário a precedentes judiciais, fundados em súmulas, julgamento em sede de recursos repetitivos, incidente de resolução de demandas repetitivas ou em incidente de assunção de competência.

Estabelece, porém, o inciso V do artigo em comento, bem como o art. 933, a necessidade de se obedecer ao contraditório, em respeito ao art. 9º do CPC/2015, ouvindo-se o recorrido sempre que a decisão tiver potencialidade de lhe ser desfavorável e, no parágrafo único do art. 932, a necessidade de diálogo e de cooperação entre o juiz e as partes (arts. 6º e 10 do CPC/2015), na medida em que o recorrente deverá ser ouvido antes de proferida a decisão de inadmissibilidade do recurso, ao efeito de viabilizar a correção do vício que impede o recebimento e processamento do recurso. Tais providências – contraditório e diálogo – não são apenas de responsabilidade do relator, mas do colegiado, conforme § 1º do art. 933, cumprindo suspender o julgamento sempre que constatada a ocorrência de fato superveniente à decisão recorrida ou mesmo matéria a ser examinada de ofício que possa influenciar o julgamento.

---

(7) MACEDO, Elaine Harzheim e VIAFORE, Daniele. *A decisão monocrática e a numerosidade no processo civil brasileiro*. Porto Alegre: Livraria do Advogado Editora, 2015.

No aspecto procedimental, as alterações não foram significativas em relação ao Código de 1973. Mantém-se a exigência de editalização da pauta de julgamento, com o prazo prévio de 5 (cinco) dias entre a publicação e a realização da sessão, lembrando-se, porém, que os prazos devem ser computados exclusivamente em dias úteis, regra geral a ser adotada segundo o Código de 2015, estabelecendo-se ordem de julgamento, respeitadas as preferências regimentais, que se inicia com os processos em que foi requerida sustentação oral, pedidos de preferência manifestados até o início da sessão, feitos em que o julgamento tenha se iniciado em sessão anterior e os demais casos.

A sustentação oral (art. 937), que deve ocorrer depois do relatório apresentado pelo relator, será realizada pelo recorrente, pelo recorrido e, se for o caso de intervenção, pelo Ministério Público, no prazo de 15 (quinze) minutos. Dar-se-á, outrossim, nos recursos de apelação, ordinário, especial, extraordinário, embargos de divergência, ação rescisória, mandado de segurança, reclamação e no agravo de instrumento quando interposto contra decisões que envolvam tutela provisória de urgência ou de evidência. Aqui o Código foi omisso, não incluindo os casos de agravo de instrumento contra decisão de mérito, ou seja, na hipótese de ter sido proferido julgamento parcial de mérito, conforme art. 356, § 5º, ou ainda quando houver extinção de parcela do processo, conforme art. 354, parágrafo único. Tais hipóteses, se decididas no âmbito da sentença, gerariam o recurso de apelação e, consequentemente, sustentação oral perante o colegiado competente. Ao incluir a sustentação em sede de agravo de instrumento que se volta contra decisão de tutela provisória, seria mais lógico que também o fizesse quanto aos casos mencionados.

O § 3º do art. 937 também prevê a sustentação oral quando o recurso de agravo interno (art. 1.021) for interposto contra decisão monocrática que extinga processo de competência originária do tribunal, enquanto que o § 4º introduz a tecnologia nos julgamentos, permitindo que a sustentação oral se dê por videoconferência ou qualquer outro recurso de transmissão de sons e imagens em tempo real, benefício concedido apenas aos advogados que tenham domicilio profissional fora da sede do tribunal.

O art. 938 se volta a regular o julgamento, rezando que as questões preliminares devam ser enfrentadas antes do mérito, sem embargo de viabilizar que o julgamento seja convertido em diligências para o saneamento de vícios ou ainda eventual complementação de prova, devendo prosseguir o mesmo relator, sempre que possível, vinculado ao processo até o seu julgamento final, o que também não se mostra inovador em relação às práticas já adotadas sob a égide do Código de 1973.

A superação da questão preliminar, por unanimidade ou maioria, ensejará o enfrentamento do mérito, cumprindo a todos os membros do colegiado sobre este se manifestar, o que também não representa novidade.

O pedido de vista, por sua vez, terá o prazo máximo de 10 (dez) dias, quando então o processo deverá retornar à mesa de julgamento, sob pena inclusive, em não tendo sido requerida a prorrogação que se dará por no máximo mais 10 (dez) dias, de requisição dos autos e inclusão em pauta de julgamento na sessão seguinte, providência que caberá ao presidente do órgão fracionário. Novidade no processamento fica por conta tão somente da convocação de julgador substituto para proferir o voto, conforme regra regimental, em havendo resistência do julgador que requereu a vista.

Segue-se ao julgamento o pronunciamento do resultado, cumprindo a redação do acórdão ao relator ou, sendo este vencido, ao primeiro voto vencedor, mantendo-se o entendimento atual que enquanto em curso o julgamento qualquer julgador poderá alterar o seu voto.

Nos recursos de apelação e de agravo de instrumento, a decisão será tomada mediante o voto de 3 (três) juízes, confirmando-se a tradição de órgão fracionário numericamente restrito e impar para tais recursos que, por excelência, atendem ao duplo grau de jurisdição, estabelecendo-se, porém, que o voto vencido não só integra com seus fundamentos a decisão colegiada como se presta a todos os fins legais, inclusive de pré-questionamento.

De todas as regras constantes deste capítulo, mais relevante sob sua juridicidade e, quiçá, mais suscetível de discussão, é a do art. 942, que estabelece um julgamento por capítulos, que se dará no mínimo em duas sessões subsequentes (nada impede, por exemplo, de pedido de vista na segunda sessão), com intervenção de novos membros julgadores. A técnica proposta se dará em qualquer caso de julgamento por maioria (não unânime), em sede de apelação, ação rescisória que tenha por objeto rescisão de sentença e agravo de instrumento quando o recurso se voltar contra decisão de julgamento parcial de mérito (art. 356, § 5º), irrelevante se a maioria decidiu para confirmar ou reformar a decisão de origem, bem como se esta é decisão de mérito ou de extinção do processo (arts. 487 e 485, respectivamente).

Frente à decisão não unânime, suspende-se o julgamento remetendo-se o processo para outra sessão, que deverá comportar os julgadores originários e o acréscimo de mais no mínimo dois julgadores, conforme os tribunais definirem em seus regimentos, quando então terá prosseguimento o julgamento. Trata-se de comando *ex vi lege*, que independe de manifestação das partes ou dos julgadores. A composição mínima de 5 (cinco) membros na continuidade do julgamento é para permitir eventual revisão da tese que originariamente fora adotada pela maioria, ainda que o Código não estabeleça expressamente tal número.

No prosseguimento do julgamento, os julgadores que participaram da primeira sessão poderão rever seus votos e será assegurado às partes que se valham da sustentação oral, mesmo que já a tivessem exercitado antes, o que, pelo Código, não seria aplicável ao agravo de instrumento (art. 942, § 4º, inciso III), já que não está o mesmo arrolado no art. 937, conforme alhures comentado, salvo, é claro, eventual construção pretoriana, que só o tempo poderá dizer.

Críticas severas têm sido levantadas contra esta técnica de julgamento, que se mostra como uma compensação pela revogação do recurso de embargos infringentes, mostrando-se o Código contraditório em eliminar um recurso que já tinha previsão limitada e incluir este procedimento que amplia as hipóteses até então passíveis de um terceiro grau de jurisdição e que sequer se dá pela voluntariedade da parte vencida, regra comum aos recursos, isso porque, em tese, ter-se-ia o novo Código inspirado pela exigência da celeridade no trato das controvérsias levadas ao Poder Judiciário e a garantia da tempestividade processual. Ao fim e ao cabo, mantém-se a centenária resistência às decisões jurisdicionais locais.

O art. 943 homenageia o processo eletrônico, de um modo geral insuficientemente tratado no Código de 2015, estabelecendo práticas já adotadas sob a vigência do Código de 1973, especialmente as estimuladas pelo Conselho Nacional da Justiça e seu sistema de metas impostas aos tribunais locais, instituindo prazos para a publicação da ementa, em 10 (dez) dias, e do acórdão por inteiro, em 30 (trinta) dias, contados os respectivos prazos da data da sessão de julgamento.

Também o art. 945 estimula o uso de meios eletrônicos para o julgamento dos processos ou recursos que não estão sujeitos à sustentação oral. É uma boa providência, por exemplo, para desaguar o julgamento de embargos de declaração, agravos internos e agravos de instrumento que não cuidam de reexame de tutelas provisórias, cujo número inflama o volume de processos julgados numa sessão. Tratar desigualmente recursos de hierarquias distintas é gestão de processos e eficiência na prestação jurisdicional.

Na hipótese de julgamentos por meio eletrônico, as partes terão conhecimento antecipadamente pelo e-Diário da Justiça e poderão apresentar memoriais com antecedência de 5 (cinco) dias ou discordância do julgamento, igualmente pelo meio eletrônico. Em havendo alguma divergência entre os julgadores, interrompe-se a sessão e prossegue-se o julgamento em sessão presencial.

Mantém-se, outrossim, a regra de que o agravo de instrumento deverá ser julgado antes da apelação interposta no mesmo processo, conforme art. 946, e, se ambos os recursos forem submetidos à mesa de julgamento na mesma data, enfrentar-se-á primeiro o agravo de instrumento e na sequência a apelação, até porque o tema a ser decidido naquele poderá ser prejudicial ao objeto da apelação.

4. FUNÇÃO REVISIONAL E OS TRIBUNAIS LOCAIS

Os tribunais locais atendem, por excelência, a função revisional e a necessidade do duplo grau de jurisdição. Tais premissas não serão aqui objeto de discussão. O que se quer incluir em pauta de debate é a extensão e os limites da intervenção dos tribunais na jurisdição de primeiro grau. O tema não é novo e muito menos encontra na doutrina uniformidade de compreensão.

Mas há uma consequência inevitável, na forma como se posiciona o intérprete frente a esta problemática: quanto mais se amplia os poderes dos tribunais, menor o poder exercitado pelos juízes de primeiro grau. E o inverso é verdadeiro: diminuindo-se a intervenção dos tribunais, assevera-se o poder dos juízes singulares. Ambas as opções são juridicamente razoáveis e passíveis de serem adotadas num determinado ordenamento jurídico, o que de modo nenhum implica concluir que a escolha por um ou por outro caminho não encontre motivações políticas, sociais e econômicas próprias. A escolha jamais será neutra. Nesse sentido, a valorização dos juízos locais de primeiro grau se, de um lado, é mais democrática, de outra afasta-se da segurança jurídica. Concentrando o maior poder nos tribunais, abdica-se de um processo com nota democrática e participativa, fortalecendo-se a concentração de poderes e a segurança jurídica.

O Código de 2015 não teve dúvidas: acolheu a mais ampla e possível intervenção dos tribunais locais na função revisional de suas decisões, senão vejamos.

O recurso de apelação – de todos os recursos o mais afeito ao duplo grau de jurisdição – é amplo e irrestrito: não dispõe de filtros recursais. Basta a condição de decaimento do recorrente e o cumprimento de requisitos formais, como prazo, forma e preparo, para que o mesmo seja recebido, processado e julgado. Seu cabimento compreende não apenas as sentenças – assim entendidas como pronunciamentos judiciais que põem ao fim à fase cognitiva do processo, irrelevante se com ou sem exame de mérito, ou que extinguem o processo de execução (arts. 203, § 1º, combinado com os arts. 485 e 487, todos do CPC/2015), como também a provocação do reexame das decisões interlocutórias que não são passíveis de agravo de instrumento, decisões essas que por força de lei não se qualificam pela preclusão.

Quanto ao efeito suspensivo – que pode funcionar como uma cláusula restritiva, desestimulando o recorrente na medida em que a apelação, nos casos em que não concedido o efeito suspensivo, não terá o efeito de interromper o cumprimento forçado da sentença – depois de muitos debates, com idas e vindas nos textos dos projetos que antecederam a promulgação do Código, permaneceu muito semelhante ao Código de 1973, cujos ajustes apenas são de forma. Nesse sentido, Cristiana Zugno Pinto Ribeiro, ao comparar ambos os Códigos, o de 2015 e o de 1973:

> Pelo teor do art. 1.012 do novo CPC, a regra do CPC de 1973 é mantida na íntegra. Inexiste qualquer alteração relevante em relação ao teor do art. 520 do CPC de 1973. A apelação terá efeito suspensivo como regra geral, com exceção daqueles casos já previstos no art. 520 do CPC de 1973, analisados no item 1.4.3 *supra*, acrescido das hipóteses de sentença que concede ou revoga liminar e da sentença que decreta a interdição[8].

Não é diferente com o efeito devolutivo, que poderia representar importante limitação na atuação dos tribunais recursais. Também aqui manteve-se a mais ampla devolutividade. Se, de um lado, o conhecimento horizontal das questões decididas na sentença se dá nos limites da impugnação (art. 1.013, *caput*), no que diz com a verticalidade ou profundidade, o conhecimento é amplo e irrestrito, conforme conclui Cristiana Zugno Pinto Ribeiro na seguinte passagem:

> Mantém-se, portanto, a regra de que a devolução do apelo não se cinge às questões efetivamente decididas na sentença, mas abrange também as questões que poderiam ter sido apreciadas na sentença, aí compreendidas as questões passíveis de apreciação de ofício e as questões que, não sendo passíveis de exame de ofício, deixaram de ser apreciadas, a despeito de haverem sido suscitadas e discutidas pelas partes[9].

Aliás, o art. 1.013 do novo Código amplia o conhecimento pelo tribunal, estabelecendo expressamente os casos em que, cassada ou desconstituída a sentença, deverá o colegiado adentrar nas questões de mérito, julgando procedente ou improcedente o pedido formulado pelo autor, impondo como único requisito o de estar o processo em condições de imediato julgamento. São eles: a) na hipótese de a sentença que extingue o processo venha a ser reformada (art. 485); b) quando decretada a nulidade da sentença por incongruência entre o ato decisório e os limites do pedido ou da causa de pedir; c) quando constatada a omissão no exame de um dos pedidos (sem qualquer limitação de hipóteses); d) quando decretada a nulidade da sentença por falta de fundamentação, portanto, em ofensa ao art. 489, § 1º, do CPC de 2015; e) nos casos de reforma da sentença que reconheça a prescrição ou a decadência.

Tais hipóteses fazem concluir que o tribunal está autorizado a atuar em primeiro grau de conhecimento, substituindo integralmente o juiz de primeiro grau na atividade decisional.

Não bastasse a amplitude da cognição, o próprio procedimento da apelação em nada representa uma limitação à intervenção na jurisdição exercida pelo juízo de primeiro grau. O processo em que foi interposto o recurso de apelação, uma vez distribuído e encaminhados os autos ao relator do órgão fracionário do tribunal competente, passa a ser objeto de reexame a partir de uma técnica consagrada nas práticas dos tribunais – até porque a lei processual nada dispõe sobre esse aspecto – com a reprodução de todos os passos perseguidos pelo juiz singular: petição inicial, contestação, réplica, ocorrências probatórias, incidentes processuais, debates e, por derradeiro, a sentença, são revisitados, numa leitura despregada e sobreposta à atividade jurisdicional do primeiro grau, gerando, inevitavelmente, uma outra decisão e não simplesmente o reexame daquela que foi objeto do recurso.

Esta dupla sobreposição de planos de cognição e decisão são a marca do sistema recursal brasileiro e o novo Código em nada auxilia para uma reformulação de práticas e modelos, cujos resultados nefastos, tanto no que diz com o devido processo e com a tutela efetiva, são de todos conhecidos. O novo Código passa, assim a ser uma promessa de tempestividade e efetividade que, infere-se, não poderá cumprir. Aliás, seria até indagável se de fato quer cumprir.

Não é diferente com o agravo de instrumento. A opção primeira, nas antessalas do CPC, quando noticiada

---

(8) RIBEIRO, Cristiana Zugno Pinto. *Apelação no novo CPC*: efeitos devolutivo e suspensivo. Porto Alegre: Livraria do Advogado Editora, 2015. p. 96.
(9) Idem, idem, p. 84.

a revogação por inteiro do agravo de instrumento, não durou muito tempo e já na revisão feita pelo Senado Federal (PL 166/2010), o agravo de instrumento foi reintroduzido no projeto. O Código de 2015 prevê o agravo de instrumento para um rol de decisões, previstas de forma taxativa e identificadas como de natureza interlocutória (art. 203, § 2º, CPC/2015), reproduzindo a sua previsão para 5 (cinco) outras hipóteses: art. 101, que prevê decisões que versem sobre a gratuidade de justiça; art. 354, quando a extinção do mérito alcançar apenas parcela do processo; art. 356, § 5º, quando houver decisão parcial de mérito; art. 1.027, inciso II, § 1º, nas hipóteses de decisão interlocutória proferida por juiz federal no curso dos processos em que forem partes, de um lado, Estado estrangeiro ou organismo internacional, e de outro Município ou pessoa residente e domiciliada no País; e art. 1.037, § 13, nos casos de pedidos de reconhecimento da distinção do processo que está sobrestado no aguardo de julgamento pelos tribunais superiores em recursos repetitivos, junto ao primeiro grau de jurisdição.

A aparente restrição de cabimento de agravo de instrumento contra decisões interlocutórias proferidas pelos juízes singulares resta afastada quando, por força do art. 1.009 e seu parágrafo único, as decisões estranhas ao rol mencionado não ficam preclusas, podendo seu reexame ser provocado pela parte interessada em sede de apelação (nas razões ou nas contrarrazões, conforme o caso). De sorte que, sob a égide do novo CPC há duas classes de decisões interlocutórias: as que são desde logo objeto de reexame pelo agravo de instrumento e as que não são qualificadas pela preclusão, podendo ser arguidas em preliminar de apelação. Trocando em miúdos, não há decisão interlocutória que fique à deriva da intervenção pelos tribunais recursais. E o resultado é óbvio: controle e restrição do poder julgador das instâncias iniciais, aquelas que, ao fim e a cabo, estão frente à frente ao cidadão, usuário e destinatário da prestação jurisdicional.

5. PRECEDENTES VINCULANTES: FUNÇÃO NORMATIVA DOS TRIBUNAIS SUPERIORES?

O Código de 2015 investe, presente a necessidade de enfrentar o fenômeno da numerosidade do processo, num novo modelo de processo, ampliando e sistematizando os precedentes, atribuindo-lhes força vinculante, isso porque não há mais como persistir na ideia de cortes superiores como cortes de correção ou cassação como bem denuncia Luiz Guilherme Marinoni[10], concepção que vigorou durante largo espaço de tempo no sistema da *civil law*, mas que a pós-modernidade rejeita. A passagem de um paradigma em que o juiz aplica a lei (substrato da segurança jurídica) para um juiz que atua hermeneuticamente – exigência do constitucionalismo –, outorgando sentido ao texto legal e ajustando-o às mutações da sociedade (efetividade das decisões judiciais) se faz refletir no processo.

Por outro lado, se é preciso resgatar a concretude da composição no âmbito dos conflitos estritamente individuais, onde os principais personagens seriam os juízos locais, de primeiro e de segundo grau, de outro, indispensável se abrir para esta nova dinâmica onde os processos surgem de uma litigiosidade massificada e repetitiva, multiplicando-se ações pseudoindividuais e cujo conflito está assentado unicamente na controvérsia do direito. Se o conflito perdeu sua individualidade, massificando-se, também o processo e a decisão devem guardar-lhe aderência, isso porque a decisão qualifica-se, nesses casos, significativamente como um enunciado interpretativo sobre a lei. Dizendo de outra forma, não é possível continuar compondo conflitos que guardam características de atacado pela técnica do varejo.

Se as cortes supremas devem atuar num e noutro ambiente (conflito individual, conflito repetitivo), é tema que foge a este trabalho, que se prenderá exclusivamente, nesta quadra, à intervenção dessas cortes nas demandas repetitivas onde toda a controvérsia gira em torno de uma questão unicamente de direito, seja ela sobre tema de direito material ou de direito processual.

É de se registrar que já há algum tempo o problema passou a ser enfrentado pelo ordenamento jurídico pátrio. Em destaque, a EC n. 45/2004, com a introdução da repercussão geral como filtro do recurso extraordinário (art. 102, inciso III, § 3º, CR) e a adoção da súmula vinculante (art. 103-A, CR).

No mesmo fio, mudanças legislativas foram introduzidas no CPC de 1973, como a improcedência liminar do pedido, art. 285-A, e a técnica de julgamento dos recursos repetitivos, tanto na seara do Supremo Tribunal Federal como no Superior Tribunal de Justiça, conforme arts. 543-B e 543-C.

Mas o Código de 2015 propõe um sistema de produção de precedentes vinculantes, como, aliás, já alhures destacado, no item 3.1 deste trabalho, ao tratar das disposições gerais, preâmbulo do Livro III da Parte Especial, que deve ser compreendido no conjunto de suas disposições.

---

(10) MARINONI, Luiz Guilherme. *Julgamento nas Cortes Supremas*: precedente e decisão do recurso diante do novo CPC. São Paulo: Editora Revista dos Tribunais, 2015. p. 17.

Ponto crucial que se faz presente em todas as possibilidades de produção de um precedente que passa a ser compreendido dentro de um sistema normativo, formalmente vinculante: a discussão versa sobre matéria exclusivamente de direito. Nesse sentido, pode-se afirmar, com Hermes Zaneti Jr.[11], que

> A principal razão para a adoção de um sistema de precedentes é a racionalidade, ou seja, a premissa de que as decisões judiciais devem tratar igualmente casos iguais, porque, quando foram decididas, assim o foram com pretensão de universalidade e estabeleceram-se, por consequência, como ônus argumentativo em relação às decisões futuras que destas pretendam se apartar. É a própria pretensão de correção, *ratio*, que deve governar, de forma imparcial, os atos humanos e espalhar, em todas as áreas de conhecimento, os seus efeitos, que está na base da premissa de universalização. Tolhidas as amarras ideológicas da tradição de *civil law*, deve ser claramente percebido que um modelo adequado de precedentes judiciais normativos é capaz de garantir a racionalidade, a igualdade, a previsibilidade (que se desdobra em confiança legítima e segurança jurídica) e a efetividade do ordenamento jurídico para além e complementarmente às normas jurídicas legisladas que já têm por finalidade estes objetivos.

De forma que o precedente num sistema normativo adquire uma lógica legislativa, o que está conforme a nossa Constituição, na medida em que o princípio da legalidade é cláusula pétrea, inserido no art. 5º, inciso II, dos direitos e garantias fundamentais do cidadão. Por óbvio que o enunciado que se presta à precedente, além de submeter-se à devida fundamentação[12], até para melhor definir o conteúdo do precedente, há de encontrar limites como, por exemplo, sua própria revisão seja porque a lei anterior posta sob discussão foi reformulada, seja porque a própria situação fática social que ensejou aquela interpretação e aquele enunciado não mais prevalece no cotidiano. Contudo, tais temas, por sua relevância, merecem aprofundamento que o presente ensaio não autoriza.

A proposta, mais modesta, deste trabalho é expor e comentar o sistema de precedentes que o novo Código de Processo propõe, inclusive se valendo dos antecedentes constitucionais antes mencionados.

São de 7 (sete) classes as fontes que podem gerar o precedente normativo, no Direito brasileiro:

– Com fundamento na Constituição:

(1) Decisões proferidas pelo Supremo Tribunal Federal em sede de controle concentrado de constitucionalidade.

(2) Enunciados de súmulas vinculantes.

(3) Decisões proferidas em recurso extraordinário sobre a repercussão geral[13].

– Com fundamento no CPC/2015:

(4) Decisões proferidas em sede de incidente de assunção de competência.

(5) Decisões proferidas em sede incidente de resolução de demandas repetitivas – IRDR.

(6) Decisões proferidas conforme técnica de julgamento de recursos repetitivos.

(7) Súmulas.

Como se pode constatar, a novidade fica por conta do incidente de resolução de demandas repetitivas, regulamentado nos arts. 976/987 do CPC/2015 e pelo nem tão novo incidente de assunção de competência (art. 947 do CPC/2015), que revisita o incidente de uniformização jurisprudencial e o incidente de prevenção ou composição de divergência que o Código/1973 contemplava em seu art. 555, § 1º.

Por certo cada um desses institutos ou categorias por si só exigiria espaço próprio para o devido desdobramento, cumprindo, aqui, apenas observar que todos eles se qualificam pela força de produzir um pronunciamento *erga omnes*. Ainda que erigida em um processo determinado, a decisão, adotada como precedente, se expande subjetivamente, produzindo seus efeitos tanto nos casos em andamento (de regra, sobrestados) como para os futuros, primeiro passo para se compreender o enunciado como obrigatório. Mas não basta isso, tornando-se imprescindível que se avalie como o Código trata a observância pelas demais instâncias de tais comandos. Dizendo com outras palavras, onde está a força da vinculação. São inúmeros os dispositivos, formando esse conjunto normativo regulamentador do precedente vinculante.

---

(11) ZANETI JR., Hermes. *O valor vinculante dos precedentes*. Salvador: Editora JusPODIVM, 2015. p. 352.

(12) Considerando que o Direito contempla diversos tipos de precedentes, Luiz Guilherme Marinoni sugere: (...) o que interessa, nesse momento, é tratar da descoberta da *ratio* mediante a interpretação das decisões majoritárias alcançadas por meio de fundamentos minoritários. Em outras palavras, importa demonstrar que uma decisão plural pode ser interpretada de forma a fazer surgir uma *ratio decidendi*", concentrando na interpretação da decisão plural a extração do precedente (ob. cit., p. 140).

(13) Aqui, o precedente pode contar com função negativa: uma vez não reconhecida repercussão geral, os casos análogos, presentes e futuros, não ensejarão novos recursos extraordinários, absorvendo as instâncias locais as decisões, como última instância, e compondo os conflitos com amparo no sistema difuso de constitucionalidade.

5.1. Processos em andamento versus instauração da via formadora do precedente

Inicialmente, cumpre analisar os processos que se encontram em andamento quando é manejada uma das vias pelas quais se pretende alcançar a formação de um precedente, propondo o Código, em apertada síntese, o sobrestamento dos feitos, irrelevante a instância em que eles se encontrem. A providência é salutar, evitando, assim, que os demais juízes se manifestem decidindo o conflito quando ele já está afetado a uma dessas vias.

Assim, no incidente de resolução de demandas repetitivas, além da publicidade imprimida conforme art. 979, há expressa previsão, uma vez admitido o incidente, para que o relator determine a suspensão dos processos pendentes, individuais ou coletivos, que tramitam no Estado ou na região conforme se tratar de tribunal de justiça ou de tribunal regional.

Complementa esta regra o § 4º do art. 1.029, que orienta a suspensão dos processos para todo o território nacional, quando o IRDR for objeto de recurso extraordinário ou especial, presentes razões de segurança jurídica ou de excepcional interesse social.

Ao regulamentar o procedimento do reconhecimento da repercussão geral, o art. 1.035 em seu § 5º faz-se presente igual providência: reconhecida a repercussão geral, o relator no STF determinará a suspensão do processamento de todos os processos pendentes, individuais ou coletivos, que versem sobre a questão e que estejam tramitando no território nacional, mais uma vez irrelevante a instância em que se encontrem.

No art. 1.036 e seu § 1º, ao tratar do julgamento dos recursos extraordinário e especial repetitivos, o tribunal local, por meio de seu presidente ou vice-presidente (conforme Regimento Interno), ao identificar a multiplicidade de tais recursos, além de selecionar 2 (dois) ou mais recursos capazes de representar a controvérsia por todos os seus ângulos, determinará a suspensão do trâmite de todos os processos pendentes, individuais ou coletivos, que igualmente tramitarem no Estado ou na região.

No tocante aos processos objetivos, há uma previsão um pouco mais modesta, constante do art. 12-F da Lei n. 9.868/1999, que regula a ação direta de inconstitucionalidade a ação declaratória de constitucionalidade. Ao cuidar da medida cautelar em ação direta de inconstitucionalidade por omissão, o mencionado dispositivo autoriza que a medida pode consistir na suspensão de processos judiciais ou de procedimentos administrativos em tramitação que versem sobre a matéria impugnada. Melhor seria que a providência fosse estendida a todas as hipóteses do controle concentrado da constitucionalidade, até para prevenir eventuais decisões fragmentadas e esparsas pelo território nacional, quando o tema de direito já está afetado ao Supremo Tribunal Federal.

Curioso que no incidente de assunção de competência não se repete a regra, talvez porque o incidente é proposto como prevenção de repetitividade de processos, presumindo a sua não ocorrência, mas nada impede que já haja feitos em tramitação nos quais a questão se faça presente, tanto é assim que o incidente se presta para prevenir ou compor eventual divergência entre câmaras ou turmas do tribunal. De qualquer sorte, não há nenhuma incompatibilidade em que se aplique, analogicamente, a providência do sobrestamento, evitando, assim, a prolação de decisões divergentes entre si, até a definição jurídica sobre a controvérsia.

Forte nesses dispositivos pode-se concluir que se estruturou um caminho comum para, quando editado o precedente, os processos sobrestados possam ser decididos à luz do precedente, a ventilar uma vinculação incipiente, irrelevante a fase procedimental em que se encontrem.

5.2. Processos futuros

Não pode ser excluída a hipótese de que, mesmo após editado o precedente, novos feitos aflorem no Judiciário. A resistência daqueles que têm contra seus interesses jurídicos o enunciado do precedente, insistindo em demandar e bater às portas da justiça, enquadram-se na previsão do art. 332 e seus incisos, autorizado o juiz a julgar liminarmente improcedente o pedido. Entre as hipóteses ali arroladas, cabe a improcedência liminar do pedido que contrariar súmula do STF ou STJ; acórdão proferido pelo STF ou pelo STJ em julgamento de recursos repetitivos; entendimento firmado em incidente de resolução de demandas repetitivas ou de assunção de competência; enunciado de súmula de tribunal de justiça sobre direito local.

Se a situação é inversa, isso é, os sujeitos de direito a quem o precedente atinge prosseguem em situação de conflito, pela não adoção do comando judicial plasmado em uma das vias que dão origem ao precedente vinculante, a parte que se sinta prejudicada poderá buscar a via judicial e terá em seu favor a concessão da tutela de evidência – tutela provisória que antecipa efeito ou efeitos da sentença – conforme expressamente dispõe o art. 311, inciso II:

Art. 311. A tutela da evidência será concedida, independentemente da demonstração de perigo de dano ou de risco ao resultado útil do processo quando:

(...)

II – as alegações de fato puderem ser comprovadas apenas documentalmente e houver tese firmada em julgamento de casos repetitivos ou em súmula vinculante.

Não é por outra razão que o Código em duas ocasiões distintas prevê mecanismos para que os precedentes vinculantes atuem extraprocessualmente, como no § 2º do art. 985, ao tratar do incidente de resolução de demandas repetitivas, e no inciso IV do art. 1.040, ao regular o procedimento do julgamento dos recursos extraordinário e especial repetitivos, determinando, em ambas as situações, se versarem, os precedentes, sobre questão relativa a prestação de serviço público objeto de concessão, permissão ou autorização, que o resultado do julgamento será comunicado ao órgão, ente ou agência reguladora competente para fiscalização da efetiva aplicação da tese adotada, por parte dos entes sujeitos à regulação. Por óbvio que aqui a previsão legal está se dirigindo às relações jurídicas que ainda não tenham sido objeto de processos em andamento, estendendo os efeitos do precedente e da tese jurídica adota no âmbito extraprocessual, em flagrante função normativa.

5.3. Cogência

Forçoso concluir que foi estabelecido um sistema, com vasos intercomunicantes, de criação de precedentes, voltado exatamente para atender uma demanda que a contemporaneidade produziu, identificada como conflito repetitivo, onde os fatos não são o vilão da controvérsia, mas sim o direito, alimentado por regras gerais, em aberto, marcadas por indeterminação, a exigir do seu intérprete a devida integração. Aqui, as garantias constitucionais da isonomia e da segurança jurídica impõem-se sobre a concretude do caso, a exigir um pronunciamento do Poder Judiciário qualificado pela unicidade de tratamento, daí porque o comando programático do art. 926: os tribunais devem uniformizar sua jurisprudência e mantê-la estável, íntegra e coerente. A essa proatividade normativa, agregam-se tantos outros dispositivos, alhures abordados, ao efeito de a tese jurídica acolhida como decisão pelo tribunal competente e em sede de via processual vocacionada para a formação do precedente prevalecer sobre os processos, pendentes ou futuros. Mas não basta, num país onde a tradição é o da resistência (à lei, às decisões judiciais, às instituições, às práticas adotadas na sociedade etc.), prever a vinculação, é preciso lhe atribuir cogência.

Para tanto, o Código de 2015 não inova, valendo-se de um velho recurso, de criação pretoriana, mas que acabou ganhando tratamento constitucional (art. 102, inciso I, alínea *l*, e art. 105, inciso I, alínea *f*): a ação de reclamação.

Nesse fio, o art. 988 do novo estatuto prevê o cabimento da reclamação para as hipóteses antes arroladas e que cuidam dos processos, recursos e incidentes que dão origem ao precedente vinculativo, a saber: decisões do STF em sede de controle concentrado de constitucionalidade; enunciado de súmula vinculante; precedente proferido em julgamento de casos repetitivos (aí incluindo também a repercussão geral em recurso extraordinário) ou em incidente de assunção de competência, tanto abrangendo a não aplicação da tese jurídica firmada como sua indevida aplicação.

Considerando, outrossim, que a recusa de aplicação ou aplicação indevida da tese jurídica firmada em precedente pode ser promovida por juiz de primeiro grau de jurisdição (hipóteses dos arts. 332 (improcedência liminar do pedido) e 311 (tutela da evidência) ou mesmo em sede de sentença, a ação de reclamação deverá ser interposta no tribunal local, se é do tribunal local o enunciado que se pretende preservar, casos típicos como os do incidente de resolução de demandas repetitivas ou ainda quando de julgamento de controle concentrado relativo às leis locais e à Constituição estadual. Essa previsão abre espaço para que a reclamação, mesmo que voltada contra ato do juiz de primeiro grau, seja proposta perante os tribunais superiores, se o precedente teve origem em feitos ou recursos de sua competência.

O Código, dessa sorte, estabelece uma rede normativa que procura se fechar, se integrar, não deixando brechas para a não aplicação dos enunciados uniformizadores e qualificados como precedentes.

Por certo que sempre remanesce as hipóteses de distinção entre o caso em análise e o precedente invocado (a exemplo, o art. 1.037, § 9º) ou a revisão da tese firmada (a exemplo, art. 927, § 2º), mas trata-se de tema que exige espaço próprio para seu enfrentamento.

6. CONSIDERAÇÕES FINAIS

Os tribunais exercem, por meio de competências estabelecidas na Constituição e nas legislações infraconstitucionais, significativo papel no exercício do poder jurisdicional, seja na composição de conflitos, atendendo a milenar função de administração da justiça do caso concreto, seja no exercício de controle concentrado da constitucionalidade dos atos normativos, típica função da jurisdição constitucional, funções essas que não estão estanques ou imunes a intercomunicação. Ainda que tais competências encontrem um lastro significativo de tradição no direito pátrio a contribuir na consolidação de uma nova lei processual, como é o Código de 2015, há um espaço novo que deve ser melhor avaliado, discutido e compreendido pela comunidade jurídica, que é a atribuição de uma função normativa por meio dos precedentes vinculantes.

Ao mesmo tempo em que a comunidade jurídica e os próprios jurisdicionados – todos partícipes de uma sociedade massificada – rendem-se à necessidade de se criar novos modelos de processo e novas técnicas de prestação jurisdicional, o que é emergencial frente aos conflitos repetitivos, de outro não se pode abdicar dos julgamentos das especificidades dos casos concretos e individualizados, que reclamam todo um investimento de reexame dos fatos, das provas, do direito, mas respeitados os limites de intervenção dos tribunais na jurisdição de primeiro grau, que a jurisdição rente à cidadania. Se num desses polos há uma concentração de poder nos tribunais, em especial nos tribunais superiores, no outro, deve se resgatar, ainda que o Código tenha sido franciscano nessa proposta, a jurisdição originária, a jurisdição de primeiro grau, a jurisdição rente ao cidadão.

Saber dosar os instrumentos de um e de outro, aplicando-os com a devida parcimônia é um novo desafio que o conhecimento jurídico enfrenta.

REFERÊNCIAS BIBLIOGRÁFICAS

CAPPELLETTI, Mauro. Dictamen iconoclastico sobre la reforma del processo civil italiano, in *Proceso ideologia y sociedade*. Buenos Aires, 1974.

FALZEA, Angelo. Sistema Culturale e Sistema Giuridico. In: *Ricerche di Teoria Generale del Diritto e di Dogmatica Giuridica*. Milano: Giuffrè, 1999.

MACEDO, Elaine Harzheim, e MACEDO, Fernanda dos Santos. O direito processual civil e a pós-modernidade. *Revista de Processo*, Vol. 204, São Paulo: Revista dos Tribunais, 2012, p. 351-367.

_____ e VIAFORE, Daniele. *A decisão monocrática e a numerosidade no processo civil brasileiro*. Porto Alegre: Livraria do Advogado Editora, 2015.

MARINONI, Luiz Guilherme. *Julgamento nas Cortes Supremas*: precedente e decisão do recurso diante do novo CPC. São Paulo: Editora Revista dos Tribunais, 2015.

MITIDIERO, Daniel. *Cortes Superiores e Cortes Supremas*: do controle à interpretação, da jurisprudência ao precedente. 2. ed. São Paulo: Revista dos Tribunais, 2015.

RIBEIRO, Cristiana Zugno Pinto. *Apelação no novo CPC*: efeitos devolutivo e suspensivo. Porto Alegre: Livraria do Advogado Editora, 2015.

SILVA, Ovídio Antonio Baptista da. A função dos tribunais superiores, in *A reforma do Poder Judiciário*. MACHADO, Fábio Cardoso e MACHADO, Rafael Bicca (coord.). São Paulo: Quartier Latin, 2006.

_____. *Epistemologia das ciências culturais*. Porto Alegre: Verbo Jurídico, 2009.

ZANETI JR., Hermes. *O valor vinculante dos precedentes*. Salvador: Editora JusPODIVM, 2015.

O Princípio do livre convencimento motivado, sua Manutenção no Novo CPC e o Prestígio às Decisões de Primeiro Grau

BENTO HERCULANO DUARTE
Doutor e mestre em direito pela PUC-SP, desembargador do TRT da 21ª Região, professor da UFRN e membro da Academia Brasileira de Direito do Trabalho e do Instituto Brasileiro de Direito Processual.

ARTUR DE PAIVA MARQUES CARVALHO
Mestre em direito pela UFRN e advogado.

1. INTRODUÇÃO

Com o advento do Novo Código de Processo Civil (NCPC) – encarte processual há muito idealizado para fortalecer a jurisdição e salvaguardar os interesses dos jurisdicionados, conferindo maiores prerrogativas aos partícipes processuais e munindo os julgadores de armas até então não previstas, assim como extirpando do ordenamento jurídico determinados expedientes processuais que eram vistos como formas de burocratizar o sistema e alargar o andamento das demandas –, discute-se sobre a subsistência e alcance de determinados princípios processuais.

Um dos pontos nodais dessa discussão reside exatamente em torno do princípio do livre convencimento motivado, que vem sendo alvo de intensas reflexões, especialmente por parte daqueles a quem cumpre o julgamento dos feitos: os juízes. O citado princípio, embora inerente a todos que participam do processo, sendo de essencial e igual valia para todos, sem dúvida refere-se de forma mais direta ao julgador.

A celeuma repousa basicamente sobre a continuidade ou não da aplicação de tal norma principiológica às contendas judiciais e administrativas (haja vista a manifesta previsão do art. 15 do NCPC[1]), tendo em vista a pontual (?) alteração trazida aos arts. 130[2] e 131[3] do Código de 1973, cujas normas se extraem, em tese, dos art. 370 e ss.[4] do NCPC.

A mencionada mudança – para alguns, substancial; para outros, apenas um detalhe semântico – é facilmente identificada quando da leitura dos novéis artigos processuais, que trazem redação, ainda que afim àquela anteriormente expressada no diploma processual, mas com diferenças textuais suficientes para levantar árduos debates sobre o tema, inclusive colocando em xeque o princípio do livre convencimento motivado.

Deveras, a discussão a ser travada – em qualquer âmbito que seja: acadêmico, doutrinário, jurisprudencial – não deve se limitar à diferença textual da lei. Em verdade, a investigação deve se comprometer a ir a fundo, debatendo todas as nuances que podem permear os casos que dependam da aplicabilidade das normas extraíveis dos dispositivos de lei aqui analisados.

Exemplo mais categórico disso é a análise dos demais princípios que ali podem ser cotejados: da motivação das decisões judiciais, do dispositivo e do inquisitivo, todos eles com ampla e inegável aplicação no ordenamento jurídico pátrio.

Decorrência lógica da aplicação concomitante de diversos princípios a uma mesma questão posta a julgamento (ou a análise, caso a questão não tenha sido judicializada – ou inserta em julgo administrativo), tem-se a necessidade de vinculação valorativa do *case* aos princípios da proporcionalidade e da razoabilida-

---

(1) Art. 15. Na ausência de normas que regulem processos eleitorais, trabalhistas ou administrativos, as disposições deste Código lhes serão aplicadas supletiva e subsidiariamente.

(2) Art. 130. Caberá ao juiz, de ofício ou a requerimento da parte, determinar as provas necessárias à instrução do processo, indeferindo as diligências inúteis ou meramente protelatórias.

(3) Art. 131. O juiz apreciará livremente a prova, atendendo aos fatos e circunstâncias constantes dos autos, ainda que não alegados pelas partes; mas deverá indicar, na sentença, os motivos que lhe formaram o convencimento.

(4) Art. 370. Caberá ao juiz, de ofício ou a requerimento da parte, determinar as provas necessárias ao julgamento do mérito. Parágrafo único. O juiz indeferirá, em decisão fundamentada, as diligências inúteis ou meramente protelatórias. Art. 371. O juiz apreciará a prova constante dos autos, independentemente do sujeito que a tiver promovido, e indicará na decisão as razões da formação de seu convencimento. Art. 372. O juiz poderá admitir a utilização de prova produzida em outro processo, atribuindo-lhe o valor que considerar adequado, observado o contraditório.

de, a fim de que cada um deles encontre seu campo de incidência normativa.[5]

Ver-se-á, pois, que a técnica de ponderação da influência jurídica de cada princípio a ser aplicado ao caso é de importância ímpar, mormente porque este balanceamento axiológico é que permitirá a exata aferição do acerto decisório no que diz respeito à vinculação de suas motivações às questões postas a julgamento, sejam elas fáticas, sejam elas jurídicas.

2. DA PREVISÃO DO PRINCÍPIO DO LIVRE CONVENCIMENTO MOTIVADO NO CÓDIGO DE PROCESSO CIVIL DE 1973

Ao se tratar da análise das provas e do julgamento das demandas, exsurgem três sistemas voltados à indicação de como elas serão analisadas e o conflito resolvido, a saber: (i) prova legal ou tarifada; (ii) livre convencimento puro; e (iii) livre convencimento motivado (ou da persuasão racional).

O primeiro deles (prova legal ou tarifada) institui a prévia valoração da prova pelo próprio sistema legal. Assim dizer, a previsão legislativa já indica o tom probatório de cada prova a ser eventualmente produzida nos autos, de modo que o julgador fica adstrito apenas a reconhecer a existência da prova e, quando do julgamento de mérito, indicar que, ante a apresentação de determinada prova, o sistema legal atribui o "peso" a ser conferido a tal elemento processual. As ordálias e os juramentos, por exemplo, detinham uma força própria no direito romano.

O segundo (livre convencimento puro) confere ao magistrado ampla e irrestrita liberdade de julgar de acordo com seus próprios entendimentos pessoais, aí se incluindo não só suas impressões jurídicas sobre a matéria decidida, mas, essencialmente, seus posicionamentos pessoais, ainda que não exista, neste particular, a exigência de pormenorizar as razões de seu convencimento (afinal, se assim não fosse, não seria puramente livre). Inexiste, aqui, a motivação da decisão judicial – e aqui se a entenda como a exteriorização do motivo levado a julgamento. Foi o sistema predominante dentre os povos germânicos antigos.

O terceiro (livre convencimento motivado ou persuasão racional), por sua vez, situa-se no intermédio dos dois primeiros, pelo qual o juiz deverá apreciar livremente as provas que lhe foram apresentadas, distribuindo as cargas probatórias que entender pertinentes para cada uma delas, mas devendo fundamentar tal distribuição de maneira fundamentada e não se afastar das regras legais. Nesse particular, pois, reside o dever de fundamentação das decisões judiciais.

Muito pela expressa previsão constitucional de motivação das decisões judiciais – *vide* art. 93, IX, da Constituição Federal –, esta última "corrente" passou a ser tida como verdadeiro princípio processual, com pormenorização no digesto processual, conforme dispositivos processuais já antes mencionados.

Com efeito, qualquer tipo de discussão a respeito da opção pelo princípio da persuasão racional ou livre convencimento, ainda que motivado, à luz do CPC de 1973, se esvai quando da leitura dos seus arts. 130 e 131, porquanto cada um deles contém clara redação voltada às prerrogativas conferidas ao julgador para que este se valha de seu convencimento pessoal para conformar o julgamento que deva ser esposado.

É uníssono o entendimento doutrinário e jurisprudencial no sentido de que a sistemática constitucional-processual ora vigente destaca ao magistrado a possibilidade de julgar livremente, desde que adstrito às demais limitações constitucionais e processuais aplicáveis à questão.

Nesse sentido o julgamento do Agravo Regimental no Agravo de Instrumento n. 956.845/SP, de relatoria do ministro José Augusto Delgado, aresto esse mencionado por José Rogério Cruz e Tucci, ao tratar das mudanças no julgamento antecipado com o advento do NCPC.[6]

O mencionado julgado – que na verdade fez expressa referência, inclusive com citações diretas, ao Recurso Especial n. 102.303/PE,[7] relatado pelo Min. Vicente Leal de Araújo – trata do poder conferido ao juiz de se julgar o caso de acordo com seu livre convencimento, desde que seus motivos sejam exteriorizados (motivação) e que, em assim sendo, haja uma adstrição às provas produzidas na demanda.

Ao analisar o caso, entendeu-se que o juiz poderá formar seu convencimento a partir de determinadas provas já constantes nos autos, dispensando (de forma tácita) a produção de outras por entender dispensáveis ou meramente protelatórias. É o que se extrai de sua ementa e do excerto decisório a seguir colacionado:

---

(5) DIMOULIS, Dimitri; MARTINS, Leonardo. *Teoria geral dos direitos fundamentais*. 5. ed. rev., atual. e ampl. São Paulo: Atlas, 2014, *passim*.

(6) TUCCI, José Rogério. *Paradoxo da Corte: Novo Código de Processo Civil traz mudanças no julgamento antecipado*. Revista Conjur. Acesso em: 21 out. 2015. <http://www.conjur.com.br/2015-out-20/paradoxo-corte-cpc-traz-mudancas-julgamento-antecipado>

(7) STJ – REsp 102.303/PE. Rel. Min. Vicente Leal. Julgamento: 27/04/99. T6 – Sexta Turma. Divulgação: 17/05/99. p. 245. Acesso em: 01 nov. 2015. <https://ww2.stj.jus.br/processo/ita/documento/mediado/?num_registro=199600470111&dt_publicacao=17-05-1999&cod_tipo_documento=3&formato=PDF>

(...) Por primeiro, cumpre ressaltar que a tutela jurisdicional deve ser prestada de modo a conter todos os elementos que possibilitem a compreensão da controvérsia, bem como as razões determinantes da decisão, como único limite ao princípio do livre convencimento do juiz. Significa dizer que ao julgador é facultado decidir se valendo de todos os meios de prova admitidos em direito material, sem declinar os dispositivos legais que norteiam suas razões, impondo-se, todavia, que o *decisum* seja fundamentado com precisão. (...) (negrito original)

Deveras, a maneira da aplicação do princípio do livre convencimento motivado encontra inegáveis divergências doutrinárias e, especialmente, jurisprudenciais, a exemplo da imposição de limites ao dirigismo processual – notadamente quanto à autorização ou à negativa de produção de provas. Todavia, este não é o enfoque do presente trabalho, pelo que fica meramente a referência.

Pois bem.

Sendo certo que o princípio do livre convencimento motivado foi adotado pelo sistema processual brasileiro (pelo menos por ora, ante o recente debate sobre sua recepção pelo Novo Código de Processo Civil), há de se analisar a sua real e exata extensão.

Em outras palavras, parece ser necessário um reestudo do sobredito princípio, a fim de se precisar o real alcance de tal norma, especificamente quanto às hipóteses nas quais ele será ou não aplicado; quando aplicado, de que forma será realizada a ponderação de eventuais princípios também aplicáveis à questão; quando aplicado, quais poderes são, de fato, conferidos ao juiz etc.

Ovídio Araújo Baptista da Silva, em seu curso, embora deixe clara a sua posição quanto à impossibilidade de imposição de freios ao livre convencimento (sob pena de não ser tido como plenamente livre), reconhece – embora não se resigne – a existência de ponderação mesmo sob a égide do CPC de 1973.

Colha-se:

Na verdade, o próprio princípio da oralidade, que acabamos de dar como básico e determinante dos demais que depois dele foram expostos, só tem sentido, no direito moderno, como demonstra amplamente Cappelletti (*La testimonianza...*), se com ele, e com os outros que lhe servem de suporte, se puder colocar o juiz em condição de avaliar livremente a prova que oralmente recebe, tirando dela, sem limitações técnicas, o próprio convencimento. A oralidade, em seu sentido contemporâneo, portanto, pressupõe, além de outras, a faculdade reconhecida ao julgador de livre e ampla apreciação da prova, sem as peias que o ordenamento processual lhe possa criar por meio de princípios limitadores de sua ampla investigação e convencimento. Em suma, não pode haver autêntica oralidade onde persistam as arcaicas limitações impostas pelo princípio da *prova legal*, de que decorre, em última análise, um convencimento não livre, mas imposto pela própria lei a que o julgador deve obediência. São resquícios atuais da limitação probatória derivada do princípio da prova legal as restrições que ainda persistem contra a prova testemunhal, considerada, às vezes, por disposição de lei, inidônea para sustentar o convencimento do juiz.

Nas palavras dele, uma vez elevada a uma ímpar importância o princípio da oralidade, a existência de oposições à sua aplicação de forma absoluta acaba por prejudicar o próprio sentido de sua idealização e aplicação processual, tendo em vista que os ditos obstáculos a ele impostos, decorrentes sobremaneira do princípio da prova legal, não prestigiam o contato oral tido entre o julgador da causa e as provas ali produzidas.

Registre-se, pois, que apesar da relevância da oralidade, não compartilhamos do pensamento no sentido de que o livre convencimento, ainda que motivado, implique, quanto às questões fáticas, em uma liberdade sem freios para o julgador.

É que, como dito alhures, o princípio do livre convencimento motivado não foi autorizado pelo ordenamento jurídico brasileiro de maneira absoluta. Assim como qualquer outro princípio, este também enfrenta algumas limitações; quando confrontado com determinados princípios, deverá haver a ponderação e, posteriormente, a aplicação equânime de cada norma deles extraídos.

Ora, autorizar a aceitação plena e irrestrita de qualquer princípio – *in casu*, da oralidade – é dar margem à consagração de apenas um lado da moeda. Permitir que um princípio encontre repouso legal sem qualquer confrontação por parte de outra norma principiológica é medida temerária, que, inclusive, vai de encontro às mais modernas doutrinas principiológicas, a exemplo dos constitucionalistas J. J. Gomes Canotilho e Paulo Bonavides.[8]

Exemplificativamente, a prova oral efetivamente pode se sobrepor à prova documental, mesmo quando se versa sobre direito patrimonial, mas para tanto

---

(8) Recomenda-se ainda a leitura de *A era dos direitos*, de Norberto Bobbio, ao tratar da relatividade dos princípios jurídicos (Editora Campus).

há de se ter elementos convincentes para tal, pois em princípio uma testemunha, no geral, não tem a mesma confiabilidade que se é outorgada a uma escritura pública, ainda *verbi gratia*.

A partir disso, é que se defende, com veemência, a adoção de um sistema misto, no qual ao juiz seja dada a prerrogativa de decidir conforme seu convencimento pessoal, desde que, por óbvio, motive as suas conclusões.

Na conjectura apresentada, pois, até poderia o juiz seguir o testemunho colhido, em detrimento das informações contidas na escritura pública. Todavia, ao fazê-lo, estaria submetido à imposição trazida pelo princípio da motivação das decisões judiciais (caso a conclusão fosse ao contrário, obviamente, também haveria a mesma vinculação à necessidade de motivação).

Adiante, por pertinência temática, abordar-se-á o princípio da motivação das decisões judiciais e sua influência na manutenção do princípio do livre convencimento motivado no ordenamento jurídico-processual pátrio, especialmente após o advento do Novo Código de Processo Civil.

3. A NECESSIDADE DE MOTIVAÇÃO DAS DECISÕES JUDICIAIS. INFLUÊNCIA CONSTITUCIONAL NA MANUTENÇÃO DO PRINCÍPIO DO LIVRE CONVENCIMENTO MOTIVADO NO NCPC

Importante decorrência da observância ao princípio do acesso à justiça é a obrigatoriedade de fundamentação das decisões judiciais. Tanto assim, o legislador ordinário constitucional a alçou ao cume do ordenamento jurídico (art. 93, IX, CF). No âmbito infraconstitucional, tem causado celeuma o NCPC, ao prever, em seu art. 489, o dever de fundamentação, o que nos parece desproposital, na medida em que há mera e amplificada reiteração do comando constitucional.

Desse modo, desrespeitar tal exigência é tornar a decisão, em si própria, inadequada. Injusto, portanto, é entregar ao cidadão a prestação jurisdicional de forma incompleta: incongruente com sua necessidade e em descompasso com a Constituição Federal.

Sob tal passo, a finalidade da constitucionalização da necessidade de motivação de todas as decisões judiciais ultrapassa a mera entrega de uma resposta completa à parte. Antes disso, é garantir que o Poder Judiciário não se afaste da sociedade.

Em outras palavras, tal previsão constitucional pretende evitar que decisões desconformes ao ordenamento jurídico sejam exaradas. Assim, a partir da publicização dos motivos judicantes que levaram o Juízo a fixar o entendimento, caberá às partes concordar ou não com seus termos, de modo a exercer seu efetivo direito ao contraditório.

O Código de Processo Civil de 1973, seguindo a normatividade constitucional, estatuiu, em seu art. 165, que as sentenças e os acórdãos serão proferidos com base na estruturação do relatório (indicação dos principais pontos havidos no processo, além de elencar as partes e os pedidos), da fundamentação (ensejo em que as questões de fato e de direito serão apreciadas) e o dispositivo (oportunidade na qual as questões submetidas a julgamento serão, de fato, decididas), sendo as demais decisões fundamentadas, ainda que com esteio na concisão.

Bento Herculano Duarte e Zulmar Duarte de Oliveira Júnior[9] abordam, sob corte didático, a necessidade de motivação das decisões judiciais:

> Qualquer que seja a concepção sobre a natureza jurídica da motivação; como exposição histórica, como instrumento de comunicação e fonte de indícios, como discurso judicial ou como atividade crítico-cultural, o certo é que o provimento deve ser motivado, inclusive para se aferir, concretamente, a imparcialidade do julgador.
>
> Ademais, a necessidade da motivação além do aspecto de índole subjetiva (convencer os litigantes), permite o controle do decisório, isto é, a análise crítica dos horizontes do julgado, inclusive pela eventual instância ad quem.
>
> Isso porque a motivação constitui pressuposto indispensável à sua impugnação, porquanto é impossível para um litigante preparar os fundamentos do recurso, ou mesmo avaliar a necessidade do início do procedimento recursal, prescindindo das razões do provimento do magistrado.

Cândido Rangel Dinamarco[10] doutrina sob idêntico diapasão, senão vejamos:

> O que não se tolera são as omissões no essencial. Isso viola os princípios, fórmulas e regras de direito positivo atinentes à motivação da sentença, chocando-se de frente com a garantia político-democrática do devido processo legal. A sentença não-motivada transpõe os limites da desformalização racional e incide no repúdio assim expresso pelo mestre **Liebman**, sempre presente nos grandes temas de direito processual: "*uma*

---

(9) DUARTE, Bento Herculano. OLIVEIRA JÚNIOR, Zulmar Duarte de. *Princípios do processo civil: noções fundamentais (com remissão ao novo CPC)*: jurisprudência do STF e do STJ. Rio de Janeiro: Forense, 2012. p. 72.
(10) DINAMARCO, Cândido Rangel. *Fundamentos do processo civil moderno*. Tomo II, 5. ed. São Paulo: Editora Malheiros, 2002. p. 1.078.

indulgência exagerada para com a violação das formas deixaria sem eficácia as disposições da lei e ameaçaria a segurança da ordem processual e, consequentemente, a regularidade e eficiência no desempenho da função jurisdicional".

A motivação judicial abre oportunidade para que as partes analisem o posicionamento do julgador frente aos argumentos levados a juízo, bem como à carga probatória que foi conferida por aquele a cada elemento de prova levado ao rosto dos autos. É uma verdadeira prestação de contas por parte do Poder Judiciário, que ficará submetido às críticas dos partícipes processuais, que, não satisfeitos, poderão opor e/ou interpor os remédios recursais que entender convenientes.

Nessa oportunidade, caberá aos interessados a indicação de pretensa ofensa à garantia do devido processo legal, a exemplo de suposto *error in procedendo* em decorrência da inobservância ao princípio da ampla defesa.

Em outras palavras, será abordado o dirigismo processual que é conferido ao juiz. Assim dizendo, dada a sua competência para se valer do princípio do livre convencimento motivado, estava o juiz, de fato, pronto para proceder ao julgamento de mérito da questão que lhe foi posta à apreciação? Ou foram solicitadas (e oportunamente negadas) provas outras que, uma vez produzidas, poderiam levá-lo a entendimento diverso?

Em situações nas quais o juiz nega a produção de determinada prova, é de boa técnica que o faça com base na argumentação jurídica, indicando de forma pormenorizada os motivos pelos quais o elemento de prova que se pretende integrar à lide está sendo recusado, sob pena de configuração de inaceitável totalitarismo judicante. Estar-se-ia, pois, diante de um argumento de autoridade, em detrimento da autoridade do argumento.

Essa é a leitura que deve ser feita dos arts. 130 e 131 do Código de 1973. Decerto, apenas após tal reflexão se autoriza o cotejo dos novéis art. 370 e ss. do NCPC. E vem a pergunta, de certa forma já respondida ainda que de forma oblíqua: o sistema do livre convencimento motivado permaneceu no novo digesto processual civil?

O jusfilósofo Lênio Luiz Streck, em sua coluna na Revista Consultor Jurídico, apresentou entendimento no sentido de que o livre convencimento motivado ficará meramente numa perspectiva histórica, juntamente com o CPC de 1973.[11]

Em seus termos, a mencionada norma principiológica foi relegada a um 'exílio epistêmico', vez que todas as previsões contidas no Projeto do Novo Código de Processo Civil que faziam referência a esse princípio foram extirpadas, de modo que as correspondentes alterações textuais significaram o afastamento de sua aplicabilidade no cenário jurídico brasileiro.

Para o autor, a mudança se mostrou necessária em razão da premente necessidade de se dar fim à ampla liberdade que atualmente é dada ao juiz para apreciar as provas e os argumentos que lhe são postos a lume. Evitar-se-á, pois, segundo suas palavras textuais, decisões calcadas unicamente na 'jurisprudência do supremo'.[12]

A preocupação do autor é justa, mas não nos parece pertinente.

A justificativa dada por **Streck** é no sentido de que a interpretação histórica não dá margem ao entendimento de que o livre convencimento motivado persiste, na medida em que foi extraído do texto legal tal dispositivo (sobre a liberdade e a axiologia das provas).

Ainda em seu texto, aponta que o livre convencimento, ainda que motivado, deu poderes para que os juízes julgassem conforme sua própria consciência, negando-se a combater todos os argumentos trazidos pelas partes. Leia-se necessário excerto:

> (...) Ao fazermos uma análise mais detida do NCPC, é possível perceber que as bases fundantes do Projeto, antes alicerçadas no vetusto – e autoritário – modelo social protagonista podem estar se alterando. No livro *O Que é Isto – Decido Conforme Minha Consciência?*, relato uma série de decisões que simbolizam esse socialismo processual tardio e do solipsismo ínsito a esse imaginário. Agora mesmo no Rio de Janeiro um juiz convocado disse na AC 99.02.30246-7, tendo decidido da mesma forma na AC 606.345, que *"o juiz não está obrigado a responder todas as alegações das partes, quando já tenha encontrado o motivo suficiente para fundar a decisão, nem se obriga a ater-se aos fundamentos indicados por elas e tampouco a responder um a um todos os seus argumentos. Nego os embargos!"* Já em São Paulo, um desembargador disse, recentemente: "tenho convicção e assim decidi. Nada necessito mais dizer". (...)

---

(11) STRECK, Lênio Luiz. *Dilema de dois juízes diante do fim do Livre Convencimento no NCPC*. Revista Consultor Jurídico. Acesso em: 30 out. 2015. <http://www.Revistar.com.br/2015-mar-19/senso-incomum-dilema-dois-juizes-diante-fim-livre-convencimento-ncpc>.

(12) (...) Na versão original do NCPC lá estava encravado o LCM (livre convencimento motivado). Dizia eu, então, que de nada adianta exigir do juiz que enfrente todos os argumentos deduzidos na ação (art. 389) se, por exemplo, ele tiver a liberdade de invocar a "jurisprudência do Supremo" que afirma que *o juiz não está obrigado a enfrentar todas as questões arguidas pelas partes*. Dar-se-ia com uma mão e se tiraria com a outra... (...) (op. cit.).

As críticas tecidas pelo autor são parcialmente acolhidas e endossadas neste trabalho, todavia refutadas em sua essência, qual seja, o fim do sistema da persuasão racional. Verdade que as decisões arbitrárias são alicerçadas numa premissa distorcida do livre convencimento motivado. Porém, os comportamentos enunciados mais se apóiam no sistema do livre convencimento puro do que no do livre convencimento motivado. Ora, se o juiz negou-se a fundamentar sua decisão ante seu posicionamento pessoal ou sua suposta desnecessidade de rebater todos os argumentos trazidos pelas partes, não está diante de uma motivação adequada.

Há, aqui, clara afronta ao consubstanciado no art. 93, IX, da Constituição Federal, e doravante no art. 489 do NCPC. Não se pode cogitar, pois, de um livre convencimento motivado dissociado do dever de motivação, e de forma adequada, até mesmo como corolário natural e pilastra do amplo acesso à justiça e do devido processo legal. O livre convencimento puro, em verdade, não se confunde com o livre convencimento motivado e, por derradeiro, eventualmente coloca-se como uma arma à disposição do julgador.

De fato, alguns juízes julgam as causas baseando-se unicamente em precedentes e, às vezes, em convicções pessoais, sem justificar a identidade fático-analítica[13] e sem tecer nenhuma consideração sobre as outras provas produzidas pela parte sucumbente etc., mas isso são decisões isoladas, que não justificam o afastamento do sistema da persuasão racional, sem dúvida o mais próximo da decisão materialmente justa.

O culpado por isso, portanto, não é o princípio do livre convencimento motivado.

Aplicado de maneira correta e com parcimônia, o livre convencimento motivado deixa de ser uma arma conferida ao juiz e passa a ser um sistema mutuamente utilizado pelas partes, que auxiliarão no convencimento do juiz (princípio da cooperação) para decidir a lide, que, por sua vez, terá a obrigação de fundamentar sua decisão, indicando os motivos pelos quais acolheu as razões de um e deixou de adotar as do outro.

Fernando da Fonseca Gajardoni,[14] a seu turno, em breve análise sobre a temática aqui discutida, assentou seu posicionamento de maneira convergente àquele consignado neste trabalho. Para o doutrinador, a mudança textual dos dispositivos de lei que tratam da forma pela qual as provas formarão (melhor dizendo, influenciarão) o convencimento do julgador não dá margem à interpretação de que o livre convencimento foi extirpado do ordenamento jurídico pátrio.

Para ele, subsiste tal prerrogativa, ainda que a motivação das decisões judiciais tenha ganhado força com o novo *digesto* processual, tendo em vista a flagrante diferença constitutiva de cada um dos princípios constitucional-processuais aqui mencionados: livre convencimento motivado e motivação das decisões judiciais.

Em seu texto, o processualista cuida de traçar um breve escorço histórico sobre a previsão do livre convencimento motivado no Brasil, mencionando o art. 118 do Código de 1939, no qual se estabelecia que, "na apreciação da prova, o juiz formará livremente o seu convencimento, atendendo aos fatos e circunstâncias constantes dos autos, ainda que não alegados pela parte. Mas, quando a lei considerar determinada forma como da substância do ato, o juiz não lhe admitirá a prova por outro meio".

Adiante, ressalta a previsão (art. 131, CPC/1973) pela qual "o juiz apreciará livremente a prova, atendendo aos fatos e circunstâncias constantes dos autos, ainda que não alegados pelas partes; mas deverá indicar, na sentença, os motivos que lhe formaram o convencimento", fazendo necessária menção à ressalva prevista no art. 366 no mesmo diploma processual: "quando a lei exigir, como da substância do ato, o instrumento público, nenhuma outra prova, por mais especial que seja, pode suprir-lhe a falta".

Após isso, debruçando-se sobre a ausência de previsão literal no Novo Código de Processo Civil, tão categórica quanto às dos digestos de 39 e de 73, defende que tal fato não significa a extinção do princípio do livre convencimento motivado no ordenamento legal brasileiro, na medida em que tal norma principiológica não foi idealizada para permitir ao juiz simplesmente deixar de aplicar a lei; em suas palavras, não o foi como "alforria para o juiz julgar o processo como bem entendesse" ou "como se o ordenamento jurídico não fosse o limite".[15]

Muito pelo contrário, tal módulo interpretativo serve como resposta aos sistemas da prova tarifada

---

(13) Interessante tal questão, haja vista que, quando a parte tem que comprovar a similitude dos casos postos a julgamento (quando da interposição de recurso extremo, por exemplo), há de detalhar de maneira exagerada as semelhanças que autorizam a análise da divergência. O mesmo não fazem os julgadores ao invocarem precedentes.
(14) GAJARDONI, Fernando da Fonseca. *O livre convencimento motivado não acabou no novo CPC*. Acesso em: 11 out. 2015. <http://jota.info/o-livre-convencimento-motivado-nao-acabou-no-novo-cpc>
(15) *Idem.*

e do convencimento puro, postando-se, pois, como verdadeiro meio-termo entre essas duas hipóteses de interpretação das provas constantes no caderno processual a ser julgado.

Ainda nesse conspecto, o autor manifesta seu posicionamento no sentido de que, afastados os sistemas da prova legal e do convencimento puro, só 'sobejaria' o sistema do livre convencimento motivado.

Aqui, um necessário parêntese: não é que dois dos sistemas sejam excluídos de atuação que, fatalmente, o terceiro restante será aplicado. Nada impede que se construa, de maneira cuidadosa, uma nova forma de convencimento do julgador, conformando-se, pois, um novo sistema de análise de prova. Mas não nos parece que tenha assim ocorrido conforme o texto do NCPC de 2015.

Sob tal diapasão, Gajardoni mais uma vez acerta: sempre se previu a atuação de *standards* mínimos para compor os limites da atuação do juiz quando da incidência do princípio do livre convencimento motivado, o que não significa o tolhimento da liberdade do julgador.

Isso porque, como aqui já antecipado, a permissibilidade outorgada ao juiz para valorar a prova difere de sua obrigação de fundamentar e motivar (*rectius*, motivação) sua decisão. Aliás, no NCPC mais ênfase se deu à *ratio decidendi*, até em diapasão com a inequívoca maior força outorgada aos precedentes e à própria jurisprudência, no apelidado *common law* à brasileira (assunto que trataremos em outro artigo).

Em palavras mais grosseiras, pode-se dizer que o juiz não poderá, como nunca pôde, a seu bel-prazer, decidir, na medida em que tem que fundamentar suas decisões, nos termos da CRFB, inclusive indicando as provas formadoras de seu convencimento, colhidas nos autos, pois *quod non est in actis non et in mundo*.

Veja-se: ao juiz cabe, diante de um cenário probatório, escolher quais elementos construirão as bases de seu posicionamento decisório. Uma das poucas ressalvas que o ordenamento jurídico pátrio faz é exatamente a necessidade de ele explicar as razões pelas quais escolheu determinados componentes probatórios.

Gajardoni, como não poderia ser diferente, chama a atenção para as discutidas redações dos novos arts. 371 e 372 do CPC de 2015, notadamente quanto à ainda existente previsão de liberdade do juiz de valorar a prova, concluindo pela permanência da possibilidade de o magistrado atribuir às provas o valor que entender adequado – desde que, repita-se, justifique suas correlatas razões.

Ao fim, traz interessante elucidação sobre o art. 489, § 1º, do Novo Código de Processo Civil:

Diversamente do almejado por alguns "hermeneutas" do Novo Código, o CPC/2015 não "coisificou" ou "robotizou" o julgador, tolhendo qualquer espaço de liberdade decisória. Além da autonomia na valoração motivada da prova, mesmo em matéria de interpretação do Direito há espaço para a liberdade de convicção. O art. 489, § 1º, VI, do CPC/2015, ao indicar, a *contrario sensu*, que o juiz pode deixar de seguir enunciado de súmula, jurisprudência ou precedente invocado pela parte, desde que demonstre, através de fundamentação idônea, a existência de distinção no caso em julgamento (*distinguishing*) ou a superação do entendimento (*overrulling*), prova isso. O que houve, portanto, foi apenas o advento de uma disciplina mais clara do método de trabalho do juiz, não a extinção da autonomia de julgamento.

O posicionamento demonstrado pelo processualista é interessante. Ora, diante da verticalização da interpretação da lei (*vide* necessidade de deferência aos julgados das cortes superiores), ainda assim cumpre ao julgador a faculdade de divergir da inteligência já estampada pelas instâncias recursais, bastando que, ao fazê-lo, apresente fundamentação idônea apta a comprovar a diferença do *case* analisado (*distiguishing*) ou a revelar a superação do entendimento (*overrulling*). Correlatamente, temos ainda o *tranformation* e o *overriding*.

Ao que consta, o juiz ainda é livre para julgar; e, para julgar, é livre para apreciar as provas que lhe são apresentadas.

4. DA SUBSISTÊNCIA DO PRINCÍPIO DO LIVRE CONVENCIMENTO MOTIVADO E O PRESTÍGIO CONFERIDO ÀS DECISÕES DE PRIMEIRO GRAU

Vista a indubitável manutenção do princípio do livre convencimento motivado no ordenamento jurídico, ainda que o Novo Código de Processo Civil tenha trazido algumas alterações pontuais nas previsões relativas ao dirigismo processual, há de se analisar a forma como tal norma abstrata influi no prestígio conferido às decisões de primeiro grau.

Antecipando-se, é de se investigar se e como, uma vez mantida tal norma principiológica no ordenamento jurídico, as decisões de primeira instância serão valorizadas, mormente pelo fato de que as decisões dali advindas foram estruturadas de acordo com o convencimento firmado pelo juiz que instruiu a causa, cujas provas produzidas influíram na conformação de seus motivos decisórios.

Para tanto, mostra-se de boa técnica, antes do debruce sobre tais questões, a apreensões de outros princípios intimamente coligados ao da persuasão racional, quais sejam, o dispositivo e o inquisitivo.

É que tais princípios, vigentes na ordem jurídica pátria atual, dão toques iniciais à instrução das causas postas a julgamentos, de modo que, sem eles, impossível se mostra a análise mais justa e cristalina sobre a forma como as provas e as alegações das partes podem influenciar no deslinde do processo. Em outras palavras, o modo pelo qual tais normas são aplicadas acaba por direcionar de que forma o livre convencimento será representado.

4.1. Dos princípios dispositivo e inquisitivo

O princípio dispositivo, embora *a priori* implique em limitação instrutória imposta ao juiz,[16] em verdade não impede que este forme seu convencimento e faça o seu julgamento com base em fatos que não tenham sido trazidos pelas partes, mas desde que nos autos.

A nosso ver, o princípio dispositivo não serve para tolher a iniciativa oficial na produção de provas, conforme o próprio CPC, tanto sob a regência do código de 73 como pelo novel digesto processual (2015), a teor de dispositivos como os que preveem o interrogatório das parte determinado de ofício ou a oitiva de testemunha referida, ou a determinação *ex officio* de prova pericial. Como bem diz a doutrina processual alemã, aliás, o juiz só há de se preocupar com *onus probandi* na oportunidade do julgamento, pois suas regras consistem em regras de julgamento.

Não obstante, às partes caberá a delimitação do que será decidido pelo juiz: além de estes levarem ao órgão judicante a lide em si (fatos), também indicarão os motivos pelos quais a lide deve ser decidida de determinada maneira (causa de pedir)[17] para, ao final, condensarem suas solicitações de maneira conclusiva (pedidos).

Atrai-se, neste particular, a existência do princípio da congruência, que, previsto no vigente art. 460 da Lei de Ritos (CPC de 1973), indica a impossibilidade de a causa ser julgada fora do pedido, aquém do pedido ou além do pedido. É o que se denomina, respectivamente, de julgamentos *extra petita*, *citra petita* e *ultra petita*.

A processualística pátria brasileira adota, com ressalvas, o princípio do dispositivo, porém cada vez mais ganhando força o princípio inquisitivo (inquisitório), cujos motivos para tal transição histórico-normativa não importam para o desfecho do presente estudo. Apenas, registre-se o pensamento de Mauro Capelletti, atualíssimo, no sentido de que não há sistema puramente dispositivo nem puramente inquisitório.

É o que consta no art. 128 do CPC de 73, ao determinar que "o juiz decidirá a lide nos limites em que foi proposta, sendo-lhe defeso conhecer de questões, não suscitadas, a cujo respeito a lei exige a iniciativa da parte".

Maurício Lindenmeyer Barbieri,[18] tratando das acepções formal e material do princípio aqui estudado, indicou, de forma precisa, as ressalvas processuais que são impostas a tal norma, as quais podem ser identificadas após a leitura conjunta dos atuais arts. 130, 131, 333, 335, 342, 381 e 440, todos do Código de Processo Civil de 1973.

De seu entendimento, em coesão com o nosso ponto de vista, já esposado neste trabalho, extrai-se que o poder diretivo conferido ao julgador se sobrepõe ao rigorismo postulado pelo princípio dispositivo, na medida em que aquele tem a prerrogativa de indicar, *ex officio* ou a requerimento de alguma das partes, as provas que deverão ser produzidas (art. 130, CPC), o que se configura em uma clara demonstração de que o juiz não mais está vinculado às solicitações, em matéria de prova, oriundas dos partícipes processuais.

Indo-se além, vê-se que é dada ao juiz a possibilidade de inverter o ônus da prova (a inversão se dá em relação à regra geral contida no atual art. 333 do CPC), donde decorre a determinação para que a parte produza a prova que, inicialmente, ficaria a cargo da parte adversa. É o que se denomina de inversão do ônus da prova, bastante comum na seara consumerista, mormente pela expressa previsão do art. 6º, VIII, do Código de Defesa do Consumidor.

---

(16) O princípio dispositivo manifesta-se em uma série de regras e de ulteriores princípios. Difere, porém, do princípio da demanda, este consubstanciado na inércia da jurisdição. O primeiro diz respeito ao poder que as partes têm de dispor da causa, seja deixando de alegar ou provar fatos a ela pertinentes, seja desinteressando-se do andamento do processo; o princípio da demanda, conforme Ovídio Baptista da Silva, in Teoria Geral do Processo, significa a disponibilidade do direito material ante ao princípio da inércia da jurisdição (art. 2º do CPC de 1973). O princípio dispositivo legitima-se pela imparcialidade e isenção, pressupostos lógicos do próprio conceito de jurisdição. Dificilmente teria o julgador condições de manter-se completamente isento e imparcial, se a lei lhe conferisse poderes ilimitados de iniciativa probatória, pois na medida em que o magistrado abandonasse a condição de neutralidade que a função jurisdicional pressupõe, para envolver-se na busca e determinação dos fatos da causa, de cuja prova a parte se haja desinteressado, certamente ele poderia correr o risco de comprometer a própria imparcialidade (BARBIERI, Maurício Lindenmeyer. *O princípio dispositivo em sentido formal e material*. Disponível em <http://www.ambito-juridico.com.br/site/index.php?n_link=revista_artigos_leitura&artigo_id=5260>. Acesso em: 2 nov. 2015).

(17) Neste particular, cabe ao juiz trazer outros argumentos, *ex officio*, para compor seu convencimento, desde que os ponha para discussão de forma prévia, a fim de evitar as denominadas decisões surpresa.

(18) *Idem, ibidem*.

Atualmente, ainda se confere ao juiz da causa a permissibilidade de, na falta de previsões normativas particulares, a adoção das regras de experiências comum e técnica (art. 335, CPC), excetuando-se esta quando da existência de exame pericial realizado (sob pena de discutível sobreposição da experiência técnica particular do juiz em relação ao conhecimento técnico apresentado pelo *expert*).

Têm-se, ainda, as previsões dos arts. 381, 382 e 440, todos do *Digesto* Processual, que permitem ao julgador dar ordem à apresentação de livros e documentos contábeis e, ainda, de, em qualquer estágio processual, realizar a inspeção judicial, procedendo de maneira pessoal à inquirição de pessoas ou coisas, de modo a conformar seu convencimento decisório.

Daniel Amorim Assumpção Neves,[19] também conforme já declaramos entender, afirma serem os princípios dispositivo e inquisitivo mutuamente aplicáveis pelo ordenamento jurídico pátrio. Há, pois, um sistema misto, com preponderância do princípio dispositivo, isto porque cada qual não se institui de maneira absoluta, porquanto inexistir a atuação judicante de maneira ampla e irrestrita, tampouco da indicação da extensão do processo de acordo unicamente com a vontade das partes.

O doutrinador indica o art. 262 do atual Código Processual como a mais patente representação de tal conjugação principiológica, tendo em vista ali ser consignada a necessidade de provocação das partes para o início do litígio (princípio dispositivo), o qual terá o seu decurso tangido pela instrução do julgador (princípio inquisitivo)[20].

A teor da lição de Mauro Cappelletti,[21] sobre a impossibilidade de as partes disporem completamente da causa posta a julgamento, o que, sem sombra de dúvidas, representa o misto dos princípios aqui cotejados:[22]

> A conseqüência prática mais evidente desta ideia é a seguinte: que as partes privadas, mesmo sendo livres para dispor dos direitos substantivos deduzidos em juízo, ou seja, do objeto do processo, não são livres, entretanto (ou, pelo menos, não são completamente livres), para dispor a seu bel-prazer também do próprio processo, ou seja, do instrumento processual. Em outras palavras, as partes não são livres para determinar, a seu bel-prazer, o modo como o processo deve se desenvolver.

Tem-se, pois, que o princípio dispositivo é aplicado com as ressalvas trazidas pelo princípio inquisitivo, de modo que, uma vez condensados e somados ao princípio do livre convencimento motivado, ensejarão a formação do julgamento do juiz da causa, que deverá velar pelos motivos que o fizeram seguir determinada conclusão normativa.

Ao passo que o princípio dispositivo estabelece as margens fáticas a serem postas a julgamento, o princípio inquisitivo confere ao julgador o poder-dever de especificar os pontos controvertidos e, consequentemente, as provas que devem ser produzidas para dirimir o litígio. Ao final, o seu entendimento será esposado com base no princípio do livre convencimento motivado, sem prejuízo da apresentação dos motivos que o levou a determinado arremate decisório.

4.2. Da influência dos referenciados princípios no prestígio às decisões de primeira instância

Todos os princípios aqui estudados guardam intrínseca relação com o juízo de primeiro grau, porquanto ser a ele conferida a mais expressiva faceta do dirigismo processual, já que cabe a ele, por exemplo, a escolha de quais provas serão produzidas (podendo negar a produção daquelas indispensáveis ou meramente protelatórias, desde que a respectiva decisão seja fundamentada) e, após, a indicação dos valores que serão conferidos a cada uma delas.

O princípio dispositivo, por exemplo, deve ser trazido à análise pelo julgador quando da coleta dos depoimentos pessoais das partes, a fim de que os limites da demanda fiquem bem delineados. Só o contato do julgador com as partes, em audiência, é capaz de permitir a formação de um convencimento efetivamente confiável.

É como 'romanceia' Jeremias Bentham, citado por Zulmar Duarte de Oliveira Júnior, tratando da oralidade processual:

---

(19) NEVES, Daniel Amorim Assumpção. *Manual de direito processual civil*. 5. ed. rev., atual. e ampl. Rio de Janeiro: Forense; São Paulo: Método, 2013. p. 70-71.

(20) Além desse dispositivo legal, uma análise de nosso sistema demonstra o acerto do entendimento que aponta para a existência de um sistema misto. O juiz está vinculado aos fatos jurídicos componentes da causa de pedir, o que depende da vontade da parte, mas as provas a respeito dos fatos podem ser determinadas de ofício pelo juiz (art. 130 do CPC), o que demonstra uma característica do sistema inquisitivo. Segundo o art. 131 do CPC, o juiz pode levar em consideração em sua decisão os fatos simples, ainda que não alegados pelas partes, regra esta que também consagra o princípio inquisitivo. (Idem, ibidem)

(21) CAPPELLETTI, Mauro. *O processo civil no direito comparado*. Belo Horizonte: Líder, 2011. p. 38.

(22) *Idem, ibidem*.

"Não pode o juiz conhecer por suas próprias observações esses caracteres de verdade tão relevantes e tão naturais que se manifestam na fisionomia, no som da voz, na firmeza, na prontidão, nas emoções do medo, na simplicidade da inocência, no embaraço da má fé, pode-se dizer que ele cerrou a si próprio o livro da natureza, e que ele se tornou cego e surdo em casos nos quais é necessário tudo ver e tudo ouvir. Há, sem dúvida, inúmeras causas em que serão dispensáveis os indícios que podem resultar do comportamento das pessoas, mas é impossível sabê-lo de antemão."[23]

Tal questão fica ainda mais clara quando se trata de direitos indisponíveis. Assim, cumpridas as devidas formalidades, poderá o juiz, inclusive, estender o alcance da demanda, flexibilizando o princípio dispositivo, em deferência a outros princípios, a exemplo da dignidade da pessoa humana.

A proximidade entre julgador e as partes, pois, é possibilitada exatamente pelo poder-dever que é conferido ao primeiro para que instrua a causa, optando pelas provas que devem ser produzidas com o fito de esclarecer os pontos controvertidos que foram postos a julgamento.

O princípio do inquisitivo permite que o juiz instrutor da causa investigue todas as questões que entender pertinentes, não se adstringindo aos limites argumentativos trazidos pelas partes em suas manifestações (especialmente por intermédio da petição inicial e da contestação, quando haverá a estabilização da demanda). A propósito, merece lembrança o brocardo: narra-me os fatos e eu te darei o direito (*Da mihi factum, dabo tibi jus*).

É que o Poder Judiciário se limita às questões que lhe são trazidas (princípios dispositivo e da congruência). Todavia, a forma como a demanda (e suas questões, pois) será julgada deverá ser estabelecida por meio do princípio inquisitivo. Assim, em outras palavras, caberá às partes indicar os pontos que serão decididos judicialmente; ao julgador, escolher como tais pontos serão decididos, especialmente no que tange às provas necessárias para tanto.

O princípio da oralidade, assim, adquire força. Com o advento da informalidade processual, pode o juiz, de maneira pessoal, inspecionar pessoas e coisas, além da indelével prerrogativa de agendar audiências, ouvindo partes e testemunhas a qualquer tempo do processo.

O contato verbal estabelecido entre o juiz e os demais partícipes processuais torna a resolução da demanda muito mais célere – já que as questões a serem elucidadas podem ser apresentadas de maneira muito mais simples e rápida do que se o fossem por meio de petições – e fidedigna.

Essa permissibilidade, como consabido, não se confere ao julgador de segunda instância, tampouco àquele ocupante de cargo nos tribunais superiores. Cabe a estes últimos apenas a interpretação da prova que foi produzida e conduzida pelo juízo de piso. A análise será puramente técnica, sem qualquer interferência de suas convicções pessoais, como a costumeira indicação do juiz de primeiro grau sobre a "patente ausência de confiança" da testemunha ou a "flagrante contrariedade em que incorreu" a parte.

São razões tais que também conformam o convencimento do juiz, especialmente o de primeiro grau. É tarefa árdua ao juízo recursal alterar determinada interpretação da prova quando se depara com a influência que os princípios dispositivo, inquisitivo e da oralidade produzem sobre o convencimento firmado.

Ora, não só de petições e provas documentais vive o processo moderno. A bem da verdade, as questões apreendidas pelo juiz durante uma audiência muito valem para conformar seu julgamento, bem como aquelas coletadas em inspeção judicial. A análise comportamental das testemunhas e das partes, mormente durante a coleta de seus depoimentos, muito influi – sem sombra de dúvida – na decisão final a ser prolatada.

As atuais gravações em vídeo de audiências de instrução, por exemplo, muito ajudam em tal questão, tendo em vista que o julgador, caso interprete de maneira bastante duvidosa o comportamento adotado pelas partes, poderá ter seu posicionamento revisto com base em tais imagens em vídeo.

O outro lado também é verdadeiro: tais elementos de prova também ajudam a corroborar o entendimento firmado pelo juízo de primeiro grau, tendo em vista que igualmente se verificará que sua análise comportamental das partes e das testemunhas foi acertada.

Nada disso, naturalmente, afasta a necessidade de fundamentação das decisões judiciais. Quaisquer umas que sejam elas.

Todos os detalhes constantes do processo deverão conformar o julgamento do juízo de primeiro grau. A ele, confere-se a obrigatoriedade de fundamentar suas decisões, especialmente no que tange às provas ali produzidas, sem exceção: as que foram consideradas confiáveis e, por isto, utilizadas para condensar seu posicionamento, e as que não foram consideradas

---

(23) *O princípio da oralidade no processo civil: quinteto estruturante.* Posto Alegre, Núria Fabris, 2011. p. 183/184.

por serem inservíveis, imprestáveis ou simplesmente duvidosas para o fim pretendido.

Eis a justificativa do prestígio às decisões de primeiro grau: o juiz da causa, ao se debruçar sobre o princípio dispositivo (analisando os limites fáticos da demanda), tornará ao princípio inquisitivo (indicando as provas que devem ser produzidas para elucidar os pontos controvertidos) para, ao final, dar fiel aplicabilidade ao princípio do livre convencimento (demonstrando as razões pelas quais acolheu determinados elementos de prova e o porquê de não ter aceitado outras provas que foram produzidas).

Ademais, a imediatidade do juiz com as provas lhe dão uma percepção sensorial direta inerente à condição de bem avaliá-las, sopesando-as e aquilatando-as conforme o seu livre convencimento. Este, como já dito, não há de ser tido como mecanismo conducente à arbitrariedade judicial, tendo o intuito de possibilitar decisões mais rentes à realidade, sendo hoje senso comum que a verdade formal pereceu perante o vigor e prestígio da verdade material.

No processo do trabalho, em simetria com o NCPC, inclusive com a ampliação da possibilidade de inversão do ônus da prova, resta evidente que as decisões do primeiro grau, desde que sejam estas proferidas por aqueles que realizaram as respectivas instruções probatórias relativas aos fatos, hão de ser prestigiadas, seja quanto à averiguação da jornada de trabalho, à existência de relação de emprego etc., mas quem guarda a maior proximidade com a prova têm maior capacidade de bem valorá-la e aplicá-la.

5. CONCLUSÃO

O presente artigo, certamente, não tem o condão de esgotar as nuances que permeiam a aplicação do princípio do livre convencimento motivado, seja com relação ao Código de Processo Civil de 1973, seja com o festejado código de 2015.

Em verdade, nesses breves argumentos, viu-se que o sistema do livre convencimento motivado – ou da persuasão racional – é indiscutivelmente adotado pelo CPC de 1973, existindo divergência quanto à sua recepção pelo Novo Código de Processo Civil.

No entender destes articulistas, a extinção de expressões como "livre" ou "livremente" do projeto do NCPC não significa a não adoção de tal norma principiológica, porquanto existir, ainda, a permissibilidade outorgada ao juiz para que aprecie a prova de acordo com seu posicionamento pessoal, desde que esteja adstrito àquelas produzidas no processo (*quod non est in actis nos est i* mundo) e que, ao valorar cada uma delas, o faça expondo as razões de seu convencimento, de modo a deixar bastante clara a sua motivação.

Estará, assim, respeitando o apregoado pelo art. 93, IX, da Constituição Federal, e pelo art. 489 do NCPC.

Nesse estado de coisas, necessário anotar que o atual posicionamento encampado por alguns julgadores – no sentido de julgar as lides de acordo com convencimentos pessoais, com precedentes de cortes superiores – sem identificar a semelhança entre o caso julgado e o caso paradigma – ou sem motivar o valor dado a cada uma das provas constantes nos autos – mais se identifica com o sistema do livre convencimento puro, e não com uma extensão ou interpretação extensiva do livre convencimento motivado.

Assim, conclui-se que o livre convencimento motivado ainda repousa no ordenamento jurídico pátrio – mesmo com o advento do NCPC –, porquanto confere ao julgador a faculdade de valorar as provas e os argumentos que lhe foram apresentados de maneira livre, desde que, por óbvio, fundamente suas razões de maneira convincente. além de se ater à lei, quando esta exija forma especial para a comprovação de determinado ato jurídico, a exemplo da prova pericial para a apuração de trabalho insalubre ou perigoso, na seara trabalhista.

A formação deste convencimento, por óbvio, passa pela aproximação que o juiz de primeiro grau tem com as partes e com as provas. O princípio da oralidade, aqui, ganha força: a interpretação dada a cada prova – especialmente à oral e à inspeção judicial, já que realizadas ante a identidade física do juiz (outro princípio processual aplicável) – é mais algo imanente do juiz de primeira instância do que aqueles de segunda instância ou instância extrema, que analisam apenas os resultados da produção probatória, já que ordinariamente não participaram efetivamente de sua colheita (TST, STJ e STF), embora assim seja possível ocorrer, principalmente a partir do NCPC.

REFERÊNCIAS BIBLIOGRÁFICAS

ALEXY, Robert. *Teoria dos Direitos Fundamentais*. Trad. Virgílio Afonso da Silva. São Paulo: Malheiros Editores, 2009.

ALVIM, Arruda. *Manual de direito processual civil: parte geral*. v. 2. 6. ed. rev. e atual. São Paulo: Editora Revista dos Tribunais, 1997.

ALVIM, José Eduardo Carreira. *Teoria geral do processo*. 15. ed. Rio de Janeiro: Forense, 2012.

BARBIERI, Maurício Lindenmeyer. *O princípio dispositivo em sentido formal e material*. Disponível em <http://www.ambito-juridico.com.br/site/index.php?n_link=revista_artigos_leitura&artigo_id=5260>. Acesso em: 7 nov. 2015.

BEDAQUE, José Roberto dos Santos. *Poderes Instrutórios do Juiz*. 2. ed. São Paulo: Editora Revista dos Tribunais, 1974.

BONAVIDES, Paulo. *Curso de direito constitucional*. 15. ed. São Paulo: Editora Malheiros, 2004.

BUENO, Cássio Scarpinella. *Curso sistematizado de direito processual civil: teoria geral do direito processual civil*. São Paulo: Saraiva, 2007.

CANOTILHO, J. J. *Direito constitucional*. 4. ed. Coimbra: Almedina, 2000.

CAPPELLETTI, Mauro. *O processo civil no direito comparado*. Belo Horizonte: Líder, 2011.

CARNELUTTI, Francesco, *La Prueba Civil*. Tradução de Niceto Alcalá-Zamora y Castillo, Depalma, Buenos Aires, 1979.

CINTRA, Antônio Carlos de Araújo; GRINOVER, Ada Pellegrini Grinover; DINAMARCO, Cândido Rangel. *Teoria geral do processo*. 29. ed. São Paulo: Malheiros, 2013.

CRUZ E TUCCI, José Rogério. *A motivação da sentença no processo civil*. São Paulo: Saraiva, 1987.

DIDIER JÚNIOR, Fredie. *Curso de direito processual civil. Teoria geral do processo e processo de conhecimento*. 6. ed. v. 1. Salvador: JusPodvim, 2006.

DIMOULIS, Dimitri; MARTINS, Leonardo. *Teoria geral dos direitos fundamentais*. 5. ed. rev., atual. e ampl. São Paulo: Atlas, 2014.

DINAMARCO, Cândido Rangel. *Fundamentos do processo civil moderno*. Tomo II, 5. ed. São Paulo: Editora Malheiros, 2002.

_____. *Instituições de direito processual civil*. 5 ed., rev. e atual. v. 2. De acordo com a Emenda Constitucional n. 45, de 08.12.2004. São Paulo: Malheiros, 2005.

DUARTE, Bento Herculano; OLIVEIRA JÚNIOR, Zulmar Duarte de. *Princípios do processo civil: noções fundamentais (com remissão ao novo CPC)*: jurisprudência do STF e do STJ. Rio de Janeiro: Forense, 2012.

GAJARDONI, Fernando da Fonseca. *O livre convencimento motivado não acabou no novo CPC*. Acesso em: 11 out. 2015. <http://jota.info/o-livre-convencimento-motivado-nao-acabou-no-novo-cpc>

_____. *Flexibilização procedimental: um novo enfoque para estudo do procedimento em matéria processual*. São Paulo: Atlas, 2008.

GOLDSCHMIDT, James. *Principios Generales del Proceso: Teoria General del Proceso*. 2. ed. Buenos Aires: Ediciones Jurídicas Europa-América, S.A. 1961.

MARINONI, Luiz Guilherme. *Teoria geral do processo*. Curso de processo civil, v. 1. 7. ed. rev., atual. e ampl. São Paulo: Editora Revista dos Tribunais, 2013.

MARQUES, José Frederico. *Instituições de Direito Processual Civil*. v. II. 3. ed.. Rio de Janeiro: Forense.

NERY JÚNIOR, Nelson. *Princípios do processo civil na Constituição Federal*. São Paulo: Editora Revista dos Tribunais, 1992.

NEVES, Daniel Amorim Assumpção. *Manual de direito processual civil*. 5. ed. rev., atual. e ampl. Rio de Janeiro: Forense; São Paulo: Método, 2013.

OLIVEIRA JÚNIOR, Zulmar Duarte de. *O princípio da oralidade no processo civil: quinteto estruturante*. Posto Alegre, Núria Fabris, 2011.

THEODORO JÚNIOR, Humberto. *Princípios Gerais do Direito Processual Civil*. REPRO 23/173.

TUCCI, José Rogério. *Paradoxo da Corte: Novo Código de Processo Civil traz mudanças no julgamento antecipado*. Revista Conjur. Acesso em: 21 out. 2015. <http://www.conjur.com.br/2015-out-20/paradoxo-corte-cpc-traz-mudancas--julgamento-antecipado>.

CAPÍTULO IX
Diálogo necessário

A Função Revisora dos Tribunais – Juízes e Advogados – Debates Posteriores à Lei n. 13.015 e Anteriores à Vigência da Lei n. 13.105

Luiz Alberto de Vargas
Juiz do Tribunal Regional do Trabalho da 4ª Região. Membro da Associação dos Juízes para a Democracia

Ricardo Carvalho Fraga
Juiz do Tribunal Regional do Trabalho da 4ª Região. Membro da Associação dos Juízes para a Democracia

"Da mihi factum, dabo tibi jus" [1].

1. QUESTÕES ANTERIORES

Em três textos anteriores, se buscou fazer algumas distinções relevantes, nem sempre bem nítidas. Num primeiro, se apontou a finalidade de uma sentença de primeiro grau e um acórdão de segundo grau, cabendo a este uma mais intensa análise das questões "*de direito*", ou melhor, cabendo a este uma análise mais intensa sobre as possíveis outras interpretações jurídicas, aceitando as mesmas premissas fáticas da sentença de primeiro grau.

Num segundo texto, tentou-se ver a finalidade de um julgamento singular e o estabelecimento de aprendizados sumuláveis. Estes representariam um acréscimo no conhecimento jurídico da comunidade, ainda que não levado para registro em lei.

Num terceiro texto, examinou-se as diferentes atuações dos juízes na construção da solução de determinado caso e dos professores, estes na elaboração de teorias, anteriores ou prévias aos julgamentos, na tentativa de alcançar a coerência do sistema jurídico.[2]

Muito próximo do primeiro dos textos antes mencionados, estão os estudos sobre a exata função revisora dos tribunais. Nestes, sob a coordenação de Ben-Hur Silveira Claus, outros colegas indagam da necessidade de valorização das decisões de primeiro grau.[3]

---

(1) Narra-me os fatos e eu te darei o Direito <http://www.jusbrasil.com.br/topicos/295427/da-mihi-factum-dabo-tibi-jus>. Como curiosidade, em pesquisa de jurisprudência que utilizaram esta frase, foram encontrados 11 documentos: <http://www.legjur.com/jurisprudencia/busca?q=dame-osfatosetedareiodireito&op=com>. O princípio da ampla tutela jurisdicional e o dever do juiz de apreciar todas as questões – Bruno Di Marino <http://www.migalhas.com.br/dePeso/16,MI4200,81042-O+principio+da+ampla+tutela+jurisdicional+e+o+dever+do+juiz+de>. Jurisprudência sobre dá-me os fatos e te darei o direito – 11 documentos encontrados. Acessados em agosto de 2015.

(2) Os três textos mencionados são: "**Fatos e Jurisprudência**", disponível em <http://www.lavargas.com.br/fatos.html> Acesso em: 18 nov. 2014. "**Quais Súmulas?**", disponível em: <http://www.lavargas.com.br/quais.html> Acesso em: 20 nov. 2014; e "**Juízes e Professores**" disponível em: <http://www.lavargas.com.br/jp.html> Acesso em: 19 nov. 2014. Os autores são Luiz Alberto de Vargas e Ricardo Carvalho Fraga. Os três textos, igualmente, foram publicados em algumas Revistas e livros "**Avanços do Direito do Trabalho**", Coordenador Luiz Alberto de Vargas e Ricardo Carvalho Fraga São Paulo: LTr, 2005 e "**Novos Avanços do Direito do Trabalho**", Coordenador Ricardo Carvalho Fraga e Luiz Alberto de Vargas São Paulo: LTr, 2011.

(3) "A função revisora dos tribunais – a questão do método no julgamento dos recursos de natureza ordinária" de Ben-Hur Silveira Claus, Ari Pedro Lorenzetti, Ricardo Fioreze, Francisco Rossal de Araújo, Ricardo Martins Costa e Márcio Lima do Amaral, publicado inicialmente pela Femargs – Fundação Escola da Magistratura do Rio Grande do Sul. "**A função revisora dos tribunais a questão da valorização das decisões de primeiro grau – uma proposta *de lege ferenda*: a sentença como primeiro voto no colegiado**", dos mesmos seis autores. "**A função revisora dos tribunais diante da sentença razoável**", de Ben-Hur Silveira Claus.

Neste atual texto, pretende-se debater questões que dizem respeito ao relacionamento juiz-advogado em face de modificações legislativas recentes no processo do trabalho e do aumento das demandas trabalhistas.

2. NOVA REALIDADE, NA ESFERA JURÍDICA

Há cerca de oitenta anos, nos tumultuados anos entre duas guerras mundiais, Calamandrei apresentou seu célebre texto "*Eles os Juízes vistos por um Advogado*", em que lançava luzes sobre as complexas relações entre juízes e advogados. (Calamandrei, Piero "*Eles os Juízes vistos por um Advogado* São Paulo: Martins Fontes, 2000). Há de se reconhecer que, desde então, apesar de terem sido escrito muitos outros trabalhos a respeito do tema, tal obra continua atual e do debate atual se pode dizer que tem produzido muito mais calor do que luz.

Veja-se, a esse respeito, os novos debates que surgem a respeito da Lei n. 13.015, que alterou a sistemática de recursos, no âmbito da Justiça do Trabalho, e a Lei n. 13.105, que estabelece o novo Código de Processo Civil, com sistema recursal não muito distinto ou mesmo semelhante.

Os primeiros momentos de tais alterações legislativas, já vividos inicialmente, na Justiça do Trabalho, dizem respeito às necessárias previsões dos detalhamentos, nos regimentos dos tribunais. No TST, já são conhecidas as primeiras normas, tais como o Ato 491 de setembro de 2014, além de outro.[4]

Em ambos os temas, juízes e advogados aparecem em posições diversas. Para os juízes, a alteração processual aparece claramente como uma solução para o excesso de recursos de revista que tramitam no TST, enquanto, para os advogados, há o risco de julgamentos sumários, sem exame da peculiaridade do caso ou, até mesmo, de eventual engessamento da jurisprudência. Quanto ao novo código de processo civil, proclamam os advogados que se trata de uma grande vitória das propostas das entidades da classe das advocacia, enquanto que as entidades da classe da magistratura trabalhista não escondem sua preocupação com o desvirtuamento de princípios específicos do processo trabalhista. Registre-se, já neste momento inicial, a manifestação do STF sobre a ordem cronológica para os julgamentos, após provocação da AMB <http://www.amb.com.br/novo/?p=25991>.

Exageros à parte, uma análise mais cuidadosa dos problemas imediatos, pode demonstrar que ambos os lados tem ponderáveis razões a seu favor de suas teses.

Dados do Conselho Nacional de Justiça (CNJ) demonstram que os juízes brasileiros têm um dos mais elevados índices de processos por juiz e que, a despeito dos esforços pela elevação da produtividade, a taxa de congestionamento nos tribunais, especialmente os superiores, elevam-se a cada ano. Conforme dados de 2013 <http://www.acessoajustica.gov.br/>, o Brasil tem 8 juízes para cada 100.000 habitantes, o que os torna os juízes mais produtivos do mundo já que cada juiz brasileiro produz, em média, 1.616 sentenças por ano, contra a média de 959 dos juízes italiano, 689 dos espanhóis e 397 dos portugueses. Ou seja, claramente **julga-se demais** e, principalmente, tem-se elevado índice de recursos. Não parece, assim, estranho que medidas algo drásticas tenham sido propostas pelos magistrados, como eliminação de recursos e aumento do valor de depósitos recursais.

Já os advogados empenham-se em sustentar exatamente o contrário: a necessidade de maior protagonismo do papel do advogado no processo, a moderação da atuação do juiz (princípio da não surpresa no processo) e uma intensificação do dever de motivação na decisão judicial. Tais medidas são reivindicadas ainda que, em tese, impliquem em um aumento no tempo de tramitação dos processos. Ou seja: claramente pede-se que se proporcione mais a produção da prova e que as decisões sejam mais fundamentadas e, por tanto, que se julgue **melhor e com mais detalhamento.**

Como se disse, ambos parecem ter razão. Sem algumas medidas, simplificadoras do processo e de uniformização da jurisprudência, ainda que algo limitadoras de um mais amplíssimo direito de recorrer, o aumento incessante do número de processos ajuizados tende a tornar ainda menos célere a Justiça do Trabalho em alguns anos. Por outro lado, quando se espera que o juiz tenha a responsabilidade de apreciar milhares de processos e prolatar centenas de decisões por ano, certamente não se desconhece que a qualidade da prestação jurisdicional pode diminuir em proporção inversa ao incremento da carga de trabalho. Estamos ainda longe de encontrar o equilíbrio entre a necessidade de resolver rapidamente milhões de processos por ano e a de prestar uma jurisdição individualizada que garanta ao cidadão um amplo direito de defesa.

Apesar de tudo, alguns consensos parecem existir: há um número excessivo de processos no país, muito

---

(4) TST, Ato 491/Segjud.GP, de 23 de setembro de 2014 e Resolução 195 de 2 de março de 2015 que aprovou a Instrução Normativa 37. No TRT RS já existe a Resolução Administrativa 24 de 13 de julho de 2015. Entre os TRTs, registra-se haver maior detalhamento no TRT BA, 5ª Região.

além da estrutura e dos recursos humanos existentes no Poder Judiciário para resolvê-los; o crescimento incessante dos custos com o Poder Judiciário para ampliação de seus serviços mostra-se ainda insuficiente, ainda que tenha chegado a valores bastante significativos, talvez atingindo seus possíveis limites orçamentários. Paradoxalmente, ainda que não existam pesquisas recentes a esse respeito, a sensação geral é a de que um grande número de lesões a direitos trabalhistas não chega ao judiciário[5], de modo que, caso tal "*demanda reprimida*" se transformasse em processos, o congestionamento da Justiça do Trabalho seria consideravelmente maior.

De forma pouco racional – possivelmente decorrente da grande angústia vivenciada tanto por juízes como por advogados, com tal impasse –, ambos parecem abdicar de uma visão mais ampla, que incorpore o ponto de vista alheio e busque soluções compartilhadas, para atribuir ao "outro" a culpa pelas frustrações que tal avalanche de processos e tal pressão social cria, derrotando os melhores e mais denodados esforços pessoais e coletivos.

Algumas dificuldades na relação entre advogados e juízes têm sido constatadas no dia a dia e, talvez, possam ser explicadas parcialmente por visões unilaterais, sem que se logre obter um fórum adequado para um debate amplo a respeito de soluções para o que se tem chamado o "*congestionamento*" do judiciário. O que parece certo é que pouco se obtém quando se radicaliza a discussão, transformando-a em um improdutivo "cabo de guerra" em que cada parte busca posições mais vantajosas, criando-se um clima de competição que solapa os melhores esforços para uma saída consensual, a única que, efetivamente, pode enfrentar o aumento incessante da demanda e os novos desafios decorrentes de uma sociedade cada vez mais diversificada e complexa.

3. QUESTÕES NOVAS

No momento crítico de avaliação das duas novas leis, antes mencionadas, Leis ns. 13.015 e 13.105, e suas possíveis repercussões no processo do trabalho, estarão melhores aqueles que melhor compreenderem o verdadeiro motivo de tantas divergências e tantas demandas, em um país complexo e com rol de conhecidos litigantes habituais.

Nos dias atuais, aponte-se o esforço da Associação dos Magistrados Brasileiros, no tema, ou seja, "Com *pesquisa inédita, AMB mapeia os setores que mais usam a Justiça e as causas do congestionamento judicial*".[7]

O que se destaca em tal estudo é que o Poder Judiciário tem sido utilizado indevidamente por um número bastante reduzido de grandes litigantes, normalmente poderosas organizações privadas e pelo próprio Estado para postergar o devido cumprimento das normas legais, o que representa um alto custo social e econômico para a sociedade como um todo. Em relação aos custos econômicos, há de se considerar não apenas os gastos orçamentários com a máquina judiciária, mas também os custos particulares dos lesados em seu direito que se obrigam a litigar em processos judiciais para verem atendidos direitos que pouco têm de controvérsia jurídica, tratando-se de simples desobediência às normas vigentes.

Em relação a esses custos particulares, dos mais importantes são os custos com advogado, que, ao menos no que diz respeito à Justiça do Trabalho, são quase que integralmente suportados pelo próprio lesado na forma de honorários contratuais, tendo-se em conta que, no processo do trabalho, são muito limitadas as possibilidades de condenação em honorários sucumbenciais e, quando esta acontece, os percentuais deferidos sobre o valor da causa são reduzidos, muitas vezes sequer cobrindo os custos que o advogado teve para atuar no processo.

Assim, paradoxalmente ao que se pensa usualmente – que existem "demandas exageradas" no Judiciário trabalhista –, pode-se dizer que boa parte das lesões causadas por grandes litigantes não logram chegar ao Judiciário porque os lesados não conseguem advogados que aceitem a demanda sem honorários iniciais. Em alguns casos, os advogados utilizam recursos próprios para custear as despesas processuais, quando o ressarcimento desses adiantamentos é incerto e, muitas vezes, improvável. Tal prática não é correta, além de possibilitar graves distorções, nas quais o advogado, mediante acerto pecuniário com o autor, passa a ser o único beneficiário do resultado final da causa, em um verdadeira "compra do processo". A par de ilegalidade de tal prática, há de se se reconhecer que esta origina-se da demora de um processo que deveria ser célere e da insuficiência do Judiciário em garantir a integralidade da reparação devida.

Quanto aos chamados "grandes litigantes", propostas de ações conjuntas têm sido apresentadas pela AMB e pela Anamatra. Mais do que investigar sobre os

---

(5) Ou será que naqueles contratos não trazidos ao conhecimento judicial, o limite da jornada terá sido respeitado, em primeiro e mais simples exemplo.

(6) Sobre o conceito de litigantes habituais, recorde-se a doutrina de Mauro Capelletti.

(7) Notícia disponível em: <http://novo.amb.com.br/?p=23006> Acessado em: ago. 2015.

responsáveis, além dos litigantes habituais, pelo atual expressivo número de processos, deve-se buscar o motivo primeiro para tal número. Aliás, para chegarmos a uma sociedade civilizada ainda precisaremos de mais judiciário e o amplo acesso a este ainda é um processo incompleto. De um ponto de vista teórico, competiria ao Estado – e não apenas ao Judiciário –, tornar medidas efetivas para que as leis fossem cumpridas e estas lesões sequer acontecessem, evitando-se na origem a existência de demandas excessivas. Sendo inviável evitar as lesões, seria possível pensar em mecanismos alternativos, patrocinados e incentivados pelo poderes públicos, para que esses conflitos tivessem solução mais pronta e efetiva. Citam-se os debates liderados pelo CNJ em torno de mecanismos alternativos à solução dos conflitos, como a mediação. A esse respeito, é posição histórica destes autores quanto à incompatibilidade da arbitragem e à inconveniência da conciliação extrajudicial em conflitos individuais do trabalho. Porém a mediação, enquanto não obrigatória e com ampla possibilidade de revisão judicial, pode, efetivamente, ser um meio de desafogar o Judiciário sem fazer periclitar direitos. A conciliação é apontada também pelo novo CPC como uma das medidas para enfrentar o grande número de ações judiciais.

Não necessariamente tais iniciativas devem ser entendidas, de um ponto de vista corporativo, como uma limitação ao mercado de trabalho dos advogados. Não se trata de restringir a participação dos advogados nos conflitos, mas tão somente de deslocar sua atuação de uma até então exclusiva esfera judicial, para um campo mais alargado, da negociação direta entre os litigantes, da advocacia de partido, da consultoria e da assistência técnica à mediação. Trata-se, assim, de repensar a advocacia e, também, de repensar o Judiciário e, com ele, a advocacia e a magistratura.

Sendo inevitável que estas lesões sejam reparadas pelo Judiciário, certamente deve-se pensar para além de ressarcimento integral, que não apenas restitua o direito sonegado, mas inclua reparações materiais e morais ao lesionado incluindo todos os custos do processo. Além disso, a condenação deve incluir o que se tem denominado *punitive demages*, ou seja, um valor econômico, necessariamente mais elevado, que sirva como desestímulo ao contumaz litigante à prática de novas lesões.

Tudo ainda está em debate e ainda longe de encontrar solução para o excesso de demandas decorrentes de lesões missivas. O que parece possível afirmar, nesse momento, com alguma convicção, é de que não é razoável que, até que tais soluções apareçam, a sociedade aceite que se transfira para o próprio cidadão lesado ou para o profissional advogado que o assiste parte dos custos com a demanda judicial, quando estes deveriam ser suportados pelos que deram motivo para a existência da demanda.

Por outro lado, sem envolver todos os poderes públicos não há como pedir ao Judiciário que encontre soluções para centenas de milhares de conflitos causados exatamente pela omissão e pela ineficiência do Estado em amparar o cidadão, assegurando os direitos que lhe promete o ordenamento jurídico e, em especial, a Constituição.

4. REPENSANDO O JUDICIÁRIO

A uniformização dos entendimentos jurisprudenciais é necessária e, todavia, é tão somente um subtema em debate muito mais amplo. Trata-se de verificar, na prática, as inúmeras consequências do amplo acesso ao Poder Judiciário, iniciado há mais tempo, com as necessárias compreensões sobre as diversas atuações dos profissionais do direito, preferencialmente, complementares.

A própria legitimidade do Estado depende de sua capacidade de dar respostas às numerosas e crescentes demandas da sociedade, cada vez mais exigente e, antes disto, com necessidades inadiáveis. A organização do Poder Judiciário há de ser repensada. Não serve mais, se é que serviu em momento anterior, uma estrutura pouco ágil e pouco participativa, externa e internamente.

Em muitas esferas da organização do Estado, a democracia participativa passou a ser possível e necessária. Sem uma ampla participação da sociedade, não se consegue cumprir algumas tarefas. Não é diferente no Judiciário.

Ora, se muitos de nós já compreendem a possibilidade e necessidade da democracia, externa e interna, nos temas do Judiciário, é de verificar inclusive a oportunidade de novas compreensões nas questões processuais, propriamente ditas.

Na análise comparativa dos sistemas da *common law* e germânico, percebe-se grande e, todavia, não crescente distinção. Ao examinar a França e os Estados Unidos, é observada certa *"continuidade"* neste último. É dito que, na França, o *"julgamento é um texto auto-suficiente, cujos efeitos estão confinados no tempo"*.[8]

---

(8) GARAPON, Antoine e PAPAPOULOS, Ioannis. "Julgar nos Estados Unidos e na França – cultura jurídica francesa e *comnon law* em uma perspectiva comparada". Rio de Janeiro: Editora Lumen Juris, 2008. p. 190.

Nos Estados Unidos, ao contrário, o julgamento *"tende mais a corrigir e a reconstruir de modo viável uma relação jurídica na duração do que compensar um dano específico e quantificável do passado"*. Dito de outro modo, entre nós, seja França, Brasil ou demais Países, da Europa Continental ainda se tem a crença no julgamento como ato que se segue, sem contratempos, à lei.

Acreditam, ainda muitos, que tudo já estava previsto e que a elaboração das soluções apenas completa uma harmonia. Não notam que ainda muito ou tudo precisa ser construído, a partir do caso concreto e para além deste. É possível, até mesmo, imaginar-se uma *"nova deontologia profissional do magistrado, na qual a figura do juiz seria vista mais como órgão da sociedade civil do que do Estado"*.[9]

O juiz já tem sido chamado, a exercer um *"autêntico contra-poder"*, dizendo-se de modo mais explícito e talvez um pouco resumido.[10] Neste quadro, mais difícil, torna-se o exercício das atividades jurídicas, sejam judiciais ou correlatas. Mais difíceis, sim, independentemente, de serem mais eficazes ou não.

A existência de *"outros centros de poder"* já foi notada, há bastante tempo.[11] Este autor analisava a origem das diversas *"pressões exercidas"* sobre os juízes. Repete-se que existem diversos núcleos de poder agindo na sociedade, independentemente, de ser algo positivo ou negativo, do ponto de vista democrático ou de aperfeiçoamento institucional. As eventuais distorções, até mesmo, para longe do texto constitucional, são muito indesejáveis e igualmente, por outro lado, nem tanto, imprevistas.

Havendo tais forças sociais e seus movimentos, implícitos ou não, pensando-se no aperfeiçoamento institucional, é pouco defensável a concentração de poderes nas cúpulas do Poder Judiciário. Desde muito, foi dito que *"todos os juízes, e não apenas alguns"* devem controlar os poderes.[12]

Do ponto de vista democrático, assinale-se a relevância social da participação das partes no processo, por meio dos vários profissionais, que ali atuam. Existe verdadeira construção coletiva das soluções.

Não se duvide que estamos em momento de criação, sim, das soluções.

Em certas controvérsias levadas ao exame judicial, talvez, seja útil para todos um *"bombardeo de opiniones y puntos de vista"* (Daniel Sandoval Cervantes, 2009).[13] Com esta orientação e preocupações mais gerais, torna-se difícil aceitar como solução muito positiva, por exemplo, o previsto no art. 285-A do Código de Processo Civil de 1973, mantido, ainda que bastante modificado, no Código de Processo Civil, de 2016, art. 332. A eventual utilização desta norma, no máximo, deve ocorrer *"de modo extremamente comedido"*.[14]

Recorde-se que a Ordem dos Advogados do Brasil, na sua petição inicial na correspondente Ação Direta de Inconstitucionalidade contra a Lei n. 11.2777, de 2006, que inseriu este artigo, chegou a indicar que estar-se-ia diante de figura estranha, a qual poderia ser chamada de *"sentença vinculante"*. Há de ser preservado o devido processo legal, o contraditório e a ampla defesa, certamente.

5. REPENSANDO A MAGISTRATURA

Tratando da figura do juiz, primeiramente, foi dito que *"el Juez es, por encima de todo, uma parte sustancial en la creación del Derecho"*.[15] Cada vez mais, exige-se dos juízes que tenham criatividade e estejam atentos à realidade, com utilização de *"muitas antenas"*[16] ou, mesmo, devem, em determinadas circunstâncias terem *dinâmico atrevimento"*.[17]

Ao contrário do que tanto se diz, como crítica de um "ativismo" nascido de uma ambição de protagonismo, sendo mais apropriado dizer-se que os juízes estão sendo "empurrados" para uma posição mais ativa e comprometida com as expectativas sociais pela pressão avassaladora da própria cidadania que, em uma enxurrada de milhões de processos anuais, sacodem as expectativas clássicas de uma magistratura essencialmente passiva e receptiva, placidamente pensada como um ponto alto da autorreflexão social, imaginariamente situada em uma torre de marfim acima e além dos tormentosos conflitos terrenos. Se, para Calamendrei, tratava-se chamar à atenção do

---

(9) FACCHINI NETO, Eugenio. O Judiciário no Mundo Contemporâneo. *Revista da Ajuris*, Ano XXXIV, n. 108, Dezembro de 2007, p 157.

(10) Igualmente, Facchini Neto, 2007. p. 161.

(11) CAPPELLETTI, Mauro. *Juízes Legisladores*. Porto Alegre: Sergio Antonio Fabris Editor, 1993 com reimpressão em 1999. p. 33.

(12) Cappelletti, 1999. p. 49.

(13) CERVANTES, Daniel Sandoval. No deje que el derecho lo domine, es ustede el que debe dominar el derecho. *Revista de Derechos Humanos y Estudios Sociales*, ano I, N. 2, julio-diciembre, 2009.

(14) WAMBIER, Luiz Rodrigues, WAMBIER, Teresa Arruda Alvim, MEDINA, José Miguel Garcia. *Breves Comentários a Nova Sistemática Processual Civil*. São Paulo: Editora Revista dos Tribunais, 2006. P. 71.

(15) PALLÍN, José Antonio Martín. *¿Para qué sirven los jueces? El País*, 28.11.2010, Introdução.

(16) CAPPELLETTI, Mauro. *Juízes Irresponsáveis?* Porto Alegre: Sergio Antonio Fabris Editor, 1989. p. 92.

(17) Cappelletti, 1999. p. 92.

juiz torre de marfim para as dramáticas repercussões mundanas de suas teorias, agora se trata de exigir que o juiz decididamente aja, com força e algum destemor, no centro de agudos conflitos sociais, muitas vezes não satisfatoriamente resolvidos, nem pelo administrador, nem mesmo pelo legislador.

A ausência da inovação, em muitas situações é negativamente comprometedora. Em essência, "*também o conservadorismo judiciário, e não apenas o ativismo, pode em certas situações e circunstâncias constituir uma forma de compromisso partidário, de parcialidade portanto, e por isso de derrogação daquelas "virtudes" – uma verdade que às vezes é necessário lembrar recordar aos juízes, sobretudo aos dos tribunais superiores*".[18]

Mais recentemente, o sistema recursal na Justiça do Trabalho modificou-se em muito, com a Lei n. 13.015, havendo semelhança ao previsto no Código de Processo Civil de 2016, Lei n. 13.105. Desde logo, bem próximo das preocupações das presentes linhas, apontem-se os "*novos conceitos overruling e distinguishing*".[19]

Entretanto, a descoberta tardia da jurisprudência casuística americana não se faz no contexto de uma "redescoberta do específico", mas justamente em meio a um colossal apelo pela resolução pronta de conflitos repetitivos que, por estarem no Judiciário (quando teoricamente seriam muito melhor resolvidos pelos outros poderes da República), terminam por desembocar no Judiciário e ali encontram a derradeira promessa de solução, exigindo do Judiciário, para além da referida criatividade, discernimento e clarividência políticas que, possivelmente, não socorreram autoridades administrativas e legislativas que precederam o judiciário na análise desses conflitos.

Se o juiz passa a ser uma peça da engrenagem da máquina estatal de prestação de serviços públicos, o advogado se torna um agente social que intermedia o cidadão e as políticas públicas, tendo sido ambos, juiz e advogado, arrastados a papéis bem diversos do modelo tradicionalmente pensado e classicamente relatado por Calamandrei.

6. REPENSANDO A ADVOCACIA

No passado e, muito mais, no presente e futuro, será imperioso que os advogados estejam integrados na sociedade, como um todo, cientes das possibilidades das diversas soluções, e profundamente conhecedores da situação peculiar de seus clientes neste contexto. A compreensão da realidade mais ampla auxilia na percepção do que seja peculiar a um ou outro caso.

Aos juízes, muito mais do que antes, os ouvidos serão tão ou mais úteis do que a boca. Parece urgente um debate amplo e elevado entre a magistrados e advogados, em que se perceba que os problemas cotidianos que afligem a ambos decorrem de um excesso de processos que comprometem uma mais célere e melhor prestação jurisdicional, ao mesmo tempo que comprometem e tendem a inviabilizar a atuação profissional do advogado. Não se logrará a solução de qualquer destes problemas sem um esforço coletivo que envolva toda a comunidade trabalhista.

Durante estes últimos setenta anos de existência a Justiça do Trabalho sempre respondeu a todas as crises – e até mesmo às ameaças de extinção – reinventando-se e encontrando formas criativas para melhorar e ampliar a prestação jurisdicional, com o que concorreram de forma imprescindível seus magistrados, advogados, servidores e auxiliares. Assim ocorreu em 1988, na promulgação da nova Constituição, na Reforma do Judiciário, na implantação do sumaríssimo, na ampliação de competência e, agora, no processo eletrônico e na uniformização da jurisprudência e nos debates do novo CPC.

Hoje, não são poucos os temas classificados como "*relevantes*", pelo Supremo Tribunal Federal.[20] Não se pode acreditar que todos os juízes e advogados tenham participação direta nos debates processuais em todos este temas. Nem mesmo, se espera que existam "*audiências públicas*" para todos os temas.

Não se tem a expectativa de que todos opinem sobre todas as controvérsias jurídicas. Todavia, se busca demonstrar que os dias atuais não são mais compatíveis com debates restritos. Mais ainda, alguém há de apontar que, próximos aos temas mais relevantes, existem outros com alguma diversidade. Também estes merecem exame judicial. Recorde-se a relevância da previsão de que "*a lei não excluirá da apreciação do Poder Judiciário lesão ou ameaça a direito*".[21]

7. CONCLUSÕES

a) num primeiro momento das vigências das Leis ns. 13.015 e 13.150, relevante atenção será com as

---

(18) Cappelletti, 1999. mesma p. 92
(19) "Novos Conceitos – Lei 13.015/2014 e futuro CPC", de Ricardo Carvalho Fraga, Claudio Antonio Cassou Barbosa, Maria Madalena Telesca, Gilberto Souza dos Santos e Marcos Fagundes Salomão Texto disponível, entre outros, em <http://www.amatra4.org.br/images/stories/pdf/T3_Novos_Conceitos.pdf> bem como em <http://www.ajuris.org.br/2015/07/03/novos-conceitos-lei-13-0152014-e-futuro-cpc/> Acessados em: ago. 2015.
(20) Os temas com repercussão geral reconhecida e com mérito pendente de julgamento estão disponíveis em: <http://www.stf.jus.br/portal/cms/verTexto.asp?servico=jurisprudenciaRe percussaoGeral&pagina=listas_rg> Acessado em: 21 maio 2015.
(21) Constituição, art. 5º, inciso XXXV.

cabíveis regulamentações dos procedimentos recursais, seja com dedicação apressada ou não; talvez seja possível, em meio a tais debates, criar um ambiente propício para uma discussão aberta e franca entre magistrados e advogados que tenha por rumo um judiciário mais democrático, mais eficiente e melhor aparelhado para enfrentar maiores e mais exigentes demandas;

b) num segundo momento, o envolvimento de toda sociedade, em especial dos demais poderes, será essencial para a solução das demandas repetitivas e para o congestionamento do Judiciário;

c) por fim, repensar as atuações dos juízes e dos advogados, compreendendo que ambos são essenciais ao funcionamento da Justiça.

Porto Alegre, dezembro de 2015.

Capítulo X
Sentença razoável: nova racionalidade recursal

A Função Revisora dos Tribunais Diante da Sentença Razoável[*]

Ben-Hur Silveira Claus
Mestre em Direito pela Universidade do Vale do Rio dos Sinos – Unisinos-RS.
Juiz do Trabalho na 4ª Região-RS.

O jurista designa uma decisão como 'defensável' quando na verdade a sua rectitude não pode demonstrar-se por forma indubitável, mas também muito menos se pode demonstrar que ela seja 'falsa', se há pelo menos bons fundamentos a favor de sua rectitude.
Karl Larenz

INTRODUÇÃO

Em ensaio anterior, examinamos o tema da função revisora dos tribunais sob a perspectiva da efetividade da prestação jurisdicional, com ênfase no exame do método utilizado pelos tribunais no exercício da função revisora das sentenças por ocasião do julgamento dos recursos de natureza ordinária, oportunidade em que se estudou o método utilizado pelos tribunais a partir de uma premissa elementar: o prévio reconhecimento da dimensão hermenêutica do fenômeno jurídico e da consequente discricionariedade ínsita ao ato de julgar.

Naquela oportunidade, sustentamos que incumbe aos tribunais evoluir para uma política judiciária de confirmação da sentença razoável, afirmando não ser recomendável a reforma da sentença apenas porque não seria aquela sentença ideal que o relator proferiria se estivesse no lugar do juiz originário. Uma crítica produtiva logo nos foi apresentada sob a forma de pergunta: – o que é sentença razoável?

A crítica é produtiva por manter em aberto a discussão acerca da função revisora dos tribunais em recursos de natureza ordinária. Além disso, tal crítica é produtiva como elemento necessário à construção de um novo conceito de recorribilidade, que se conforme à garantia constitucional da duração razoável do processo e que supere as distorções provocadas pela atual recorribilidade excessiva, que tem levado o sistema jurisdicional ao esgotamento, com direto prejuízo à efetivação dos direitos e com indireto desprestígio ao próprio Estado Democrático de Direito, que não realiza a reparação dos direitos violados em tempo hábil.

O presente ensaio tem por objetivo responder a essa questão, situando-a no âmbito do tema da função revisora dos tribunais em recursos de natureza ordinária, na perspectiva da efetividade da jurisdição.

1. A SENTENÇA RAZOÁVEL NA DOUTRINA – CONSIDERAÇÕES INICIAIS

À pergunta pela sentença razoável, temos respondido que se trata de uma sentença aceitável, assim considerada uma sentença defensável para o caso concreto diante do direito aplicável.[1]

A defensabilidade de uma decisão é apurada quando, embora a respectiva adequação não possa ser demonstrada de forma induvidosa, muito menos pode ser demonstrada a sua invalidade, desde que existam

---
(*) O presente artigo foi publicado na Revista do Tribunal Regional do Trabalho da 4ª Região, Porto Alegre, n. 40, 2012, p. 57 e ss.
(1) Sobretudo a expressão jusfundamental do direito.

argumentos ponderáveis em favor de sua razoabilidade. Citado por *Karl Engisch*, *Larenz* apresenta sua concepção de sentença razoável na seguinte formulação: "O jurista designa uma decisão como 'defensável' quando na verdade a sua rectitude não pode demonstrar-se por forma indubitável, mas também muito menos se pode demonstrar que ela seja 'falsa', se há pelo menos bons fundamentos a favor de sua rectitude." (ENGISCH, 2008, p. 273). Voltaremos a essa controvertida questão.

O fascinante tema da sentença razoável está entrelaçado com o tema da discricionariedade judicial e com o tema maior do que significa justiça. *Karl Engisch* deparou-se com essas intrincadas questões e preferiu iniciar a resposta formulando as seguintes perguntas:

> Que significa 'justiça'? Justiça unívoca, que exclui várias respostas diferentes a uma questão (que exclui, portanto, neste sentido, 'pluralidade de sentidos')? Ou não será talvez 'justiça' o mesmo que justiça individual, não será solução 'justa' o mesmo que solução 'defensável' ou algo semelhante – o que continua a deixar em aberto ainda um 'espaço livre' para várias respostas divergentes no seu conteúdo mas, quanto ao seu valor, igualmente justas? (ENGISCH, 2008, p. 218).

A compreensão da ideia de sentença razoável principia pelo prévio reconhecimento da incontornável ambiguidade da linguagem da lei.

2. A AMBIGUIDADE DA LINGUAGEM DA LEI CONVOCA O MAGISTRADO SARTREANO

A ambiguidade da linguagem costuma instalar uma pluralidade de sentidos no texto da lei. É natural que assim seja, pois o significado é sempre algo impreciso. Quanto se estuda o método para estabelecer o sentido de uma norma, o recurso aos vários modos de interpretação cumpre papel determinante, especialmente quando de sua articulada combinação, o que, contudo, muitas vezes não elimina a coexistência de mais de um sentido possível para determinada norma diante do caso concreto, e com frequência fala-se então ora no 'espaço de jogo de significação'; ora fala-se no 'halo do conceito'; ora fala-se no 'espaço de livre apreciação'; ora fala-se na 'textura aberta' da norma; ora fala-se 'penumbra da incerteza'; ora fala-se na 'teoria da defensabilidade' das decisões; fala-se na sentença razoável, na sentença aceitável, na sentença equilibrada, na sentença sensata.

A vagueza da linguagem da lei levou um grande jurista a formular a impressiva assertiva teórica de que *estamos rodeados de incertezas*. Para *Herbert Hart*, não se pode escapar da ambiguidade da linguagem em que a lei vem formulada, porquanto é da natureza constitutiva da linguagem um determinado grau de imprecisão nas suas expressões. O autor identifica aqui o fenômeno da *textura aberta da linguagem da norma*, do qual o juiz não pode se desvencilhar senão pelo recurso necessário a um juízo discricional.

Ao fazer a resenha da posição de *Herbert Hart*, *Cristina Brandão* acaba por convocar o magistrado sartreano. A figura do homem condenado existencialmente a escolher se corporifica no magistrado confrontado com o caso concreto a resolver. E isso ocorre em face da contingência de que, conforme adverte *Cristina Brandão*,

> [...] a linguagem geral dotada de autoridade em que a regra é expressa passa a nos guiar apenas de uma maneira incerta. Grosso modo, a regra geral apenas parece agora delimitar não mais que um exemplo dotado de autoridade. A regra que proíbe o uso de veículos no parque é aplicável a certa combinação de circunstâncias, mas há outras circunstâncias que a tornam indeterminada. A partir daí, a discricionariedade que é deixada pela linguagem pode ser muito ampla, de modo que, na aplicação da regra, o que ocorre na verdade é uma escolha, ainda que possa ser a melhor escolha, ainda que não arbitrária ou irracional. E a necessidade de tal escolha é lançada sobre nós porque somos homens, não deuses (BRANDÃO, 2006, p. 57).

Assim, o magistrado personifica no campo jurídico o homem sartreano condenado à condição existencial de ter de escolher; escolher um entre os sentidos legítimos a serem atribuídos à norma no caso concreto; escolher uma entre as soluções possíveis para o caso.

Em um construtivo esforço hermenêutico para tornar acessível a concepção de *Herbert Hart* sobre o problema da ambiguidade da linguagem no direito, a consagrada expressão da *penumbra da incerteza* é apresentada por *Cristina Brandão* como uma consequência da circunstância de que "... as leis padecem de uma insuficiência incurável" (2006, p. 57).[(2)] Essa insuficiência é uma consequência incontornável da natureza ambígua da linguagem.

Essa esfera de incerteza foi identificada por *Herbert Hart* como a 'textura aberta' da linguagem da norma, de modo que "... toda norma encontrará situa-

---

(2) Cristina Brandão desenvolve o tema da discricionariedade judicial, fazendo um produtivo cotejo entre as posições de Herbert Hart e Ronald Dworkin.

ções em que sua aplicação é incerta, ou seja, situações onde não está claro se a norma é aplicável ou não" (BRANDÃO, 2006, p. 60).

Enfrentada a questão no âmbito da filosofia, a ambiguidade da linguagem adquire uma dimensão ainda mais central para o problema do conhecimento. Aqui, é inestimável a contribuição da filosofia hermenêutica para a superação da filosofia da consciência:

> Abandona-se o ideal da exatidão da linguagem, porque a linguagem é indeterminada. O ideal da exatidão é um mito filosófico. Esse ideal de exatidão completamente desligado das situações concretas de uso carece de qualquer sentido, como se pode perceber no parágrafo 88 das IF, o que significa dizer que é impossível determinar a significação das palavras sem uma consideração do contexto socioprá012tico em que são usadas. A linguagem é sempre ambígua, pela razão de que suas expressões não possuem uma significação definitiva. Pretender uma exatidão linguística é cair numa ilusão metafísica (STRECK, 2000, p. 152-53).[3]

Ao examinar a questão da imprecisão da linguagem no âmbito do direito, *Lenio Luiz Streck* afirma que "As palavras da lei são constituídas de vaguezas, ambiguidades, enfim, de incertezas significativas. São, pois, plurívocas. Não há possibilidade de buscar/recolher o sentido fundante, originário, primevo, objetificante unívoco ou correto de um texto jurídico" (STRECK, 2000, p. 239).

A expectativa do racionalismo iluminista de que a lei pudesse ostentar um sentido unívoco e duradouro não poderia mesmo resistir à força jurígena da dinâmica das circunstâncias de fato. Logo se perceberia que "a mudança das concepções de vida pode fazer surgir lacunas que anteriormente não haviam sido notadas" e que há lacunas que se manifestam apenas de forma superveniente "porque entretanto as circunstâncias se modificaram" (ENGISCH, 2008, p. 287). Além das lacunas trazidas pelo decurso do tempo e pela modificação das circunstâncias de fato, a incerteza do sentido da lei é antes uma contingência da incontornável ambiguidade da linguagem, a nos revelar que – e essa é a perspectiva em que se pode compreender o conceito de sentença razoável – não há apenas uma única solução correta no caso jurídico.

3. NÃO HÁ APENAS UMA ÚNICA SOLUÇÃO CORRETA NO CASO JURÍDICO; ASSIM COMO NÃO HÁ APENAS UMA ÚNICA INTERPRETAÇÃO MUSICAL VERDADEIRA

A analogia entre direito e música foi magistralmente trabalhada por *Eros Grau* para demonstrar a inaplicabilidade ao direito da idéia de uma única solução verdadeira. Isso porque o caso jurídico não opera com soluções ontologicamente verdadeiras, mas com soluções aceitáveis. Adverte o jurista que ocorre na interpretação de textos normativos algo semelhante ao que se passa na interpretação musical, afirmando que não há uma única interpretação correta (exata) da Sexta Sinfonia de Bethoven: A *Pastoral* regida por Toscanini, com a Sinfônica de Milão, é diferente da *Pastoral* regida por von Karajan, com a Filarmônica de Berlim. Não obstante uma seja mais romântica, mais derramada, a outra mais longilínea, as duas são autênticas – e corretas. E conclui:

> Nego peremptoriamente a existência de uma única resposta correta (verdadeira, portanto) para o caso jurídico – ainda que o intérprete esteja, através dos princípios, vinculado pelo sistema jurídico. Nem mesmo o juiz Hércules [Dworkin] estará em condições de encontrar para cada caso uma resposta verdadeira, pois aquela que seria a única resposta correta simplesmente não existe. O fato é que, sendo a interpretação convencional, não possui realidade objetiva com a qual possa ser confrontado o seu resultado (o interpretante), inexistindo, portanto, uma interpretação objetivamente verdadeira [Zagrebelsky] (GRAU, 2002, p. 88).

A condição do direito enquanto ciência hermenêutica situa o conhecimento jurídico no domínio da argumentação. Assentado na noção de verossimilhança, o domínio da argumentação não se limita à dicotomia cartesiana do certo ou errado. A ilusão de verdades definitivas cede em favor de verdades provisórias. Como esclarece *Boaventura de Sousa Santos*, "[...] o domínio da argumentação é o razoável, o plausível, o provável, e não o certo ou o falso" (1989, p. 111). Entretanto, o resgate do conceito clássico do verossímil precisaria defrontar-se com a herança racionalista oriunda da modernidade instaurada com o advento da Revolução Francesa. Não se pode esquecer que o paradigma científico então proposto desautorizava a retórica enquanto forma de conhecimento: "A marginalização da retórica a partir de Descartes dá-se quando este, em Discurso do Método, declara que uma das regras do novo método é considerar falso tudo aquilo que é apenas provável" (SANTOS, 1989, p. 111). Um conhecimento que procede de premissas prováveis para conclusões prováveis não atende à exigência paradigmática trazida pela Revolução Francesa; de que uma ciência somente merece tal estatuto se apresentar-se construída sobre o alicerce único de silogismos da lógica apodítica.

---

(3) A abreviatura IF correspondente à obra *Investigações Filosóficas*, de Ludwig Wittgenstein.

Ao eleger uma dentre as várias interpretações possíveis, o intérprete chega a interpretação entendida como a mais adequada pela chamada *lógica da preferência*. Para *Eros Grau* não existe uma única resposta correta na aplicação do direito. No processo hermenêutico, chega-se a várias interpretações plausíveis. E como a norma não é objeto de *demonstração*, mas de *justificação*, não se cogita de uma única resposta correta. "Por isso, a alternativa *verdadeiro/falso* é estanha ao direito; no direito há apenas o aceitável. O sentido do justo comporta sempre mais de uma solução" (GRAU, 2002, p. 88).

Não nos sendo possível encontrar a sentença ideal, a sentença possível, entretanto, deve se revelar legítima pela própria fundamentação, de modo que se possa estabelecer um certo consenso de que se está diante de uma sentença razoável para o caso concreto em face do direito aplicável, conquanto outras soluções fossem aceitáveis.

4. O CASO CONCRETO É MATÉRIA PRIMA PARA A JUSTIÇA DA SOLUÇÃO

Para a construção de uma solução justa, três elementos são essenciais: a vinculação à lei, o bom senso e a singularidade do caso concreto. A afirmação de *Mauro Cappelletti* faz da diversidade fática do caso um dos três balizadores da criatividade judicial em ordem à boa decisão.

Com efeito, por se tratar de uma ciência do individual, o direito não se presta às abstratas generalizações conceituais sonhadas pelo Iluminismo e cultivadas pelo normativismo, somente podendo resgatar seus vínculos originários com a justiça quando abandona o atacado das abstrações formais e retorna ao varejo dos casos concretos, fonte genética de sua vitalidade.

Depois de demonstrar que a relação do intérprete com o texto faz da compreensão do direito uma atividade essencialmente argumentativa, *Ovídio A. Baptista da Silva* propõe a superação da racionalidade linear da epistemologia das ciências empíricas em favor de uma "aceitabilidade racional", construída sob inspiração do verossímil haurido ao pensamento clássico. Isso significa reconhecer a importância "do caso" na conformação do Direito. Daí o resgate da concepção do Direito enquanto ciência do individual, de modo a superar-se a proposição dogmática e generalizante da ciência jurídica como uma ciência abstrata e formal (2004, p. 265).

O sentido da norma é dado no caso concreto. Em outras palavras, o sentido do direito não se revela para o intérprete quando o exame da norma é feito em abstrato. É a dinâmica social que imprime sentido às regras jurídicas existentes. A ordem jurídica ganha sentido ao ingressar no cotidiano das pessoas, de modo que o sentido do direito "somente se manifesta no momento em que as normas jurídicas são experimentadas, avaliadas e aplicadas" (PAES, 2007, p. 41).

Nada obstante a influência exercida pela concepção de *Montesquieu* acerca da função do juiz, a pretensão de reduzir atuação do magistrado à condição de mero oráculo da vontade do soberano já fixada na lei malogrou diante da ambiguidade natural à linguagem, que sempre reclamou a interpretação interditada pela Escola da Exegese. Essa interpretação se dá no caso concreto. Embora a interdição tenha sido atenuada com o desenvolvimento da filosofia do direito, pode-se dizer que essa interdição subsiste como questão hermenêutica não superada pelo positivismo jurídico. Porém, cada vez mais ganha espaço a percepção de que os juízes não se limitam a declarar o direito preexistente, mas participam da criação do direito nos casos específicos, dando contornos à ordem jurídica para superar o caráter geral, abstrato e teórico das normas, a fim de atribuir-lhes significação específica, concreta e prática.

A afirmação de *Mauro Cappelletti*, de que a matéria prima do caso concreto é um dos balizadores da solução justa, revela-se verdadeira quando se percebe que é ilusória a ideia de uma solução abstrata que se afaste do caso concreto para refugiar-se na generalidade teórica da norma. Sem reduzir a distância que separa o *standard* da norma das peculiaridades do caso específico não se pode pretender alcançar a sentença razoável. Essa aproximação é operada pelo engenho da interpretação: "A lei, como produto inacabado, está sempre a exigir a atividade interpretativa, que mediará o espaço que há entre a generalidade da lei e a especificidade dos fatos, impondo sempre atuação criativa do agente da interpretação/aplicação" (PAES, 2007, p. 47). É nesse sentido que a teoria jurídica contemporânea atribui ao magistrado a tarefa de mediar, pela interpretação, o espaço que separa o modelo normativo da situação de fato examinada: "O juiz desempenha o papel de agente redutor da distância entre a generalidade da norma e a singularidade do caso concreto" (COELHO, 1997, p. 43).

A sentença razoável é resultado de uma boa construção da decisão do caso concreto.

5. A CONSTRUÇÃO DA DECISÃO DO CASO CONCRETO

Em precioso estudo acerca da discricionariedade judicial, *Michele Taruffo* revela que a solução do caso concreto é o resultado de uma construção complexa em que fato e norma interagem numa progressiva relação dialética conduzida pelo intérprete. Fato e norma aproximam-se pelo engenho da interpretação. Daí a fecunda observação de que "no contexto da decisão de um caso particular, a 'construção do caso', com vistas à decisão, se verifica através de numerosas e complexas passagens entre o 'fato' e o 'direito'" (TARUFFO, 2001, p. 434).

Fruto de recíprocas conexões estabelecidas pelo intérprete entre fato e norma, a construção da solução no caso concreto lembra a ideia de *círculo hermenêutico* (Heidegger, Gadamer), mas também faz rememorar o processo de *ida e volta do olhar* do intérprete no exame relacional dos elementos implicados no caso (Engisch). Ao destacar a intensa atividade dialética desenvolvida na construção da relação fato-norma, *Michele Taruffo* desautoriza a simplificação teórica a que o positivismo jurídico pretende reduzir a complexa operação da subsunção. O autor demonstra que a subsunção não se restringe à ideia de um simétrico acoplamento resultante de uma instantânea operação mental. Ao contrário, trata-se de uma complexa operação intelectual que se desdobra em sucessivas relações articuladas entre fato e norma, sob a presidência dos valores éticos que nos inspiram à justiça. Pondera o autor: "O que se usa chamar de *sussunzione* do fato da norma, ou correspondência entre fato e norma, é, somente, o resultado final de um particular círculo hermenêutico que liga, dialeticamente, o fato e a norma até chegar a uma correspondência entre o fato, juridicamente qualificado, e a norma interpretada com referência ao caso, no qual ela é concretamente aplicada" (2001, p. 434).[4]

Portanto, na construção da solução do caso concreto são determinantes as relações que se estabelecem entre fato e norma, num movimento circular de progressiva interação,[5] a revelar que a discricionariedade judicial permeia todo o processo de descoberta do direito para cada caso concreto, descoberta que a experiência ordinária indica estar mais acessível ao juiz que instruiu a causa do que aos integrantes do órgão recursal colegiado.[6] Daí decorre a polêmica afirmação teórica de que o juiz cria o direito para a situação específica.

6. O JUIZ RECRIA O DIREITO

A discricionariedade judicial não é um exercício recente na história do Direito. A pesquisa realizada por *Ovídio A. Baptista da Silva* revela que os romanos já corrigiam a lei quando da aplicação do direito ao caso concreto. Adepto da idéia de que ao juiz cabe aplicar a lei e não aperfeiçoá-la, a crítica de *Savigny* à prática dos jurisconsultos romanos é ilustrativa de que a aplicação do direito implicou historicamente certa criatividade do aplicador do direito:

> Se examinarmos o uso que os jurisconsultos romanos fazem de suas próprias regras, veremos que a prática não está sempre de acordo com a teoria. Frequentemente eles ultrapassam os limites da verdadeira interpretação, para entrar no domínio da formação do direito, de modo que suas interpretações extensivas, extraídas dos motivos da lei, corrigem, não a expressão, mas a própria lei, constituindo verdadeiras inovações" (SAVIGNY, 1930, *apud* BAPTISTA DA SILVA, 2004, p. 279).

Nas restrições opostas à criatividade judicial, *Savigny* conta com um grupo numeroso de seguidores. Com efeito, a negativa de reconhecimento de poder político ao magistrado é ressaltada ainda pela posição tradicional de certos autores, para os quais "a máquina judicante é uma máquina inerte e passiva; é de sua essência ser passiva; o princípio de seu movimento não está nela; a soberania que julga não é mais senhora de seu descanso tanto quanto não é de seu movimento." Na realidade, tais premissas – na eloquente observação de *Antonio Carlos Wolkmer* – são inteiramente falsas, pois o juiz possui papel bem maior do que lhe é atribuído, exercendo ideologicamente uma extraordinária e dinâmica atividade recriadora (1995, p. 169).[7]

---

(4) Michele Taruffo fornece importante subsídio acerca dessa questão, ao esclarecer que "[...] a escolha da norma aplicável e a determinação de seu significado se verificam em direta conexão dialética com a individualização dos fatos, juridicamente relevantes; de outro lado, essa determinação dos fatos se verifica em função da norma que o juiz julga aplicável e do significado ('*guiado*' pela referência aos fatos) que à norma é atribuído" (2001, p. 434).

(5) Esse movimento circular de progressiva interação opera como uma espiral hegeliana da dialética entre fato e norma.

(6) A doutrina reconhece a consistência dessa assertiva: "Se, por um lado, acredita-se que a decisão judicial possa apresentar um erro, por outro, não se pode concluir que as decisões colegiadas ou proferidas em grau de revisão estão isentas das mesmas críticas. Ao contrário, todas as decisões contam com a possibilidade de vício na apreciação dos fatos e do direito do caso. E mais, na grande maioria dos casos, é o juiz da primeira instância que está mais próximo das partes e dos demais sujeitos do processo, o que lhe permite melhor percepção da realidade judicial (o contato direto com os litigantes, as testemunhas, a confiança no perito, o debate judicial etc.). Com os sucessivos rejulgamentos, vão se diluindo – quando não aniquilando – as vantagens dessa imediação, da oralidade, etc." (PORTO, Sérgio Gilberto. USTÁRROZ, Daniel. *Manual dos recursos cíveis*. Porto Alegre: Livraria do Advogado, 2007. p. 35 – sublinhei).

(7) Para Antonio Carlos Wolkmer, "[...] o papel do juiz é acentuadamente marcante, não só como recriador através do processo hermenêutico, mas também como adaptador das regras jurídicas às novas e constantes condições da realidade social" (1995, p. 172).

Nada obstante as restrições opostas por *Savigny* e seus seguidores, a criatividade judicial é uma contingência da natureza hermenêutica do ato de aplicação do direito. E assim é porque "o ato de interpretar implica uma produção de um novo texto, mediante a adição de sentido que o intérprete lhe dá" (STRECK, 2000, p. 194).

Herbert Hart alinha-se entre os teóricos que adotam a compreensão de que o juiz cria direito novo ao resolver um caso concreto. Para o jurista inglês, a criatividade judicial é uma contingência da generalidade e abstração da lei. Para decidir, o juiz tem que escolher entre as alternativas que medram do solo polissêmico da ambiguidade da linguagem da lei. Para *Herbert Hart*, o direito somente impõe limites para a escolha (decisão) do juiz, e não a própria escolha (decisão).[8]

Quando o juiz aplica o direito no caso concreto, o faz por meio de um ato criativo, pois não se limita a declarar o direito preexistente na norma através de uma mecânica operação de lógica dedutiva. Vai ficando superada tanto a concepção que limita a identificação o direito à lei quanto a ideia de que o justo é algo existente *a priori*: a ideia de justiça somente pode ser haurida no contexto de determinada situação concreta. Isso porque – explica *Gadamer* – a distância entre a generalidade da lei e a situação jurídica concreta que se projeta em cada caso particular é essencialmente insuperável (GADAMER, 1994, apud STRECK, 2000, 197).

O juiz opera uma criativa mediação entre fato e norma, com a finalidade reduzir a distância que separa a generalidade da norma aplicável do caso concreto. Nesse processo de aproximação, são necessárias várias passagens discricionais do fato à norma e vice-versa, para que se abra ao juiz a compreensão dos sentidos a serem atribuídos à norma para assegurar-se a realização do direito no caso em particular. A síntese formulada por *Arnaldo Boson Paes* é precisa: "[...] o ato de criação do direito é um ato de concreção da generalidade do ordenamento jurídico à particularidade do caso concreto" (2007, p. 50).

Daí a afirmação de que o juiz constrói – recria o direito, nesse sentido figurado – a norma de decisão a partir da interpretação da regra aplicável na situação concreta, não se podendo pretender continuar a circunscrever a atividade judiciária à mera aplicação da técnica silogismo. A norma de decisão figura então, tal qual na clássica lição de *Hans Kelsen*, como a regra que regulará determinado conflito, embora o jurista alemão prefira a formulação teórica de que a sentença fundada na lei é uma das normas individuais que podem ser produzidas dentro da moldura da norma geral.

Em conclusão, é a construção jurisprudencial do direito que dá robustez à lei, atuando diretamente no processo de elaboração do direito vivo. O juiz cumpre o importante papel de elaborar o novo direito – na criativa dicção de *Arnaldo Boson Paes* – ao redor das leis, realizando a função de impedir que o processo de cristalização do direito provoque o divórcio entre a lei e a vida do direito, entre a norma e o direito que de fato vige, procurando diminuir a diferença entre a lei e a justiça (2007, p. 47).

Contudo, é inevitável a pergunta sobre a compatibilidade entre Estado de Direito e discricionariedade judicial.

7. ESTADO DE DIREITO E DISCRICIONARIEDADE JUDICIAL

A afirmação de que a discricionariedade judicial não está em contradição com o Estado de Direito, senão que é antes condição de possibilidade para a própria realização da tarefa estatal de prestar a jurisdição, exige uma explicação introdutória. Essa explicação principia pela consideração elementar de ser a aplicação do direito um ato humano confiado pela ordem jurídica a uma determinada pessoa. Esse operador jurídico atua na sua condição existencial de ser humano no contexto social e diante do caso concreto colocado à administração da justiça.[9] Vale dizer, a ordem jurídica confia a uma determinada "personalidade" a realização do direito no caso concreto. Assim, é certo que esse operador jurídico atuará enquanto indivíduo ao aplicar o direito no caso concreto – atuará enquanto "personalidade", ainda que tal atuação não constitua o exercício de uma liberdade irrestrita, porquanto a própria ordem jurídica estabelece balizas que circunscrevem o exercício da discricionariedade judicial. Contudo, sua atuação é o exercício de uma subjetividade.

Poder-se-ia redarguir que o princípio da legalidade afastaria qualquer espaço à discrição na qual pudesse

---

(8) Essa formulação tornou-se um clássico da discricionariedade judicial. Foi enunciada por *Herbert Hart* em conferência proferida na Universidade de Harvard, em 1957, conforme revela a pesquisa de Cristina Brandão (2006, p. 86).

(9) H. Rupp, embora partidário da vinculação do juiz à lei, declara no Neue Juristiche Wochenschrift – NJW (Novo Semanário Jurídico) de 1973, p. 1774: "A lei não se limita a aceitar resignadamente os subjetivismos do juiz ou do funcionário administrativo, antes tais subjetivismos são acolhidos no pluralismo do Estado de Direito como oportunidade e esperança do indivíduo de encontrar no juiz, não apenas um computador cego ou um missionário político, mas um ser humano [...]". (*Apud* ENGISCH, 2008, p. 273).

o julgador transitar hermeneuticamente, na medida em que caber-lhe-ia apenas declarar a vontade do legislador mediante simples silogismo, dispensando-se a intromissão discricional de sua interpretação acerca da melhor solução para o caso concreto. Contudo, o princípio da legalidade, ainda que interpretado de forma estrita, não logra subtrair ao juiz o dever de procura pela justiça possível para o caso concreto. É que, mais do que no âmbito da formulação legislativa, "... no plano da jurisdição os homens são chamados enquanto 'personalidades' a modelar e aplicar o Direito" (ENGISH, 2008, p. 251).

A tentativa de subtrair a natureza discricionária ao ato de aplicação do direito mediante a exigência de uma esquemática administração da ordem jurídica através do recurso ao mecanismo do silogismo jurídico tem sido recusada, por não produzir o resultado de justiça que o senso comum reclama do direito. Como é sabido, a alteração do paradigma científico costuma ser consequência do reconhecimento do resultado social insatisfatório que o modelo teórico produz na prática cotidiana (SANTOS, 1989, p. 170).[10]

A utilização do formal mecanismo do silogismo tende a produzir decisões inadequadas, porquanto dissociadas das especificidades do caso concreto. Quanto mais o operador jurídico se afasta das particulares circunstâncias do caso concreto, com o objetivo de preservar o *standard* de padronização genérica da regra, para melhor acoplar a lógica mecânica do silogismo, tanto mais abstrata – porquanto descontextualizada do caso concreto – tende a ser a solução obtida por meio dessa esquemática subsunção formal e generalizante. É fácil compreender esse fenômeno. Uma solução orientada pela aplicação de regras abstratas, que não recolhe do contexto fático os possíveis sentidos da regra que está em questão em cada caso, tende a não alcançar a justiça conformada às particulares circunstâncias do caso.

A sociedade democrática quer o direito para almejar a justiça em cada caso. Daí a ordem jurídica conferir ao magistrado a criatividade necessária para alcançar a justiça no caso concreto em face do direito existente. Como diz *Karl Engisch*, os juízes atuam "[...] para procurar o que é de direito, o que é conveniente e o que é a medida justa no caso concreto, por modo a empenhar a sua responsabilidade e a sua 'melhor ciência e consciência', sim, mas ao mesmo tempo também por um modo criativo e talvez mesmo inventivo" (2008, p. 252).

A reivindicação da Escola do Direito Livre – a discricionariedade judicial deve ser elevada a condição de um princípio geral para a conformação do direito – é apresentada por *Karl Engisch* como postulado cuja consideração apresenta na atualidade mero interesse histórico. Contudo, o autor sublinha a conveniência de que o juiz esteja menos subordinado à lei do que às especificidades do caso concreto, deixando entrever, latente, a discricionariedade insita ao fenômeno da aplicação do direito nas palavras seguintes:

> [...] reaviva-se a cada passo a ideia de que não se deve vincular demasiado à lei o prático que a aplica ao caso individual, de que temos que lhe dar carta branca e oportunidade para dominar de forma sensata, justa e conveniente, tanto segundo a especificidade do caso como segundo a sua convicção pessoal, a situação concreta, quer se trate de um litígio judicial, quer de um problema da administração (ENGISCH, 2007, p. 252).

Em resumo, tem-se que a discricionariedade judicial é ínsita à aplicação do direito.

8. A DISCRICIONARIEDADE JUDICIAL É ÍNSITA À APLICAÇÃO DO DIREITO

A discricionariedade judicial tem sido concebida como o fenômeno da integração da lei existente observado nos casos concretos (BRANDÃO, 2006, p. 85).

Para demonstrar que a ciência não pode prescindir da leitura retórica do processo de investigação científica, *Boaventura Sousa Santos* lembra que remonta a Aristóteles a tradição de conferir à retórica estatuto científico na produção do direito, tradição resgatada por *Chaïm Perelman*. O cientista português cita *Perelman*: "É comum e não necessariamente lamentável que o magistrado conhecedor da lei formule o seu juízo em duas etapas: primeiramente chega à decisão inspirado pelo seu sentimento de justiça; depois junta-lhe a motivação técnica" (SANTOS, 1989, p. 120).

Os verbos julgar e decidir poderiam ser compreendidos como expressões equivalentes do fenômeno da aplicação do direito. Mas não para a arguta compreensão de *Ovídio A. Baptista da Silva*. Para ele, perceber a distinção existente entre essas duas atividades do juiz

---

(10) Boaventura de Sousa Santos explica como um paradigma teórico pode sofrer alteração por força do resultado social que produz na comunidade: "A concepção pragmática da ciência e, portanto, da verdade do conhecimento científico parte da prática científica enquanto processo intersubjetivo que tem a eficácia específica de se justificar teórica e sociologicamente pelas consequências que produz na comunidade científica e na sociedade em geral. Por isso, existe uma pertença mútua estrutural entre a verdade epistemológica e a verdade sociológica da ciência e as duas não podem ser obtidas, ou sequer pensadas, em separado. Porque só são aferíveis pela sua eficácia produtiva, são indiretas e prospectivas. Só a concepção pragmática da ciência permite romper com a circularidade da teoria" (1989, p. 170).

é condição de possibilidade à compreensão do tema da discricionariedade judicial. Decidir é algo diverso de julgar. Diz o autor:

> A *discricionariedade* será, necessariamente, o suporte para qualquer espécie de decisão. Quem ignora isso, não comete erro jurídico: o engano decorre de uma equivocada compreensão da psicologia humana. *Julgar* é atividade de um juiz incumbido de declarar (ato cognitivo) a vontade da lei; *decidir* (ato volitivo) é a consequência da faculdade de julgar e pressupõe o poder de 'decidir-se' entre duas ou mais alternativas possíveis, quer dizer, legítimas (BAPTISTA DA SILVA, 2004, p. 274).

Valiosa citação de *Theodor Viehweg*, feita por *Ovídio A. Baptista da Silva*, para ilustrar como se desenvolve o complexo fenômeno da aplicação do direito, permite um passo adiante na compreensão da natureza discricionária da atuação do juiz na decisão de cada caso concreto, revelando a fragilidade científica da proposta de aplicação do direito adotada pelo sistema lógico-dedutivo do silogismo e, de outra parte, prepara o terreno teórico sobre o qual podemos nos deparar com o conceito de sentença razoável de forma produtiva.

O autor do clássico *Tópica e jurisprudência* preleciona:

> [...] o que de modo simplista se chama aplicação do direito é, visto de uma maneira mais profunda, uma recíproca aproximação entre os fatos e o ordenamento jurídico. *Engisch* falou neste sentido, de um modo convincente, 'do permanente efeito recíproco' e de 'ida e volta do olhar'. *W. G. Becker* dá uma importância decisiva a este fenômeno. Partindo de uma compreensão provisória do conjunto do direito, forma-se a compreensão dos fatos, que por sua vez repercute de novo sobre a compreensão do direito... Olhando para trás, comprova-se como do sistema jurídico-lógico, isto é, de um nexo de fundamentos intacto, não resta já quase nada e o que resta não é suficiente para satisfazer, sequer de um modo aproximado, as modernas aspirações sistemático-dedutivas. Onde quer que se olhe, encontra-se a tópica, e a categoria do sistema dedutivo aparece como algo bastante inadequado, quase como um impedimento para a visão (Apud BAPTISTA DA SILVA, 2004, p. 283).

Chamado a solucionar o caso concreto sob julgamento, o magistrado inicia a progressiva descoberta do direito. Realiza uma repetida aproximação entre os fatos e as normas, recolhendo o resultado do respectivo efeito recíproco, numa espécie de conformação interativa de fatos e normas. Examina os fatos a partir das normas aplicáveis. Em movimentos circulares, volta às normas aplicáveis, já tendo lançado um primeiro olhar para os fatos. Os fatos, por sua vez, exercem influência sobre a interpretação das normas. Então, retorna das normas aos fatos e já faz um exame mais específico dos fatos, dando vida ao movimento de ida e volta do olhar de que fala *Karl Engisch*. O olhar evolui de forma circular entre fatos e normas. Volta às normas e retorna aos fatos, num cotejo progressivo que se repete até alcançar a solução que se pareça a mais adequada – é assim a sentença razoável – para aqueles fatos diante das normas incidentes.

Assim compreendido, o processo de aplicação do direito ao caso concreto pressupõe a direta interferência da subjetividade do magistrado em todos os movimentos de aproximação entre fatos e normas, revelando a intrínseca discricionariedade do ato decisório, inclusive aquela que se faz contingência incontornável no processo de sua preparação, elaboração, evolução e conclusão. *Michele Taruffo*, não obstante sustente a necessidade de um instrumental teórico que permita sindicar a razoabilidade da sentença, reconhece que "[...] a decisão é fruto de um raciocínio complicado, irredutível a esquemas lógicos elementares, caracterizado por numerosas passagens, em que o juiz exerce amplos poderes discricionais" (TARUFFO, 2001, p. 451).

A consistente intuição científica de *Ovídio A. Baptista da Silva* acerca de a discricionariedade do juiz se tratar de uma contingência incontornável da natureza hermenêutica da ciência jurídica ganhou novo impulso teórico na obra do jurista *Arthur Kaufmann*, filósofo do direito que vinha sendo cada vez mais pesquisado pelo jurista gaúcho e que teve influência decisiva nas suas últimas obras. Além de ratificar as noções acerca da inexorabilidade da discricionariedade judicial recolhidas da obra de *Karl Engisch*, em *Arthur Kaufmann* a consistente intuição científica de *Ovídio A. Baptista da Silva* vai se confirmar pela consideração superior de que o direito nunca foi uma ciência lógica – "o direito é originariamente analógico" (KAUFMANN, 1976, p. 38).

Daí a seguinte afirmação do jurista gaúcho, recebida com o sabor de uma novidade algo libertária para os operadores jurídicos:

> [...] a analogia não deve ser utilizada apenas como um instrumento auxiliar, de que o intérprete possa lançar mão, para a eliminação das lacunas. Ao contrário, o raciocínio jurídico será sempre analógico, por isso que as hipóteses singulares nunca serão entre si idênticas, mas ape-

nas 'afins na essência'. Este é o fundamento gnoseológico que não só legitima mas determina, como um pressuposto de sua essência, a natureza hermenêutica do Direito, cuja revelação pela doutrina contemporânea conquista, cada vez mais, os espíritos (BAPTISTA DA SILVA, 2004, p. 285).

Ao destacar a relevância do caso concreto para a construção da solução justa, *Cândido Rangel Dinamarco* vale-se de duas expressões que sugerem a presença de discricionariedade judicial na aplicação do direito. O jurista diz que o juiz tem *liberdade para optar* entre soluções legítimas e deve fazê-lo consultando seu *sentimento de justiça*. Depois de ponderar que o "o juízo do bem e do mal das disposições com que a nação pretende ditar critérios para a vida em comum não pertence ao juiz", *Cândido Rangel Dinamarco* reconhece que cabe ao juiz examinar o caso concreto e procurar a justiça do caso, utilizando sua sensibilidade, buscando a solução no sistema jurídico e nas razões que lhe dão sustentação. Nesse trabalho, o juiz "tem liberdade para a opção entre duas soluções igualmente aceitáveis ante o texto legal, cumprindo-lhe encaminhar-se pela que melhor satisfaça seu sentimento de justiça" (DINAMARCO, 1987, p. 280).

A aguda formulação adotada por *Herbert Hart* se entremostra também na percepção de *Ives Gandra da Silva Martins Filho* acerca do fenômeno da discricionariedade judicial. Se para o jurista inglês a ambiguidade da linguagem da lei impõe ao juiz a opção discricional pela escolha de determinada solução para o caso concreto, para o jurista brasileiro o caráter ordinariamente genérico da lei muitas vezes não fornece ao juiz os critérios pelos quais construir a solução específica para o caso concreto, de modo que ao juiz incumbe o dever de atribuir sentido específico à norma jurídica diante do caso examinado, num esforço interpretativo capaz de superar o caráter algo abstrato das palavras em que a norma é formulada. "Portanto, sempre que a lei não define minuciosamente a atuação do juiz, dando-lhe margem de liberdade na concretização do que se encontra genericamente tratado na lei, cabendo ao juiz dar o conteúdo às palavras abstratas do preceito, estamos diante desse campo de discricionariedade em que o juiz decidirá" (MARTINS FILHO, 1991, p. 47).

Da mesma forma que *Karl Engisch* postula que reconheçamos com naturalidade que a discricionariedade judicial constitui um componente próprio ao Estado de Direito e compatível com o princípio da legalidade, ao lado do poder discricionário que o direito administrativo atribui ao administrador público em determinadas situações,[11] *Ives Gandra da Silva Martins Filho* afirma que a discricionariedade é uma característica própria dos poderes estatais, que se comunica ao Poder Judiciário: "Assim, seja por previsão de faculdade, seja por impossibilidade de previsão minuciosa dos elementos em que o juiz deverá se basear para decidir, conclui-se pela existência de um poder discricionário do juiz, semelhante ao do administrador, como característica comum de qualquer dos Poderes do Estado" (MARTINS FILHO, 1991, p. 47).

A discricionariedade judicial na aplicação do direito apresenta-se como uma natural consequência da complexa avaliação das circunstâncias de cada caso concreto, porquanto é sobre o terreno da singularidade de cada situação fática examinada que o juiz irá edificar – após ter por ela optado – uma solução ajustada diante do direito aplicável àquela particular situação. A lição do professor italiano *Alessandro Raselli* não é recente: "Per la complessa valutazione delle circostanze del caso singolo, il giudice dovrà tener presenti volta per volta lo scopo particolare per il quale la sanzione è comminata e quindi deciderà secondo un apprezzamento discrezionale" (1935, p. 23).

9. A SENTENÇA RAZOÁVEL – CONSIDERAÇÕES COMPLEMENTARES

A sentença razoável é aquela cuja fundamentação revela tratar-se de solução adequada em face do ordenamento jurídico e diante das circunstâncias do caso concreto, nada obstante outras decisões sejam aceitáveis para o caso. Isso porque, não se podendo cogitar de uma decisão ontologicamente ideal, "a incerteza que em todo o caso frequentemente subsiste quanto à decisão 'justa' seria então um 'mal' que se tem de aceitar" (ENGISCH, 2008, p. 220).

Karl Engisch explicita o pensamento que o conduz à afirmação anterior, assinalando que o próprio julgador, muitas vezes, permanece em dúvida a respeito do acerto da decisão que adotou, dilema do qual, entretanto, muitas vezes não pode se desvencilhar na medida em que lhe incumbe, na aplicação do direito ao caso concreto, debruçar-se sobre as opções de soluções legítimas para a particular situação em julgamento e optar por uma delas no exercício dessa liberdade que se convencionou denominar de discricionariedade judicial, com o objetivo de alcançar a

---

(11) Embora destaque que a discricionariedade judicial não pode degenerar em abuso de poder por parte do magistrado, *Karl Engisch* sustenta que tal característica do fenômeno jurídico é plenamente compatível com o regime do Estado de Direito: "O resultado a que chegamos com referência à tão discutida discricionariedade é, portanto, este: que pelo menos é possível admitir – na minha opinião é mesmo de admitir – a existência de discricionaridade no seio da nossa ordem jurídica conformada pelo princípio do Estado de Direito" (2008, p. 228-29).

solução mais adequada – aquela que lhe pareça a mais adequada para a situação. *Karl Engisch* observa a respeito que "frequentemente o próprio autor da decisão não pode libertar-se das suas dúvidas, perguntando-se se 'efectivamente' toma a decisão acertada; mas dirá de si para si que pelo menos considera correcta a decisão defensável" (2008, p. 250).

Ainda que *Dworkin* esteja a circunscrever a discricionariedade judicial aos casos difíceis em artigo escrito em 2003, a seguinte passagem do ensaio de *Cristina Brandão* sobre o referido artigo auxilia na compreensão do conceito de sentença razoável. Diz a autora:

> Como o próprio Dworkin confessa em seu artigo de 2003, os juízes têm lançado mão de princípios os mais diversos quando necessitam decidir uma causa que não encontra paradigma legal, pelo menos não à primeira vista, à primeira análise. E suas decisões, fundamentadas que são em princípios, têm a pretensão de ser a mais correta, a decisão 'razoável' por excelência, quando outras decisões racionais sempre são possíveis em casos difíceis (BRANDÃO, 2006, p. 85).

Sentença razoável e fundamentação suficiente são os dois pilares sobre os quais repousa a legitimidade da discricionariedade judicial. *Chaïm Perelman* percebeu essa relação complementar ao assimilar a decisão aceitável à decisão justa. A solução justa não o é simplesmente, como pretenderia o positivismo jurídico, pelo fato de ser conforme a lei; "será antes a ideia prévia daquilo que constituirá uma solução justa, sensata, aceitável que guiará o juiz em sua busca de uma motivação juridicamente satisfatória" (2000, p. 114).

Perelman não pretende uma solução ideal, fala de solução sensata. Tampouco pretende uma motivação juridicamente perfeita, fala de motivação juridicamente satisfatória. A sentença aceitável é aquela suscetível de alcançar determinado consenso. Não se exige consenso absoluto; basta um consenso satisfatório, construído no âmbito do senso comum teórico do campo jurídico por meio de uma idéia prévia daquilo que seja uma solução justa para o caso.

A relevância das singularidades do caso concreto radica em que a justiça consiste em conceber uma solução jurídica adequada para uma determinada situação em concreto. A situação em concreto é que vai conformar o contexto em que o juiz vai poder compreender, dentre os sentidos recolhidos na ambiguidade da linguagem da norma, o sentido a ser atribuído à norma aplicável para a apropriada solução do caso concreto. A compreensão do fenômeno da aplicação do direito implica a percepção de que:

a) se trata de *compreender* uma situação *individual* (o caso concreto); b) que essa *compreensão* é realizada por uma *individualidade* (o juiz); c) e que essa *individualidade* não compreende senão de uma maneira própria, de uma maneira individual.

Essa relevante questão mereceu esta impressiva ilustração de *Karl Engisch*:

> Aquilo que há de individual no caso concreto torna-se então relevante, não sob o aspecto objectivo (do lado das circunstâncias particulares) apenas, mas também sob o aspecto subjectivo (do lado da instância que julga e aprecia). O que há de individual no objecto (no caso concreto) e a individualidade do sujeito (aquele que aprecia o caso) convergem num certo ponto. Aquilo que o filósofo *Theodor Litt* disse outrora, a saber: 'A *forma* individual não pode ser vivenciada senão por um modo individual', 'o que é compreendido é o individual, mas, mais ainda, ele é sempre e necessariamente compreendido de uma maneira individual' (ENGISCH, 2008, p. 222-23).

O juiz enquanto individualidade examina uma situação individual, de modo que "a subsunção das situações concretas a um conceito assim preenchido quanto ao seu conteúdo vai de mão dada com valorações que são pessoais e 'intransmissíveis', que pelo menos não podem ser verificadas como sendo 'as únicas correctas'" (ENGISCH, 2008, p. 266).

A sentença razoável é o resultado desse criterioso olhar pessoal com o qual o juiz se aproxima desde o fato até a norma e retorna desde a norma até o fato, em sucessivas conexões relacionais, para encurtar a distância que separa a generalidade da norma da singularidade do caso concreto.

Nesse contexto, a pretensão de exigir a denominada sentença ideal não deve se converter numa quimera para o relator, quando no exercício da função revisora em recursos de natureza ordinária; mas é o caminho mais curto – e muitas vezes inconsciente – para a reforma da sentença razoável.

10. FUNDAMENTAÇÃO "COMPLETA" X FUNDAMENTAÇÃO SUFICIENTE

O exame do tema da sentença razoável não poderia relegar ao esquecimento um dos mais importantes aspectos em que se desdobra o contraste que no presente estudo se estabelece – a finalidade didática justifica essa dicotomia – entre sentença ideal e sentença razoável. Esse aspecto diz respeito à fundamentação da sentença.

É sabido que a fundamentação das decisões objetiva assegurar ao jurisdicionado e à sociedade a aferição da efetiva realização da garantia fundamental a uma prestação jurisdicional justa. Com efeito, a fundamentação das decisões é um dever constitucional do juiz e sobre o seu cumprimento repousa a possibilidade de aferição da adequação da decisão judicial no caso concreto. É na fundamentação que a sentença demonstrar-se-á razoável.

A importância da questão radica no fato de que a ilusória pretensão da sentença ideal do relator muitas vezes apresenta-se encoberta sob a inexequível exigência de uma fundamentação "completa" da sentença. Assim como não lhe basta a sentença razoável, não lhe basta a fundamentação suficiente. O resultado prático tende a ser a reforma da sentença. A exigência de uma fundamentação completa encobre muitas vezes uma prévia deliberação pela reforma da sentença razoável e pela sua substituição pela sentença ideal do relator. Sentença ideal do relator e exigência de fundamentação completa parecem faces da mesma quimera.

Mas é possível exigir uma fundamentação "completa" da sentença?

A questão é complexa. Mas a resposta parece ser negativa.

Mesmo que se pudesse afastar a relevante contingência objetiva da insuficiente estrutura judiciária frente ao volume crescente de demanda em massa por jurisdição no exame dessa questão, ainda assim a resposta parece ser negativa em face da impossibilidade de recuperarem-se todos os pressupostos hermenêuticos de qualquer decisão. Muitos elementos do itinerário hermenêutico de construção da sentença ficam pelo caminho; não foram abandonados; foram empregados nesse itinerário, mas já não aparecem na linguagem a que se reduz o resultado (a sentença). A linguagem reduz o que foi percebido. Daí a observação de *Hegel*: "o Isto dos sentidos ... não pode ser alcançado pela linguagem" (*Apud* ARENDT, 2002, p. 9). Ainda que quisesse, o juiz não poderia reproduzir as relações fáticas recolhidas por sua percepção sensorial, pois "nada do que vemos, ouvimos ou tocamos pode ser expresso em palavras que se equiparem ao que é dado aos sentidos" (ARENDT, 2002, p. 9).

Uma das feridas do narcisismo humano radica na constatação de que nossa racionalidade não é tão dominante quanto se imaginava até *Freud* vir desfazer essa ilusão iluminista. Nossa capacidade de explicar as coisas é menor do que se imaginava. E, de outro lado, descobrimos com a filosofia que nosso acesso à verdade é limitado e contingente. Temos que nos contentar com a verossimilhança e renunciar à quimera do acesso à coisa em si: "Fenomenologicamente falando, a 'coisa em si' não consiste em mais que a continuidade com que as matizações perspectivistas da percepção das coisas se vão induzindo umas as outras" (STRECK, 2000, p. 185).

Hannah Arendt formulou uma bela imagem acerca do limite de nosso acesso à verdade. Talvez possa servir à valorização da percepção transmitida pelo juiz à sentença quanto aos fatos da causa: "O mundo cotidiano do senso comum, do qual não se podem furtar nem o filósofo nem o cientista, conhece tanto o erro quanto a ilusão. E, no entanto, nem a eliminação de erros, nem a dissipação de ilusões pode levar a uma região que esteja além da aparência." Se o juiz que colhe pessoalmente a prova está sujeito ao erro e à ilusão, a possibilidade de engano do relator do recurso é tendencialmente maior no que respeita à prospecção da verdade dos fatos – *rectius*, da verossimilhança dos fatos alegados. Os limites de nosso acesso à verdade no processo judicial foi identificado por *Ovídio A. Baptista da Silva* pela assertiva de que "o processo oferece *versões*, não *verdades*" (2004, p. 212).

Hoje já se compreende que não se pode, em qualquer ciência, ter acesso direto ao objeto em estudo. À lei e aos demais objetos da ciência tem-se apenas acesso indireto. Este acesso é realizado pela via do significado, através da linguagem. Não se chega ao objeto puro, chega-se ao seu significado. A lição de *Ernildo Stein* traz luz à questão, quando o professor gaúcho aborda a relação sujeito-objeto na construção do conhecimento: "[...] quando dizemos que o acesso aos objetos se faz pela clivagem do significado, pela via do significado, dizemos que o nosso acesso aos objetos é sempre um acesso indireto. Nós chegamos a algo, *mas enquanto algo*" (STEIN, 1996, p. 19). A impossibilidade de acesso direto ao objeto em estudo decorre do fato de que o homem não tem outro caminho para aproximar-se do objeto senão aquele fornecido pela linguagem – e seus limites. E trata-se de um problema central para a própria filosofia, "porque já sempre se interpôs entre a linguagem com que nos encaminhamos para os objetos e os objetos, todo o mundo da cultura, todo o mundo da história" (STEIN, 1996, p. 18).

Na esteira das considerações filosóficas de *Ernildo Stein*, são eloqüentes as observações de *Lenio Luiz Streck* acerca dessa questão: "Somos incapazes de expor todos os pressupostos que estão no universo hermenêutico"; "algo sempre escapa" (STRECK, 2000, p. 182).

Do relator do recurso e da turma recursal é razoável alimentar a expectativa de que estão empenhados à positiva compreensão da sentença e até de seus pressupostos hermenêuticos implícitos: "Aquele que pretende compreender um texto tem que estar a princípio disposto a que o texto lhe diga algo" (STRECK, 2000, p. 190). Isso é verdadeiro também no que respeita à sentença, pois, como revela *Rui Portanova*, "é verdadeiramente impossível ao juiz 'indicar, na sentença, os motivos que lhe formaram o convencimento (art. 131 do CPC). São tantas as influências que inspiram o juiz que dificilmente 'a explicação de como se convenceu' (Barbi, 1975, p. 535) será plenamente satisfatória." E justifica: "No julgamento há premissas ocultas imperceptíveis" (PORTANOVA, 1992, p. 15).

Ao invés de postular a quimera da fundamentação completa, trata-se mais propriamente de estabelecer uma comunhão de sentido acerca da sentença, o que requer do tribunal uma atitude de positiva compreensão do julgado de primeiro grau,[12] de modo a resgatar o postulado de que "a compreensão só se instala no instante em que começa brilhar em nós o que o texto não diz, mas quer dizer em tudo que nos diz" (LEÃO, 2001, p. 18). Para compreender o sentido de uma produtiva política judiciária acerca da recorribilidade é necessário que os tribunais exercitem a compreensão da sentença pelos seus próprios motivos, no pressuposto filosófico da moderna compreensão, é dizer, no pressuposto "do compreender pelos motivos, enquanto apreensão dos motivos daquele que se exprime", de modo que pese o escopo da compreensão, enquanto "um encontro espiritual com a individualidade que se exprime." Como na poesia, trata-se de "compreender melhor o autor do que ele se compreendeu a si próprio" (ENGISCH, 2008, p. 165/66).

Se a fundamentação completa revela-se uma quimera, é na fundamentação suficiente, entretanto, que se vai poder aferir a razoabilidade da solução adotada e também o respeito às balizas que delimitam o exercício legítimo da discricionariedade judicial.

11. BALIZAS À DISCRICIONARIEDADE JUDICIAL

Se a discricionariedade judicial revela-se como elemento constitutivo do ato de aplicação do direito, isso não significa, contudo, que o juiz esteja livre para deliberar apenas de acordo com sua exclusiva vontade, senão que deve exercer seu poder discricionário de acordo com os critérios de racionalidade jurídica que informam o ordenamento normativo, cujo controle realiza-se por meio da motivação da decisão adotada; garantia fundamental do cidadão (CF, art. 5º, LV e art. 93, IX). O livre convencimento é depositário da razoabilidade, não sobrevive ao aleatório e ao idiossincrático.

Pondera *Michele Taruffo*:

[...] no momento em que se reconhece a natureza criativa do raciocínio decisório, emerge, com particular evidência, a necessidade – típica do Estado de direito, fundamentado sobre o princípio da legalidade – que esse ato criativo se verifique conforme critérios de racionalidade, e seja reconduzível dentro do contexto – dinâmico tanto quanto se deseje – mas não isento de ordem – do ordenamento (TARUFFO, 2001, p. 456).

Para *Ovídio A. Baptista da Silva*, a discricionariedade judicial é pressuposto inerente à natureza hermenêutica do ato de aplicação do direito. Por conseguinte, não pode ser eliminada, como sonham os positivismos ao interditar aos juízes a criativa atividade da interpretação. Entretanto, a discricionariedade judicial está sujeita a limites. Tais limites são estabelecidos pela própria ordem jurídica e modulados pelos princípios da razoabilidade: "O juiz terá – na verdade sempre teve e continuará tendo, queiramos ou não, – uma margem de discrição dentro de cujo limites, porém, ele permanecerá sujeito aos princípios da *razoabilidade*, sem que o campo da juridicidade seja ultrapassado" (2004, p. 271).

É chegada a hora de indicar algumas conclusões.

CONCLUSÃO

Uma sentença razoável é uma sentença defensável para o caso concreto diante do direito aplicável, a qual deve se revelar legítima pela própria fundamentação, de modo que se possa estabelecer um certo consenso acerca de sua razoabilidade como solução no caso concreto, conquanto outras soluções fossem aceitáveis.

A reforma da sentença de primeiro grau justifica-se quando a sentença não é razoável, vale dizer, quando a causa não teve uma *solução legítima* em face do direito, tendo-se presente, aqui, como razoável, a possibilidade de mais de uma solução legítima para a mesma causa em face do direito aplicável, superando-se a ideia iluminista de que a sentença ou é certa, ou será errada. A reforma da sentença também pode justificar-se quando proferida em contrariedade à lei ou em desconformidade com a jurisprudência uniforme.

Em se tratando de *sentença razoável*, a mera circunstância de não ser ela a *sentença ideal* que o relator proferiria se fosse o julgador originário, não justifica a reforma, sobretudo quando o recurso ordinário implicar exame de matéria de fato.

---

(12) O fenômeno do crescimento da jurisdição de massa tem acarretado algumas consequências negativas. Entre elas, está a fundamentação cada vez mais sintética das sentenças.

Não se trata de questionar, aqui, a legitimidade da função revisora dos tribunais. Trata-se de interrogar sobre o método com o qual devemos nos dirigir para realizar o exame dos recursos de natureza ordinária, tendo os olhos postos no compromisso maior com a efetividade da jurisdição, numa sociedade marcada pela desigualdade social e pela demanda massiva de jurisdição trabalhista.

A manutenção da sentença razoável é recomendável, não só por privilegiar o valor maior da efetividade da jurisdição, mas também pelo fato decisivo de que ao juiz de primeiro grau foi dado manter o irredutível contato pessoal com as partes e com a prova proporcionado pela imediação da audiência,[13] além de conhecer a realidade sócioeconômica da comunidade em que a decisão será executada, o que autoriza a presunção de que o juízo de primeiro grau de jurisdição reúne as melhores condições para compreender as diversas dimensões do conflito e, assim, para fazer justiça no caso concreto.

Portanto, a confirmação da sentença razoável deve ser a diretriz geral da função revisora dos tribunais no julgamento de recursos de natureza ordinária, sobretudo quando se estiver diante de matéria de fato. Trata-se de ponto de partida para a necessária construção de uma nova concepção de recorribilidade, comprometida com efetividade da jurisdição e com a realização dos direitos sociais.

REFERÊNCIAS

ARENDT, Hannah. *A vida do espírito*. 5. ed. Rio de Janeiro: Relume Dumará, 2002.

BAPTISTA DA SILVA, Ovídio A. *Processo e ideologia:* o paradigma racionalista. Rio de Janeiro: Forense, 2004.

BRANDÃO, Cristina. Algumas considerações sobre a discricionariedade judicial. *Revista de direito constitucional e internacional*, São Paulo, v. 14, n. 56, jul./set. de 2006, p. 86.

COELHO, Inocêncio Mártires. *Interpretação constitucional*. Porto Alegre: Sérgio Antonio Fabris Editores, 1997.

DINAMARCO, Cândido Rangel. *A instrumentalidade do processo*. São Paulo: Revista dos Tribunais, 1987.

ENGISCH, Karl. *Introdução ao pensamento jurídico*. 10. ed. Lisboa: Fundação Calouste Gulbenkian, 2008.

GRAU, Eros. *Ensaio e discurso sobre a interpretação: aplicação do Direito*. São Paulo: Malheiros, 2002.

LEÃO, Emmanuel Carneiro. Prefácio da obra de Martin Heidegger, *Ser e tempo*. vol. 1. 10. ed. Petrópolis : Vozes, 2001.

MALLET, Estêvão. *Procedimento sumaríssimo trabalhista*. São Paulo: LTr, 2002.

MARTINS FILHO, Ives Gandra da Silva. O poder discricionário do juiz. *Revista do Ministério Público do Trabalho*, Brasília, n. 2, p. 32-48, set. 1991.

PAES, Arnaldo Boson. Criação judicial do direito: limites, solução justa e legitimidade. *Revista do Tribunal Regional do Trabalho da 22ª Região* (Piauí), Teresina, v. 4, n. 1, jan./dez. 2007.

PERELMAN, Chaïm. *Lógica jurídica*. São Paulo: Martins Fontes, 2000.

PORTANOVA, Rui. *Motivações ideológicas da sentença*. Porto Alegre: Livraria do Advogado, 1992.

PORTO, Sérgio Gilberto. USTÁRROZ, Daniel. *Manual dos recursos cíveis*. Porto Alegre: Livraria do Advogado, 2007.

RASSELI, Alessandro. *Il potere discrezionale del giudice civile*. v. 2. Padova: CEDAM, 1935.

SANTOS, Boaventura de Sousa. *Introdução a uma ciência pós-moderna*. 2. ed. Lisboa: Afrontamento. 1989.

STEIN, Ernildo. *Aproximações sobre hermenêutica*. Porto Alegre: Edipucrs, 1996.

STRECK, Lenio Luiz. *Hermenêutica jurídica e(m) crise: uma exploração hermenêutica da construção do direito*. 2. ed. Porto Alegre: Livraria do Advogado, 2000.

TARUFFO, Michele. Legalidade e justificativa da criação judiciária do direito. *Revista da Esmape – Escola da Magistratura de Pernambuco*, Recife, v. 6, n 14, jul./dez. 2001.

WOLKMER, Antonio Carlos. *Ideologia, Estado e Direito*. 2. ed. São Paulo: Revista dos Tribunais, 1995.

---

(13) A Lei n. 9.957/2000 introduziu o procedimento sumaríssimo trabalhista para as causas com valor de até 40 salários mínimos. Comentando o veto presidencial ao inciso I do § 1º do art. 895 da CLT, *Estêvão Mallet* desenvolve crítica consistente à ampla admissibilidade de recursos de natureza ordinária no caso de procedimento caracterizado pela oralidade, imediatidade e concentração. Diz o autor: "O texto do projeto de que se originou a Lei n. 9.957 limitava, de modo sensível, o efeito devolutivo do recurso ordinário, restringindo-o apenas aos casos de 'violação literal à lei, contrariedade à súmula de jurisprudência uniforme do Tribunal Superior do Trabalho ou violação direta da Constituição da República.' Aprovado no Congresso, o dispositivo proposto foi considerado excessivo, comprometendo o acesso das partes ao duplo grau de jurisdição, o que serviu de pretexto para o seu veto. Com isso tirou-se da Lei 9.957 o que talvez nela houvesse de melhor. A larga permissão de recursos de natureza ordinária não se justifica em procedimento que procura privilegiar a oralidade, a imediatidade e a concentração dos atos processuais. Aliás, nada mais contrário à imediatidade e à oralidade do que o duplo grau de jurisdição. O reexame amplo da causa pelo juízo do recurso, que não participou da colheita da prova, quebra inevitavelmente a imediatidade, enfraquecendo e desvalorizando a atividade cognitiva desenvolvida pelo juízo de primeiro grau e, mais ainda, a própria tarefa de apreciação direta da prova" (MALLET, 2002, p. 98).